政务信息资源管理与应用丛书

政务信息资源目录体系建设理论与实践

穆 勇　彭 凯　谢力民　刘守华　孙奎英　吴晓敏
唐 玮　王 薇　沈 泮　李文生　高文飞　◎著

图书在版编目(CIP)数据

政务信息资源目录体系建设理论与实践/穆勇,彭凯等著. —北京:北京大学出版社,2009.11
(政务信息资源管理与应用丛书)
ISBN 978-7-301-15812-8

Ⅰ.政… Ⅱ.①穆…②彭… Ⅲ.电子政务－信息资源－目录学－中国 Ⅳ.D630.1-39
G257.33

中国版本图书馆 CIP 数据核字(2009)第 167634 号

书　　　　名:政务信息资源目录体系建设理论与实践
著作责任者:穆　勇　彭　凯　等著
丛 书 主 持:刘　维
责 任 编 辑:刘　维
标 准 书 号:ISBN 978-7-301-15812-8/G · 2675
出 版 发 行:北京大学出版社
地　　　　址:北京市海淀区成府路 205 号　100871
网　　　　站:http://www.jycb.org　http://www.pup.cn
电 子 信 箱:zyl@pup.pku.edu.cn
电　　　　话:邮购部 62752015　发行部 62750672　编辑部 62767346　出版部 62754962
印　　刷　者:北京大学印刷厂
经　　销　者:新华书店
　　　　　　　787 毫米×1092 毫米　16 开本　20.75 印张　380 千字
　　　　　　　2009 年 11 月第 1 版　2009 年 11 月第 1 次印刷
定　　　　价:46.00 元(附光盘)

未经许可,不得以任何方式复制或抄袭本书之部分或全部内容。
版权所有,侵权必究
举报电话:(010)62752024　电子信箱:fd@pup.pku.edu.cn

丛书编委会

顾　　问：（按姓氏笔画排序）
王　丹　王安耕　刘先林　刘家真　曲成义
李　琦　汪玉凯　陈玉龙　陈拂晓　俞全宏
赵国俊　高新民　崔俊芝　董宝青　曾　澜
赖茂生

名誉主编： 朱　炎　白　新　俞慈声　姜毅群

主　　编： 彭　凯

副 主 编： 毛东军　林绍福　黄晓斌　李　军　穆　勇
戴连君

编委会委员：（按姓氏笔画排序）
于　佳　于立英　王玉芬　王进孝　王树全
王　薇　水海峰　田　鹏　付　哲　冯启民
朱向明　朱　芳　朱蓉华　朱浩东　任世强
刘志荣　刘　彦　许登超　孙志谊　苏京丽
李文生　李　娜　沈　泮　张　宁　张宇航
张　晰　陈　迅　陈桂红　陈　梅　周志刚
单　武　单青生　赵玉梅　赵琰昉　徐海琛
聂志锋　贾　力　顾颖华　高文飞　高顺尉
郭子亮　郭家义　唐　玮　陶一瑾　崔建新
程　军　童腾飞　管延辉　潘　锋　籍志兵

目 录

丛书序 ·· (1)

序 ·· (3)

前言 ·· (5)

上篇 理论研究

第 1 章 政务信息资源管理概述 ·· (3)
  1.1 政务信息资源管理相关概念 ·· (3)
  1.2 国内外政务信息资源管理的理论与实践简析 ·· (7)
  1.3 国内外政务信息资源标准体系建设简析 ·· (19)
  1.4 政务信息资源管理体系框架研究 ··· (21)
  1.5 政务信息资源管理的政策措施研究 ·· (25)

第 2 章 政务信息资源目录体系概述 ·· (34)
  2.1 基本概念 ··· (34)
  2.2 国外政府信息资源目录体系简析 ··· (35)
  2.3 我国政务信息资源目录体系研究 ··· (37)
  2.4 政务信息资源目录体系的作用 ··· (40)

第 3 章 政务信息资源目录体系总体框架 ·· (43)
  3.1 政务信息资源目录体系概念模型 ··· (43)
  3.2 政务信息资源目录体系管理结构 ··· (44)
  3.3 目录体系技术结构 ··· (45)
  3.4 目录体系基本业务功能 ··· (48)

— 1 —

第4章 政务信息资源目录体系的关键要素 ……………………………(50)
  4.1 政务信息资源元数据 ……………………………………………(50)
  4.2 政务信息资源分类 ………………………………………………(55)
  4.3 政务信息资源唯一标识符编码 …………………………………(61)

下篇 组织实施

第5章 政务信息资源目录体系建设实施 …………………………(69)
  5.1 概述 ………………………………………………………………(69)
  5.2 目录体系建设工作的总体安排 …………………………………(69)
  5.3 目录内容建设 ……………………………………………………(72)
  5.4 目录管理系统建设 ………………………………………………(74)
  5.5 目录体系建设项目的实施流程 …………………………………(76)

第6章 政务基础信息资源的梳理与目录编制 ……………………(79)
  6.1 概述 ………………………………………………………………(79)
  6.2 工作目标、思路、要求 …………………………………………(79)
  6.3 工作步骤 …………………………………………………………(80)
  6.4 目录的组成 ………………………………………………………(81)
  6.5 目录的编制及举例 ………………………………………………(82)

第7章 部门政务信息资源的梳理与目录编制 ……………………(85)
  7.1 概述 ………………………………………………………………(85)
  7.2 工作目标、思路及要求 …………………………………………(85)
  7.3 工作步骤 …………………………………………………………(87)
  7.4 目录的组成 ………………………………………………………(87)
  7.5 业务和信息资源的调查与梳理 …………………………………(92)
  7.6 目录的生成 ………………………………………………………(104)
  7.7 使用软件工具编制目录 …………………………………………(110)
  7.8 举例 ………………………………………………………………(111)

目　录

第 8 章　政务主题应用信息资源的梳理与目录编制 (113)
- 8.1　概述 (113)
- 8.2　工作目标、思路及要求 (114)
- 8.3　目录的组成 (116)
- 8.4　工作步骤 (129)
- 8.5　业务和信息资源的梳理 (131)
- 8.6　目录的生成 (132)
- 8.7　举例 (137)

第 9 章　政务信息资源目录应用及案例 (140)
- 9.1　概述 (140)
- 9.2　政务基础信息资源共享目录的应用 (140)
- 9.3　部门政务信息资源目录的应用 (142)
- 9.4　政务主题信息资源共享目录的应用 (152)

第 10 章　政务信息资源整合框架 (156)
- 10.1　政务信息资源整合的必要性分析 (156)
- 10.2　国外信息资源整合理论简介 (159)
- 10.3　FEA 应用方法及案例分析 (163)
- 10.4　政务信息资源整合思路 (170)
- 10.5　政务信息资源整合的设计原则 (174)
- 10.6　政务信息资源整合的技术路线 (175)
- 10.7　政务信息资源整合的建设任务 (176)
- 10.8　政务信息资源整合的路径选择 (183)
- 10.9　基于政务主题目录的政务信息资源整合分析 (186)
- 10.10　结语 (189)

第 11 章　政务信息资源目录的管理与评估 (190)
- 11.1　目录管理体制 (190)
- 11.2　目录管理责任分工 (191)
- 11.3　目录管理工作环节 (192)
- 11.4　目录的统筹管理 (193)

11.5　目录工作的评估 …………………………………………………………… (195)

第12章　政务信息资源梳理与编目工具概述 ………………………………… (198)

12.1　引言 ………………………………………………………………………… (198)

12.2　国内外政务信息资源梳理与编目工具现状 ……………………………… (198)

12.3　政务信息资源梳理与编目工具简介 ……………………………………… (201)

12.4　政务信息资源梳理与编目工具的特点和作用 …………………………… (203)

12.5　编目系统规划 ……………………………………………………………… (205)

12.6　工具涉及的目录 …………………………………………………………… (208)

第13章　部门目录版政务信息资源编目工具介绍 …………………………… (210)

13.1　概述 ………………………………………………………………………… (210)

13.2　工具的操作步骤 …………………………………………………………… (212)

13.3　与其他工具的接口 ………………………………………………………… (222)

13.4　部门目录版编目工具产生的主要成果 …………………………………… (222)

第14章　主题应用版政务信息资源编目工具介绍 …………………………… (226)

14.1　概述 ………………………………………………………………………… (226)

14.2　工具的操作步骤 …………………………………………………………… (228)

14.3　与其他工具的接口 ………………………………………………………… (237)

14.4　主题目录版编目工具产生的成果 ………………………………………… (237)

第15章　区(县)政务信息资源目录编制及编目工具介绍 …………………… (242)

15.1　概述 ………………………………………………………………………… (242)

15.2　区(县)编目类型和特点 …………………………………………………… (242)

15.3　区(县)版政务信息资源编目工具 ………………………………………… (244)

第16章　政务业务建模系统 ……………………………………………………… (252)

16.1　政务业务建模系统(GBMS)简介 ………………………………………… (252)

16.2　利用GBMS进行政务业务建模 …………………………………………… (254)

16.3　利用GBMS进行业务和信息资源的梳理 ………………………………… (257)

16.4　GBMS与编目工具的结合使用 …………………………………………… (268)

16.5　利用GBMS建立并仿真的过程模型案例 ………………………………… (269)

目 录

结语 ··· (272)

附录 ··· (274)
    附录1　本书涉及的政府文件 ··· (274)
    附录2　政务信息资源共享协议及共享承诺书范本 ··· (305)
    附录3　信息资源目录编制实施参考方案 ·· (307)

参考文献 ·· (311)

后记 ··· (314)

丛 书 序

信息化是当今年世界发展的大趋势，大力发展信息化，是覆盖我国现代化建设全局的战略举措。电子政务是信息化的重要组成部分，推行电子政务是国家信息化工作的重点。党中央和国务院领导高度重视电子政务，印发了《国家信息化领导小组关于我国电子政务建设指导意见》（中办发〔2002〕17号）、《国家电子政务总体框架》（国信〔2006〕2号）等政策文件。各地区、各部门按照国家统一要求，积极推进电子政务，取得了显著成绩，有效地促进了政府管理创新和公共服务水平的提高，对贯彻落实科学发展观、构建社会主义和谐社会发挥了积极的作用。

围绕"数字北京"建设，在国务院有关部门的指导下，在市委、市政府的高度重视下，结合"国家首都、世界城市、文化名城和宜居城市"的城市发展定位，北京市按照国家电子政务总体规划和部署，求真务实，开拓创新，以信息资源共享为核心，以深化应用为着眼点，积极推进电子政务建设，取得了一定成效，公共服务水平和信息资源共享水平显著提高，特别是为有特色、高水平奥运会和残奥会的成功举办提供了保障。目前，北京市电子政务已经全面进入深化应用的发展阶段，基础设施基本建立，基础信息资源初步形成，部分重点应用系统已经建成，并开始发挥作用，基本实现了信息化对城市管理、公共服务、市场监管、经济运行等政府核心职能领域的全覆盖，创造了"网格化管理"和"全程办事代理"等全国领先的经验。

北京市一直把政务信息资源的开发利用当做电子政务建设的核心工作来抓，在政务信息资源采集、组织、管理、交换、共享、服务等方面进行理论与技术的积极探索，取得了突破性进展。以《国家电子政务总体框架》为指导，北京市进一步加强电子政务总体设计工作，开展了电子政务总体框架系列研究，并发布了《电子政务总体技术框架》地方标准，这些工作对北京市电子政务全面、协调、可持续发展将会起到重要的促进作用。2006

年，北京市在全国率先建成全市统一的政务信息资源交换共享平台，提供目录、交换、统一安全认证等服务，近期部分区（县）也建成了共享交换平台，形成了市区两级共享交换体系，该体系在跨部门、跨层级的信息资源共享中逐步显现出了强大的生命力，探索出了通过技术力量，而不是改变政府体制与机制的推动部门信息资源共享的道路。自2005年以来，陆续在全市范围内组织开展了政务信息资源梳理与编目工作，形成了一批内容翔实的政务信息资源目录成果，并且以政务信息资源目录体系建设为切入点，在政务信息资源管理相关法律、法规、政策以及技术标准体系方面进行研究与探索，初步形成了一套政务信息资源目录体系建设的理论、方法和工具。2006年，北京市政务地理空间信息资源共享服务也进入实际应用阶段，在初步建成的全市统一的政务基础共享地理空间信息资源数据库的基础上，实现对遥感影像、政务信息图层等基础性、共享性、需求性较强的政务地理空间信息资源的在线共享和网络互操作，支撑了全市政务部门的业务系统建设，形成了"适度物理集中、基础数据共建共享"的统一规划、统一采购、统一建设、统一服务的政务地理空间信息资源的建设模式。同时，北京市在人口库、法人库等基础数据库的建设方面也进行了探索与发展，一大批政务信息资源在为政府工作提供支持的同时，也通过政府集中提供服务、公益性开发服务和市场化开发服务等多种形式进行开发利用，在支撑奥运会的举办、服务市民和企业，推动首都经济社会发展中初见成效。

为总结北京市电子政务建设特别是政务信息资源开发利用方面所开展的理论研究与实践经验，更好地推进北京市电子政务科学发展，北京市信息化工作办公室组织编写了政务信息资源管理与应用丛书，包括《电子政务总体框架研究与实践》、《政务信息资源共享交换平台研究与实践》、《政务信息资源目录体系建设理论与实践》和《政务地理空间信息资源管理与共享服务应用》四册。希望本丛书能够对未来北京市电子政务发展起到积极的推动作用，同时也能对其他省市有参考和借鉴意义。

朱　炎

2009年1月

序

材料、能源、信息是人类社会发展的三种基本资源。工业革命使材料和能源的利用得到大幅度的提高。信息革命的本质是使信息资源得到充分的开发利用，从而带动材料、能源、信息三种资源开发利用的融合，促使经济社会走向协调、高效、可持续发展的道路。

党中央、国务院一贯重视信息资源的开发利用。邓小平同志早在1984年就提出："开发信息资源，服务四化建设"，为信息化建设指明了方向。"十六大"报告中提出"坚持以信息化带动工业化，以工业化促进信息化，走出一条科技含量高、经济效益好、资源消耗低、环境污染少、人力资源优势得到充分发挥的新型工业化路子"。特别在2004年，中央发布了《关于加强信息资源开发利用工作的若干意见》，指出了信息资源开发利用的指导思想、方针政策和工作重点，是推动我国信息化工作的重要文件。

国家信息化领导小组于2006年发布的《国家电子政务总体框架》中，提出政务信息资源开发利用是推进电子政务建设的主线，是深化电子政务应用取得实效的关键；明确电子政务基础设施包含国家电子政务网络、政务信息资源目录体系与交换体系和信息安全基础设施。政务信息资源开发利用要以政务信息资源目录体系与交换体系为支撑，统筹规划信息应用系统建设。

在我国一些信息化比较先进的地区，加强信息资源开发利用已经成为下一步电子政务的发展重点。北京市信息化工作办公室十分重视政务信息资源建设与利用，围绕"数字北京"建设，从政务工作的实际需要出发，不断探索，敢于创新，依托统一的电子政务网络平台和信息安全基础设施，建设政务信息资源目录体系和交换体系，在推动信息共享、业务协同和政府公共服务方面，取得了可喜的进展和成绩。总结北京市在这些方面的经验,系统地讲解政务信息资源目录体系的理论和实践,是很有意义的。本书介绍的相关知识既有总体架构层面,又有操作细节,比较有系统性,值得大家学习和借鉴。

中国信息协会副会长

2009 年 5 月

前　言

北京市电子政务已初步完成了政务网络系统、政府网站和政务核心业务信息系统建设，现已进入了以业务协同和信息资源共享为核心的发展阶段。伴随着电子政务发展到新阶段，信息资源建设与管理方面的一些问题也逐渐凸显出来，例如，存在信息孤岛现象，部门间信息共享困难，信息重复采集现象较为突出等。这些问题已经阻碍了电子政务的进一步发展，到了必须解决的时候。

西方发达国家和地区从不同的角度和层面探索各自的政务信息资源建设之路，如美国政府的《联邦信息资源管理》文件和在联邦组织架构下的信息资源建设，加拿大政府的《政府信息管理框架》，欧盟的《欧洲电子政府服务互操作框架》等。纵观国际电子政务发达国家，无一例外都是非常重视政务信息资源管理，这种重视不但体现在数据层面和应用系统层面，而且体现在管理层面和战略规划层面。

在国家《关于加强信息资源开发利用工作的若干意见》和《国家电子政务总体框架》等文件精神的指引下，北京市以政务信息资源目录体系建设为切入点，在推进政务信息资源开发利用相关法规、政策、标准、关键技术及实施方法等方面开展了理论研究与实践探索。经过多年努力，北京市初步建设完成了政务信息资源基础数据库、政务信息资源共享交换平台（政务信息资源目录体系与交换体系）基础设施，在重点领域政务信息共享与业务协同方面实现了突破，正在构建政务信息资源管理体系与工作机制。特别是在北京市政务信息资源目录体系建设过程中，创造性地开展工作，形成一套较为完善的政务信息资源目录体系建设的理论、方法和工具。具体如下：

一是基于政务信息资源目录开展政务信息资源的全流程管理，重点是针对政务信息资源的采集、公开、共享，研究相关的政策法规，以便解决政务信息资源目录体系建设过程中的体制机制等方面的问题。

二是开展政务信息资源目录系统技术总体框架的研究，包括目录体系的概念模型、管理架构和技术架构以及政务信息资源核心元数据、分类、标识符编码和应用接口等关键技术标准，以解决信息资源目录系统建设中的技术问题。

三是为了更好地推动此项工作在政务部门中顺利实施，有针对性地研究了政务信息资源梳理、编目、业务建模，以及系统整合的思路、方法和工具，用于指导政务部门进行业务梳理、资源编目、业务建模和系统整合等方面的相关工作，解决业务、资源梳理与编目的方法论与手段的问题。

四是研究与总结政务信息资源整合方法与经验。在深入研究国外信息资源整合理论，特别是FEA应用方法和案例的基础上，对我国政务信息资源整合的思路、技术路线等进行了初步探索，并提出了基于政务信息资源目录的政务信息资源整合分析方法。

总之，政务信息资源目录体系作为电子政务基础设施，在推进政务资源开发利用方面，起着十分关键的作用。

本书是政务信息资源管理与应用系列丛书中的一本，分为上下两篇，共十六章，上篇为理论研究，包括第1至4章，主要论述政务信息资源管理和目录体系的相关理论；下篇为组织实施，包括第5至16章，主要介绍政务信息资源目录体系建设实施、政务信息资源目录编制、应用与管理，以及政务信息资源梳理与编目工具。

本书由穆勇主编，负责统筹确定本书整体架构和核心内容，彭凯负责本书审定。刘守华主要编写了第1章和第10章；吴晓敏主要编写了第2至4章；谢力民主要编写了第5至11章；孙奎英主要编写了第12至16章；王薇编写了第1至4章的部分内容，并参与了全书的讨论与校对；沈泮编写了第4、9章及附录2的部分内容，并参与了全书的讨论与校对；高文飞编写了第1章的部分内容，并负责全书统稿编辑与校对。本书是近年来北京市在推动电子政务工作中成果之一，虽然由上述人员具体执笔编写，但它来自集体智慧。

由于本书涉及内容较新，编写时间紧，还有很多问题未进行更为深入的研究和实践检验，本书不足之处在所难免。书中不当或疏漏之处，敬请各位同仁及广大读者批评指正。

上篇 理论研究

第1章 政务信息资源管理概述

信息资源是在国民经济和社会发展过程中，人们在各个领域、各个层次产生和使用的信息的总和。[1]作为一种资源，信息资源与能源、材料资源同等重要，是现代社会发展的三大资源之一。作为生产要素、无形资产和社会财富，信息资源在经济社会资源结构中具有不可替代的地位。[2]随着经济的发展和社会的进步，信息资源的这种重要性更加突出。在浩如烟海的信息资源领域，政务信息资源越来越成为研究和关注的重点。政府是信息资源的最大生产者、收集者、使用者和消费者，从数量看，与政府相关的信息资源占到全社会信息资源总量的70%～80%。[3]因此，加强政务信息资源管理，提升政务信息资源开发利用水平十分重要。本章简要介绍与政务信息资源管理较为密切相关的几个概念，浅析国内外政务信息资源管理理论与实践，并阐述政务信息资源管理体系框架方面的研究成果；以助于读者对此后各章节内容的理解。

1.1 政务信息资源管理相关概念

1.1.1 政务信息资源

1.1.1.1 政务信息资源的内涵

信息资源，广义上指信息活动中各种要素的总称，包括信息本身，还包括与信息相关的设备、技术、资金和人员；狭义上指人类社会经济活动中经过加工处理有序化并大量积累后的信息的集合。[4]

政务信息资源是政务机构在履行职能过程中产生或使用的信息，是体现了政务活动的运作过程及结果的、有使用价值的各种信息的集合。政务信息资源包括：政务部门为履行管理国家行政事务的职责而采集、加工、使用的信息资源，政务部门在业务过程中产生和生成的信息资源，由政务部门投资建设的信息资源，以及由政务部门直接管理的信息资源。在我国，政务信息资源既包括政府信息资源，也包括党委、人大、政协等在履行相应职能过程中采集、加工、使用的信息资源。[3]

1.1.1.2 政务信息资源与政务部门业务的关系

研究政务部门业务与政务信息资源的关系，对于我们掌握政务信息资源特点、分析政务信息资源管理规律是很有必要的。图1.1简示出政务部门业务与政务信息资源的关系。为了方便理解，以下以政府审计为例对图1.1进行解释。

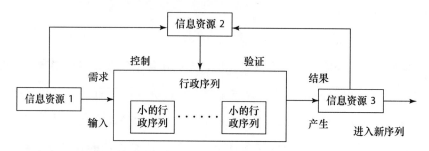

图1.1 政务部门业务与政务信息资源的关系示意图

政务部门业务以政务信息资源为起始依据。审计部门根据有关法律、法规和规章，按照上级部署和单位实际情况研究确定审计任务。图1.1中，信息资源1表示审计起始依据，具体包括：单位或任务预算、计划、合同，法律、法规、规章制度，业务与技术规范，会计准则和会计制度等。

政务部门业务以政务信息资源为支撑。审计工作步骤和操作规程是实施审计整个过程所必须遵循的，而审计工作步骤和操作规程就是一种重要的政务信息资源。实施审计从开始到结束的整个过程又是审计人员接受审计资料、审查会计凭证、查阅有关文件、向有关人员调查取证的若干小过程的综合。如图1.1所示，如果把实施审计看做是一个"行政序列"的话，它本身又包括若干"小的行政序列"，无论哪种情况，实施审计都是以审计工作步骤和操作规程为支撑的。

政务部门业务产生政务信息资源。审计结束时整理并报送审计报告、完成审计资料归档。如图1.1所示，信息资源3表示审计结果。它包括审计通知书、审计报告、审计意见书、审计决定。这说明审计信息是由审计业务产生的。

政务部门业务以政务信息资源为检验依据。如图1.1所示，信息资源2表示审计检验依据，既包括各种相关法律、法规、标准、计划，也包括实物证据、书面证据、言辞证据、视听证据、环境证据等各种审计证据。审计证据是审计人员依法实施审计程序所获取的，用以证实审计事项、做出审计结论和建议的证明材料。这些审计检验依据对审计活动起到验证和监控作用，以保证审计行为的正确实施。

政务部门业务与政务信息资源密不可分。一方面如图1.1所示的行政序列与信息资源

3 的关系：审计活动"产生"审计信息，审计信息是审计活动的"结果"。另一方面如图 1.1 所示的信息资源 1 与行政序列的关系：审计活动"需求"审计信息，审计信息是审计活动的"输入"。再一方面又如图 1.1 所示：信息资源 3 是行政序列的"结果"，然而同时又是新一个行政序列的"输入"，如此循环，往复无尽。

1.1.2 政务信息资源管理

政务信息资源管理是指与信息内容相关的决策、计划、预算、组织、指导、培训和控制活动。其中，决策是政务信息资源管理的起点，是其中最重要的内容和管理者最基本的职责；计划是决策的具体化，它为现状和未来目标之间搭建桥梁；预算是实现政务信息资源管理决策和计划的重要手段，它为政务信息资源开发和利用提供资金保证；组织是保证计划实施所必需的工作步骤，它能形成一种结构，让参与信息资源管理活动的人们成为一个协调的系统，一起为实现最终目标而工作；指导是指挥和引导政务信息资源开发和利用活动的过程；培训是通过各种方法和途径对参与者进行教育、训练，使其掌握政务信息资源管理以及开发利用的技术和方法；控制是对整个管理活动的评估和调节。[5]

政务信息资源管理的对象包括信息内容、技术与设施、人员、资金。管理机制根据不同工作类型主要有行政机制、公益机制和市场机制。政策法规、标准及技术（包括架构技术、整合技术和内容管理技术），工作机制及服务等是信息资源管理的关键要素。

1.1.3 政务信息资源开发利用

政务信息资源管理与政务信息资源开发利用既有区别又有联系，二者的关系如图 1.2

图 1.2　政务信息资源管理工作

所示[4]。信息资源管理是对信息资源开发利用的各环节进行管理。信息资源开发利用是指对信息内容通过采集、加工、存储、公开、共享、使用、运维、安全、销毁等环节,用于管理、决策、生产、学习以及文化娱乐等活动以实现信息价值的过程。信息资源管理是为了更好地促进信息资源开发利用,信息资源开发利用的基础是信息资源管理。

1.1.3.1 政务信息资源开发利用的特点

政务信息资源开发利用具有一般信息资源开发利用的性质,又有其自身的特点:

(1) 政务信息资源的开发有一部分是由政务部门自己进行,包括采集、加工、处理以及数据库或信息应用系统的建设等,还有一部分开发工作由政务部门委托社会力量进行。

(2) 政务部门、个人、企业或其他社会组织机构都是政务信息资源的使用者。政务信息资源的充分利用,不仅要满足政务部门的需要,也要满足企业、公众的需要。

(3) 政务信息资源开发利用是国家管理和决策的基础,是改善政务部门公共服务的重要条件。政务信息资源开发利用应成为全社会信息资源开发利用的先导。

1.1.3.2 政务信息资源开发利用的主要形式

根据上述特点,政务信息资源开发利用的主要形式包括:政务部门为满足业务需要进行的开发利用;政务部门、公益性服务机构和社会力量等为满足公众需求的公益性开发利用;信息内容服务企业所进行的增值性开发利用。政府、非赢利组织与企业是支撑社会信息服务的三类机构,在现代信息服务的环境中,各自扮演着分工明确的不同角色。

政务部门内部的信息资源开发利用工作主要通过政务信息资源的采集、加工、处理、政务部门内部使用以及政务部门间的共享交换等来完成。

政务信息资源的公益性开发利用是消除"数字鸿沟"、实现全面协调发展的重要手段,体现了政务信息资源的社会价值。政务信息资源的公益性开发利用,要坚持政府主导的原则,政务部门要结合工作特点和社会需求,主动为企业和公众提供公益性信息服务,积极向公益性机构提供必要的信息资源。

政务信息资源的增值性开发利用是指依靠市场机制,对那些具有经济和社会价值、允许加工利用的政务信息资源,鼓励社会力量进行增值开发利用。伴随着信息内容服务产业的不断发展,加强政务信息资源增值性开发利用的需求日益强烈,积极推动与规范政务信息资源增值性开发活动已成为目前各级政府部门急需解决的问题。

1.2 国内外政务信息资源管理的理论与实践简析

1.2.1 国外政务信息资源管理的形成与发展

政务信息资源管理理论研究起源于美国联邦政府部门的文件管理领域,[6]高速增长的文件数量是美国政府最早萌生文件管理思想、开创文件管理新纪元的直接原因。美国联邦政府十分重视运用行政和法律手段双管齐下,来开展和推进文件管理活动。在当时的情况下,文件就是政府信息资源管理的核心对象,文件管理也就代表了政府信息资源管理的全部内容。从20世纪中叶起,短短几十年时间,这一活动便从萌生、形成走上成熟道路。20世纪70年代至80年代是政务信息资源管理理论形成阶段,在这一时期提出了"信息资源管理"的概念,明确了信息资源管理的法律地位。从90年代开始,政务信息资源管理研究进入稳定发展时期,政务信息资源管理成为世界各国普遍重视并推行的一项管理活动。随着经济社会的不断进步和信息技术的飞速发展,作为与物质资源和能量资源同等重要的战略资源,信息资源的战略地位日益凸显,推动世界各国政府加强对政务信息资源的开发和利用。"因特网"技术的出现,促进了政务信息资源管理在理论和实践方面的丰富与发展,使它突破了政府文件管理的范围,拓展了办公自动化的应用空间。1993年,美国有关机构在《运用信息技术再造政府》中明确提出了"电子政府"的概念,强调让公众有更多的机会以最有效的方式获取政府服务,通过技术手段整合政府服务,使各级政府之间、政府与公民之间的沟通更为高效和快捷。从此时开始,政务信息资源管理与"电子政府"便密切联系起来。

1.2.2 国外信息资源管理典型案例分析①

国外特别是欧美一些发达国家的信息资源管理处于领先的水平,分析研究这些国家信息资源管理的法律、法规、政策、标准以及整体框架构建的典型案例,对于推动我国的信息资源管理是十分必要的。以下通过文献调研的方法,对国外信息资源管理典型案例进行简要分析。

1.2.2.1 新西兰信息资源管理

据相关文献不完全统计,迄今为止,新西兰与信息资源相关的法律、法规、政策和标

---

① 此节内容参考了北京市信息资源管理中心与中国人民大学合作项目研究报告《新西兰、澳大利亚、英国、美国信息资源管理调查研究报告》

准、指南大约有 65 部，其中，在立法层面，与信息资源相关的法律有 10 部，如表 1.1 所示。

表 1.1 新西兰与信息资源相关的法律

序号	发布时间	法律名称	中文名称
1	1982 年	Official Information Act	《官方信息法》
2	1987 年	local government official information and meeting act	《地方政府官方信息和会议法》
3	1993 年	Privacy Act	《隐私法》
4	1994 年	Copyright Act	《版权法》
5	1999 年	Year 2000 Information Disclosure Act	《2000 年信息公开法》
6	2000 年	Protected Disclosures Act	《受保护的公开法》
7	2000 年	Archives, Culture, and Heritage Reform Act	《档案文化和遗产改革法》
8	2002 年	Electronic Transactions Act	《电子交易法》
9	2005 年	Public Records Act	《公共文件法》
10	2007 年	Unsolicited Electronic Messages Act	《未经请求的电子消息法》

新西兰从 1982 年开始制定信息资源相关的法律规章，之后的十年中只出台了两部法律。20 世纪 90 年代，出台了 8 部法律、法规及少量的政策、标准、指南和辅助性工具。2000 年以后，政策、标准尤其是网络环境下的数字信息资源管理政策、标准开始大量制定与出台。

从各类法律规章的数量分布来看，新西兰的信息资源管理法律、法规、政策和标准、指南分布呈金字塔形结构，立法层面的法律、法规数量较少，而行政层面的政策、标准和指南数量较多，如图 1.3 所示。从内容来说，在立法层面上，侧重对信息、信息资源相关的核心概念进行立法，而在行政层面上，侧重对网络环境下以文件和数据为实体的政务信

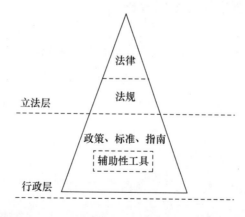

图 1.3 新西兰的信息资源管理相关法律、法规、政策和标准、指南分布

息资源的管理进行相关规定，从而形成了以法为依据，标准为主，指南为辅的政务信息资源管理规则框架，如图1.4所示。

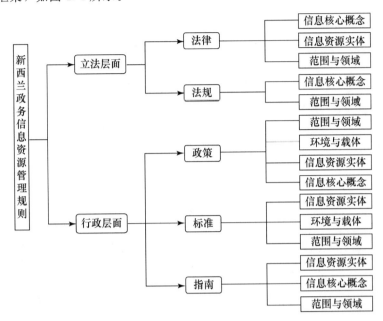

图1.4　新西兰的信息资源管理相关法律、法规、政策和标准、指南框架图

新西兰的信息资源管理体制特点是集中负责与全生命周期管理，即：由主导部门负责，而且主导部门是政府机构的核心部门，通过主导部门把整个政府的其他行政机构结合起来，共同执行信息资源管理相关的法律、法规、政策和标准、指南，对信息资源进行全生命周期与全流程管理。

新西兰信息资源管理的特点主要有以下几点：

（1）新西兰信息资源管理法律、法规、政策和标准、指南的建设是自上而下，逐步细化的。新西兰第一部关于信息资源管理的法律《官方信息法》相当于基本法，从根本上明确了政府信息的基本概念，并初步建立了关于政府信息的基本管理框架。随后陆续颁布的各项法律是在这条主线下，针对信息及信息资源的其他核心概念而制定的，而政策、标准和指南均是相应的法律下出台的执行细则，形成了以法为依据，标准为主，指南为辅的政务信息资源管理规则框架。

（2）新西兰信息资源管理依据ISO9000质量管理标准体系中PDCA方法论［按照Plan（计划）、Do（执行）、Check（检查）、Action（行动）的顺序进行质量管理，并且循环不止地进行下去来建设与改进标准体系］，并且以文件管理标准为标准体系建设的核心内容。

（3）新西兰信息资源管理与电子政务战略紧密结合，是基于文件管理的以利用为中心的全生命期与全流程管理。

1.2.2.2 澳大利亚信息资源管理

据相关文献不完全统计,迄今为止,澳大利亚与信息资源相关的法律、法规、政策和标准、指南大约有108部,其中,与信息资源相关的联邦法律有11部,如表1.2所示。

表1.2 澳大利亚与信息资源相关的法律

序号	发布时间	法律名称	中文名称
1	1914年	Crimes Act	《犯罪法》
2	1968年	Copyright act	《版权法》
3	1982年	Freedom of Information Act	《信息自由法》
4	1983年	Archives Act	《档案法》
5	1988年	Privacy Act	《隐私法》
6	1995年	Evidence Act	《证据法》
7	1997年	Financial Management and Accountability Act	《财政管理和问责法》
8	1999年	Year 2000 Information Disclosure Act	《2000年信息公开法》
9	1999年	Electronic Transactions Act	《电子交易法》
10	1999年	Public Service Act	《公共服务法》
11	2007年	National Security Information Act	《国家安全信息法》

澳大利亚信息资源管理法律、法规、政策和标准、指南建设起步较早,20世纪80年代之前就已经制定了与信息管理及信息资源管理相关的法律,但在1982年才出现以信息为名称的法律,而且整个80年代,只出台了3部法律,但这3部法律却是与信息相关的核心法律,即《信息自由法》、《档案法》和《隐私法》。在90年代出台了5部法律和1部法规,并有少量的标准、指南和辅助性手册开始出现。2000年以后,信息资源管理相关的法律、法规、政策和标准、指南开始快速增长,尤其是标准、指南和辅助性手册的数量上升速度非常快。

澳大利亚的信息资源管理法律、法规、政策数量较少,而标准、指南和辅助性手册的数量较多,尤其是辅助性手册的数量几乎相当于标准和指南的数量之和。从内容来看,文件管理占的比例最大,信息管理其次,在信息管理中,关于信息自由法的相关规章占信息管理规章的绝大多数。

澳大利亚信息资源管理法律、法规、政策和标准、指南建设整体上没有形成一个对信息资源管理或信息管理的全方面或全流程的完整框架,缺乏宏观的立法指导。但是局部来看,澳大利亚信息资源管理的某些领域开展与实施的效果较好。特别在信息利用方面,其法律体系比较完善。有《信息自由法》、《档案法》和《隐私法》三部核心法律对其进行立法层的规定,并制定了大量的指南,对信息利用的具体程序进行详细说明。与此同时,每年都发布关于信息利用的年度报告。

值得一提的是澳大利亚的信息资源管理责任联盟。澳大利亚建立了政府机关与国家档案馆以及责任权威机构组成的责任战略联盟，构建具有全局性和综合性特点的文件信息管理框架，使高级管理层参与管理，了解难题，明确各联盟成员的管理责任，给予资源支持，形成集成的文件信息管理对策，并将其纳入风险管理、问责管理和信息管理。澳大利亚国家档案馆从组织建构上成为总理和内阁下的重要业务管理机构之一，与澳大利亚国家审计办公室、澳大利亚公共服务委员会、英联邦专门负责听取批评及收集意见的机构、隐私委员会平行，负责为文件信息管理提供政策、标准和指南。政府机关对文件信息管理负有主要责任，与风险管理者、规划者、内部审计和治理活动部门关系密切。责任权威机构负责外部审计，为制定信息资源管理政策提供支持，并指导高级管理层参与管理。

1.2.2.3 英国信息资源管理

据相关文献不完全统计，英国与信息资源相关的法律、法规、政策和标准、指南大约有109部，其中，法律、法规49部，标准、规范39部，政策、指南21部。英国政府历来十分重视立法，因此，对于信息资源管理，英国更多采用信息法律、法规手段，颁布了较多的信息法律、法规。近年来，相继颁布了一系列与信息资源相关的法律、法规，其中影响较大的包括：《数据保护法》（1998年）、《信息自由法》（2000年）、《电信法》（2000年）、《电子签名条例》（2002年）、《通信法》（2003年）和《公共部门信息再利用条例》（2005年）等。相比之下，信息政策较少，但信息政策起到宏观调控的作用，使得信息资源管理工作行之有效。英国在信息资源管理方面非常重视文件和档案管理，关于这方面的法规政策所占比例最大。

在政务信息资源再利用方面，为充分实现政务信息资源的价值最大化，加强对政务信息资源再利用的管理，英国政府按照欧盟《信息资源再利用指令（2003/98）》的要求，先后成立了专门机构和出台专门立法。2005年5月，英国成立了公共部门信息办公室（OPSI），负责协调公共部门信息再利用的推进工作。2005年7月，《信息资源再利用条例》正式生效，该条例共21个条文，对涉及公共部门信息再利用的问题制定了一套基本的规则，着重对政务信息资源再利用的申请、批准条件和方式、救济程序等作了规定，该条例的实施为英国政务信息资源再利用工作的顺利开展提供了法律保障。

英国政府为了向公众提供更好的公共服务，实现政府各部门之间的信息无缝交流和共享，还提出了电子政务协同框架（e-GIF）。e-GIF定义了在政府和公共部门中管理信息流的技术原则和规范，涵盖了协同工作、数据集成、电子服务和目录管理，还提出实现公共部门间信息共享的电子政务元数据标准和政府信息分类规范。[7] e-GIF 主要内容有：总体框架，包括政府高层的政策文件、技术政策以及管理、实施制度；注册管理，包括电子政务元数据标准、政府目录表、政府数据标准目录、XML 标准、技术标准目录。

英国信息资源管理建立了以《信息自由法》为依据的法律制度框架，将信息管理纳入法律框架体系，以文件管理标准为标准体系建设的核心内容，对文件生命周期的每一个阶段及信息流节点都做到有法可依，从而提高了整体运作效率。另外，英国注重从信息管理和知识管理角度提升政府能力，使知识管理和信息管理成为政府职能之一，实行文件资产化管理，公共信息公益性和商业性再用规范化管理，实施信息管理评估。

1.2.2.4 美国信息资源管理

美国对信息资源管理的立法活动历时很长，其间以 20 世纪 80 年代初以来制定的相关法律最为人所瞩目，使其信息资源管理法制处于全球领先地位。在近 20 年里，美国的信息资源管理立法数量明显增多，总体上，信息资源管理各领域的法律都有重要发展，且出现了几部影响重大的法律，如《电子政府法》、《政府文书削减法》、《电子信息自由法》等。表 1.3 为美国信息资源管理重点领域的典型法规政策。

表 1.3　美国信息资源管理重点领域的典型法规政策

重点领域	典型法规政策
文件管理	《政府文书削减法》
信息公开	《电子信息自由法》
信息隐私	《隐私权法》
信息安全	《联邦信息安全管理法》
信息技术	《克林格-卡亨法》
电子政府	《电子政府法、FEA》

美国政府的信息资源管理是处在法律社会的法治框架、电子政府的行政框架，以及联邦组织框架之内。以联邦组织框架为例，美国政府信息工作报告和信息工作架构的典型代表为《联邦体系架构（FEA）框架》、《体系架构（EA）评估框架》、《战略信息资源管理规划》，这三个规范是美国信息建设的总体框架。FEA 将联邦政府的组织架构分为测评架构、业务架构、服务架构、数据架构和技术架构五个架构。这五个架构保持着紧密的有机联系，且都涉及要求规范的信息资源的管理，并把信息与其他资源一起作为资源进行管理，从而提高政府效率，节约政府成本，履行政府职责，为公众提供服务。

美国信息资源管理的主要特点有：

（1）确立了专门的联邦信息资源管理法，以文件管理为法规及标准体系建设的基础，实行信息技术影响下的信息资源管理顶层设计，以及面向电子政府建设的国家信息基础架构，重视信息资源管理的整体架构，推行联邦政府体系架构。

（2）重视文件管理、信息公开、信息安全和信息隐私立法，特别是文件管理立法。文件管理中尤其是对文件全生命周期的各环节的管理体系不断完善，不断修订更新相应的法律，不断制定政策规范和标准指南，形成良好的政策体系。

（3）采取市场运作的模式推行电子政府和信息资源管理活动，强调信息共享，鼓励跨机构的合作。使联邦政府成为以公民为中心、面向结果的、以市场为基础的组织，在联邦政府的总体高度指导下对政府信息技术投资进行计划和管理。充分借鉴电子商务的成功经验，把电子政府信息资源作为一种特殊的电子商务形式进行建设。

1.2.3 国外政务信息资源管理实践的成功经验

综观国外各发达国家政务信息资源管理发展的历程，世界各国都普遍重视政务信息资源管理，而且许多国家在实践中取得了较大成功，其中许多成功的经验值得我国借鉴和学习。

1.2.3.1 高度重视政务信息资源开发利用

一些外国政府或组织高度重视政务信息资源开发利用，认为政务信息资源是国家信息资源的一个重要组成部分，政务信息资源开发利用的水平如何，直接影响到国家信息化建设的整体水平，并加大了对政务信息资源开发利用的力度。各国政府都认为政府是最大的信息创建者、采集者、消费者和发布者，将获取政府信息视为公众的一项权利，并对信息采集、共享、公开、保存与销毁等进行了规定。同时，它们还通过开设政府网站、设立政府信息资产目录、开展政府信息定位服务等方式，让公众方便地获取政府信息和服务。

1.2.3.2 目标和计划明确

为促进政务信息资源开发利用，一些外国政府或组织设定明确的目标和计划，制定统一的规划和技术标准，规划电子政务的发展。如美国于1993年制定并颁布了《美国国家基础设施行动计划》，1994年又提出了《政府资讯科技服务远景》，从而确定了美国联邦政府推动电子政府发展的目标。各国政府或组织对于规划和计划的制订方式主要有两种形式：一是在制订信息化建设规划时，对有关政务信息资源开发利用的问题进行规定，而且还根据实际需要，就某一领域的信息资源开发利用制订专门的政策框架和发展计划；二是在信息化建设整体规划还未出台前，就根据形势发展的需要，制定了有关信息资源开发利用的政策和规划。

1.2.3.3 推行统一的标准规范和指导方法

各国十分重视标准化建设，制定了一系列标准规范，并且为推行统一的标准规范建立了指导理论。为建立全国统一的信息框架理论，加拿大政府的信息资源管理体系结构勾画出政府信息管理的方向和前景，为各级政府、部门、机构及人员管理信息提供了统一、全面、权威、集成的指导性框架。美国、加拿大、澳大利亚、日本、韩国、新加坡等国将 EA 理论引入政务信息资源管理中，通过结构化的方式统一政府部门的业务目标，从而实现政府部门之间的协同办公和资源共享，并最终为公众提供无缝信息服务。

1.2.3.4 法律、法规及政策体系完善

为了保障政务信息资源开发利用工作的有序、健康发展，一些外国政府或组织颁布了一系列法律、法规及政策，主要涉及信息管理框架、信息采集、信息共享、政府信息公开、电子文件管理、信息保护、电子文件管理、统计信息管理和政务信息资源商业化开发等方面。

1.2.3.5 管理体制健全

为保障政务信息资源开发利用的效率和效果，一些外国政府或组织通常设定专门的管理机构，明确职能，而且把机构设置和职能责任制度化，以在全国范围内实行统一、协调的领导。如英国政府专门任命了两位负责信息化的高级官员。此外，按照《政府现代化》白皮书要求，英国政府于 1999 年成立了政府信息化领导小组，帮助电子政务专员制定和实施政策，指导、支持各部门信息化政策的制定，帮助各部门实现政府信息化等。各国在政务信息资源建设中一般通过设立专业的协调机构，以实现全面协调发展。这种机构对各政府部门的信息资源开发利用进行跨部门的协调，其他有关机构按照各自的职责协助其开展相关工作。不仅如此，为了确保信息资源开发利用的有序、健康开展，国外政府或组织还建立了监督机制和报告制度。

1.2.3.6 重视信息人才的开发

国外政府重视信息人才的开发，除本国人员外，还重视吸引外国有关科研人员。如美国政府为此制定了一系列的政策，培养高层次的信息技术人才，强化信息资源管理，设立首席信息主管（CIO）等专门职位，培养精通业务的信息经济人和信息管理者队伍等等。

1.2.4 我国政务信息资源管理理论与实践简述

1.2.4.1 我国信息资源管理理论简述

20 世纪 90 年代初，我国开始引入信息资源管理的概念。许多高等院校、科研机构以

第1章 政务信息资源管理概述

及各界专家开展了大量的理论研究工作,积极推动我国政务信息资源管理的发展。[8]本书选取了几种有代表性的观点进行阐述。

1. 三维结构说[9]

中山大学的卢泰宏教授认为信息成为真正资源的必要条件是信息管理,并将信息管理的基本问题归结为五个问题:存—理—传—找—用。存即保存、存留;理即整理、加工;传即传播、传递;找即查找,检索;用即利用、使用。他认为,要解决这五方面的问题,需要研究"人—信息—技术—社会"相互作用的各方面。

为解决信息资源管理中存在的问题,卢泰宏教授在其所著的《国家信息政策》中提出了三维结构说,如图1.5所示。他认为,信息资源管理是三种基本信息管理模式的集约化,这三种模式分别是:对应于信息技术的技术管理模式,其研究内容是新的信息系统、新的信息媒介与新的利用方式;对应于信息经济的经济管理模式,其研究方向是信息商品、信息市场、信息产业和信息经济;对应于信息文化的人文管理模式,其研究方向是信息政策和信息法律等。

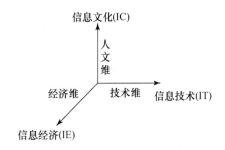

图1.5 卢泰宏的三维结构理论

2. 三个层次说[10]

中国科学院文献情报中心的孟广均教授认为信息资源管理是在微观、中观和宏观层面开展的一种人类活动。

在社会组织的微观层面:信息资源管理活动主要表现为一种管理过程,包括信息需求分析、信息采集和转换、信息组织、信息检索、信息资源开发、信息传播和利用这7个环节。

在社会组织体系的中观层面:信息资源管理活动主要表现为一种网络管理,需要建立信息系统,开展信息系统之间的协调和合作而实现系统集成化,目标是实现信息资源共享,满足不断变化的用户需求,提供高质量的网络信息服务。

在国家政府的宏观层面:信息资源管理主要体现为一种政策法规主导的调控管理,无论是信息资源的共建、共享和合理配置,还是信息产业的推动与国家信息基础结构的建设等，都需要国家有关部门通过信息化规划的制定、信息政策法规的完善、信息市场的培育、信息资源宏观调控体制的建立来保证其得以实现。

3. 信息资源管理科学理论[11]

武汉大学的胡昌平教授认为信息资源管理始于信息资源的开发而终于信息资源的利用，所依据的是信息资源的生命周期，即在生命周期内对信息资源分布、组织、配置、开发和服务所进行的管理。

他以社会信息为基点，构建了宏观的信息管理科学体系。该体系以统一科技信息与经济信息，形成一体化的信息管理新机制为主导思想，以"用户与服务"为中心来组织相关学科知识，重点论述了社会信息流的控制与产业化问题，主要研究内容包括社会信息现象与规律研究、信息组织与管理研究、信息服务与用户研究、信息政策与法律研究四个方面。

4. 广义的信息资源管理理论[12]

北京大学的赖茂生教授认为信息资源管理的实质是一种新的管理理念和管理哲学。

首先，信息资源管理是一种对改进组织生产率和效率有独特认识的管理哲学，其哲学内涵包括：视信息为重要的资源和战略资源，把信息资源管理视为与市场营销、财务管理、生产管理和人力资源管理同等重要的管理智能。

其次，信息资源管理是一门科学，是管理各种相互关系的技术群，使信息资源得到最大化利用的艺术和科学；是信息管理中几种有效方法的综合，将一般管理、资源、控制、计算机系统管理、图书馆管理以及多种政策制定和规划方法结合起来，并加以运用；是为了有效利用信息资源这一重要的组织资源而实施规划、组织、用人、指挥、控制的系统方法。

再次，信息资源管理还是一种管理活动过程，它包含所有能够确保信息利用的管理活动。它是组织机构各层次管理人员为识别、获取、管理信息资源，以满足各类信息需求开展的活动，是与信息相关的计划、预算、组织、指挥、培训和控制过程。

1.2.4.2 我国政务信息资源管理实践简述

我国政务信息资源管理发端于政务部门业务应用系统的开发和使用，由此带动了政府机关文件收发与档案管理系统的开发和使用，后来的政府机关办公自动化系统建设、政府上网工程和政府业务系统建设与应用完善了政务信息资源管理的内容，推动了政务信息资源管理的发展。

我国于1993年启动了"三金"工程，大规模信息系统的建设加速了我国政务信息资源的开发利用。1997年后，国务院陆续出台的《国家信息化"九五"规划和2010年远景目标（纲要）》、《国民经济与社会信息化专项规划》等文件，进一步推动了我国政务信息资源的开发利用工作，促使信息资源管理工作进入了新的发展阶段。

2002年，中办发17号文《国家信息化领导小组关于电子政务的指导意见》将人口、法人单位、空间地理与自然资源、宏观经济四项数据库列入了国家电子政务建设重点任务之中，并创了我国信息化建设的一项先例，启动了国家基础数据库的建设。

2004年，中办发34号文《关于加强信息资源开发利用的若干意见》，明确了未来几年信息资源开发利用指导思想、主要原则和总体任务，对加强信息资源公益性开发利用、促进信息资源市场繁荣和发展、完善信息资源开发利用工作的保障环境提出了原则性要求（详见附录1）。

2006年，国家信息化工作领导小组下发了《国家电子政务总体框架》（国信〔2006〕2号）文件，提出了服务是宗旨，应用是关键，信息资源开发利用是主线，基础设施是支撑，法律法规、标准化体系、管理体制是保障，其中将政务信息资源目录体系与交换体系、国家电子政务网络、信息安全基础设施共同列入电子政务基础设施（详见附录1）。

《中华人民共和国政府信息公开条例》于2007年4月颁布，规定了我国政府信息公开的范围，公开的方式和程序以及政府信息公开工作的监督和保障制度，将政务信息资源的开发利用向前大大推进一步。

随着我国加入WTO组织和政府信息化建设的深入发展，我国各地政府都将规范政府信息管理，推进政府信息公开作为转变政府职能、提高政府透明度和促进电子政务建设的重要举措。2002年11月发布的《广州市政府信息公开规定》是我国第一部由地方政府规定的政府信息公开立法，2004年发布的《上海市政府信息公开规定》是我国第一部由省级政府规定的政府信息公开立法。这两部地方政府信息公开规章在我国政府信息公开立法进程中具有里程碑意义。2005年北京市出台了《关于加强政务信息资源共享工作的若干意见》（京办发〔2005〕33号）；2007年9月发布《北京市信息化促进条例》，将政务信息资源开发利用作为一章，对在政务信息资源的采集、基础数据库建设、共享等方面进行了规范；2009年2月北京市信息化工作领导小组发布《关于加强政务信息资源管理的若干意见》，对政务信息资源生命周期管理的重点环节提出了原则性管理要求。从2004年开始，北京、上海、天津、内蒙古等地陆续开展了政务信息资源目录体系和交换体系的建设工作，在推动政务信息资源跨部门共享、整合、应用等方面进行了探索和实践。

1.2.5 我国政务信息资源管理存在的问题

尽管我国政务信息资源管理工作取得了一定成绩，并且已经开始在国民经济和社会发展、人们工作生活中发挥重要作用，但从总体来看，我国政务信息资源管理在相关法律、法规建设和管理机制上仍然存在一些亟待解决的问题。

1.2.5.1 我国政务信息资源管理相关法律、法规建设存在的问题

（1）我国尚未建立起信息资源管理法律、法规体系，政务信息资源管理工作缺少法律依据。因此应加快建立以法律为依据、法规政策为基础、标准为主体、指南为支持的管理体系框架。

（2）已有的法律、法规分布不均衡。相关研究主要集中在信息公开、信息共享、信息采集方面，而信息安全、信息隐私、信息利用、数据保护、文件管理和信息管理等方面的法规相对缺失。需要通过法律、法规、政策和标准、指南的建设，进一步完善信息公开、信息共享和信息采集，加强信息开发利用、信息隐私保护、信息安全、信息存储，使得政务信息全生命周期管理的每一个环节都有法可依，实现对信息资源全流程关键节点的规范管理。

（3）在政务信息资源管理相关法律、法规、政策和标准、指南的建设过程中，缺少信息资源全流程管理战略、整体政策规划以及基于文件管理的信息资源全流程管理标准体系架构。

1.2.5.2 我国政务信息资源管理机制建设存在的问题

（1）一些部门对信息资源开发利用的重要性、紧迫性认识不足，信息资源作为生产要素、无形资产和社会财富，与能源、材料资源同等重要的观念还没有真正树立。在政务信息资源开发利用过程中"重硬轻软"的现象普遍存在，政务部门往往"重设施设备水平，轻信息资源利用"，资金投入主要用于硬件设备的配备，而忽视对政务信息资源的开发利用。

（2）政务信息资源开发与建设缺乏集约统筹。目前各个领域都加快了信息资源的开发建设，各部门都积累了大量的信息资源，同时也存在着建设分散、重复、独立，共享不足，效率不高等问题。

（3）政务信息资源整体开发不足，利用不够。具体体现在：政府重要信息资源数字化和标准化程度还不高，政务信息资源分类、加工、编目与数据库建设等二次开发深度不够，政务信息资源的利用还仅限于部门内部，在信息强政、信息惠民、信息兴业中还没有发挥出其应有的价值和作用。

(4) 政务信息资源管理体制和机制还没有理顺。政务信息资源采集、共享、保存、更新、安全、个人隐私与商业秘密保护和应用等方面缺乏完善的工作机制和标准，存在政务信息资源管理工作责任不落实、分工不明确、管理不规范等问题。

1.3 国内外政务信息资源标准体系建设简析[①]

标准体系建设是政务信息资源管理的重要组成部分。统一标准是实现互联互通、信息共享、业务协同的前提，只有通过统一管理要求、业务要求和技术要求等标准化手段，才可以保障政务信息资源管理工作有章可循，有法可依，形成一个有机的整体，从而规范和促进政务信息资源管理有序、高效和快速地发展。

因此，本节在1.2节论述的基础上，重点对政务信息资源标准体系建设做进一步的深入研究，通过分析总结国外政务信息资源标准体系建设和发展的特点，初步探讨提出我国政务信息资源标准体系框架。

1.3.1 国外政务信息资源标准体系

通过对比研究新西兰、澳大利亚、英国和美国的政务信息资源标准体系建设和发展情况，总结出如下特点：

(1) 这些国家信息资源管理标准的制定机构除了有相关政府部门（除了议会外，主要是国家档案馆和信息主管部）的参与，非政府部门也积极参与其中。如澳大利亚标准体系的制定机构除了澳大利亚政府部门，还包括澳大利亚标准化协会，该协会在标准制定过程中起着举足轻重的作用，尤其是文件管理方面有许多标准已被国际组织 ISO 或 IEC 采纳。

(2) 从标准体系性质看，除新西兰外，美国、英国和澳大利亚的标准体制是非政府体制，即非政府组织广泛、大量地制定标准，同时通过政府的参与得到加强。推荐性标准往往不是由政府组织单独制定的，而是由非政府组织制定，政府部门直接采纳或对其进行部分吸纳，同时对非政府组织没有涉及的领域进行补充。充分利用了非政府组织实际的、国际的、面向市场的标准制定特点。此外，当推荐性标准被这些国家在立法时写入法律法规时，推荐性标准就转化为强制性标准。

[①] 此节内容参考了北京市信息资源管理中心与中国人民大学信息资源管理学院合作项目研究报告《政务信息资源标准体系框架研究报告》

（3）这四个国家的信息资源管理标准体系都是基于 PDCA 方法论和全流程管理思想而建立。这些国家的标准具体内容虽略有不同，但都大致符合如图 1.6 所示的政务信息资源标准体系框架。该标准体系分为基础标准、业务标准和管理标准三个一级层次标准。其中，基础标准是每个标准体系不可缺少的一类标准，是整个体系内标准的基础并普遍通用，具有广泛的指导意义，如名词术语、图形符号、信息编码等；业务标准，是指从信息资源全生命周期角度展开的各项业务环节所涉及的标准；管理标准是指在整个管理过程中管理机构为行使其管理职能而制定的具有特定管理功能的标准。在划分二级层次的标准时，业务标准以信息生命周期的全流程关键节点作为划分依据，管理标准以管理过程中管理机构为行使其管理职能而必备的一些关键节点作为划分依据。

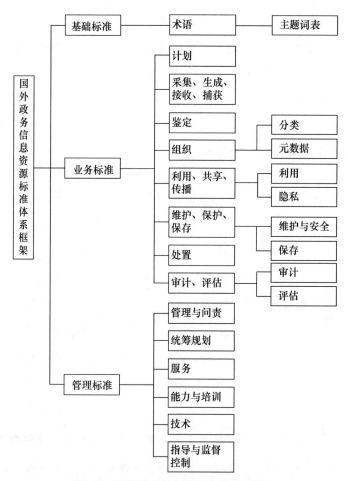

图 1.6　国外政务信息资源标准体系框架

1.3.2 我国政务信息资源标准体系建设初探

前面 1.1 节中通过图 1.2 反映了政务信息资源管理工作是围绕政务信息资源开发利用的各环节进行的，并且在整个管理过程中，将政策制定、组织协调、统筹规划、标准制定、服务、指导监督等方面贯穿其中。因此，我国政务信息资源标准体系除了技术标准外，还应该参考国外标准体系建设经验增加业务标准、管理标准。

政务信息资源标准体系建设的思路应该是从社会法制化、机构制度化、业务规范化、技术标准化四个方面，对应 Why、What、How、Where 体现这四个层次结构的关系，如图 1.7 所示。

图 1.7 我国政务信息资源标准体系建设层次结构及关系

政务信息资源管理工作的规范发展，急需要有稳定完善的标准体系做支撑。而我国虽然近年在政务信息资源标准建设方面做了积极努力，但目前尚未建立起完善可用的政务信息资源标准体系。在政务信息资源标准体系建设过程中，可以本着急用先行的原则，先行制定当前工作中需求比较急迫的重点领域的标准，在技术方面可以更多地引入与借鉴国际标准。

1.4 政务信息资源管理体系框架研究

政务信息资源管理有着深刻的内涵和广阔的外延，它包括信息内容的采集、登记、适度集中建设、公开、共享交换、再利用、安全、归档等环节，以及与它相关的政策与制度、标准、管理体制、人才等外部条件和保障环境。不难看出，政务信息资源管理是一个庞大的系统工程，研究、认识和完善政务信息资源管理是一个系统性的管理课题，因此，研究和建立政务信息资源管理体系很有必要。本节简要介绍政务信息资源管理体系总体框架以加深读者对于政务信息资源管理内容的理解。

为了全面系统地做好政务信息资源管理工作，依据《中华人民共和国政府信息公开条例》、《关于加强信息资源开发利用工作的若干意见》（中办〔2004〕34号）、《北京市信息化促进条例》、北京市《关于加强政务信息资源共享工作的若干意见》（京办发〔2005〕33号）等法规、文件和相关标准，北京市组织开展了政务信息资源管理体系框架研究工作，形成如图1.8所示的政务信息资源管理体系框架。

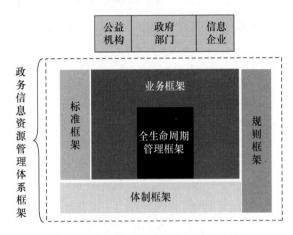

图1.8 政务信息资源管理体系框架结构

政务信息资源管理体系框架包括五大组成部分：政务信息资源开发利用业务框架、政务信息资源全生命周期管理框架、政务信息资源管理规则框架、政务信息资源管理体制框架和政务信息资源开发利用标准框架。其中，业务框架是基础，全生命周期管理框架是主线，规则框架是依据，体制框架是支撑，标准框架是手段。

1.4.1 政务信息资源开发利用业务框架

政务信息资源开发利用业务框架涉及三个方面：政务信息资源开发利用的领域与工作重点，信息资源开发利用工作机制及工作主体，以及政务信息资源开发利用的工作评价。

政务信息资源开发利用工作重点集中在政府信息公开、政务部门间信息的共享交换、政务信息资源采集、政务信息资源的公益性开发利用、社会化增值开发以及政务信息资源开发利用的保障环境等方面。

提高政务信息资源开发利用水平和效率的途径主要有三个：其一是通过推动"信息共享交换"使政务信息在部门间得以共享；其二是通过"信息公开"使公众获得方便的信息

服务；第三是通过"放开信息深加工权"使信息企业有可能生产出高水平的信息产品，以满足全社会对信息更深层次的需要。这三种途径所运用的机制和原则是不尽相同的，部门间的"信息共享交换"主要靠行政机制，以部门的职能和权限为原则；政府对公众的"信息公开"主要靠公益机制，以普遍服务为原则；"放开信息深加工权"主要靠经济机制，以市场公平竞争为原则。相应的，这三种机制对应三类主要的社会信息服务机构：政府、非赢利组织、企业。

信息资源开发利用评价的指标体系，是从信息资源管理工作、信息资源开发、信息资源利用三个维度进行评价，反映政府在推动政务信息资源开发利用工作方面所作的努力及其结果。本书参考有关专家的方案[13]，提出以下政务信息资源开发利用的评价指标体系框架，如图 1.9 所示。

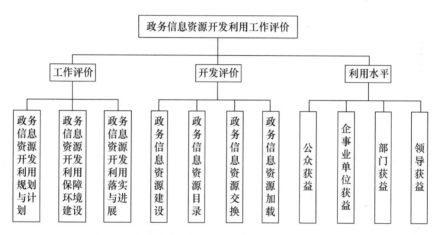

图 1.9 政务信息资源开发利用的评价指标体系框架

1.4.2 政务信息资源全生命周期管理框架

政务信息资源全生命周期管理框架把政务信息资源生命周期界定为规划、登记、采集、适度集中建设、公开、共享与交换、安全与保护、存储、归档与销毁、信息资源再利用等核心环节。政务信息资源全生命周期管理框架的内容就是围绕这些核心环节提出相应的管理要求，以规范政务信息资源开发利用的计划和行为。

规划。要求进行政务信息资源开发利用顶层设计，制订政务信息资源开发利用专项规划和年度计划，加大资金投入并纳入预算管理。

登记。要求以政务信息资源目录的形式进行政务信息资源登记管理，按照政务信息资源应用属性进行目录分类，并以指定的形式进行登记。

采集。要求合理规划采集分工，建立采集目录，完善政务信息资源采集工作机制。

适度集中建设。要求数据库的建设应统一规划、分步实施、适度集中。

公开。要求编制政府信息公开目录，主动公开应公开的信息，做好依申请公开的准备工作，对相对人积极给予回应。

共享与交换。要求依据部门工作职能，按业务需求，根据政务信息资源共享目录进行共享与交换，实施情况及应用效果纳入电子政务绩效评估。

安全与保护。要求依照政务信息资源保密程度进行分类管理，并要求加强文件办理过程的保密管理，还就依法保护个人隐私和企业商业秘密提出要求。

存储。要求各部门对政务信息资源及政务信息资源目录及时进行更新，制定存储方案。

归档与销毁。加强电子政务环境下政务信息资源的实时归档管理。

信息资源再利用。针对政务信息资源公益性开发的免费问题和增值性开发的企业选择问题，提出要求。

1.4.3 政务信息资源管理规则框架

政策为政务信息资源管理指明方向，而为了确保政务信息资源管理沿着这个方向前进，还需要制定和实施一系列配套的策略，这套策略统称为规则。政务信息资源管理规则框架是一个二维矩阵，涉及两个方面的问题：

横向是政务信息资源管理的内容，主要体现加强政务信息资源全生命周期各环节的管理以及完善信息资源开发利用工作的保障环境的内容，具体地包括建立、健全政府信息公开制度，加强政务信息共享，规范政务信息资源社会化增值开发利用工作，合理规划政务信息的采集工作等。

纵向是信息资源管理规则的形式，主要表现为法律、法规、规章、制度、办法或细则等。按照通常的观点，法律体系由宪法、狭义的法律（含部门法）、法规和规章三个层次的法律制度构成。法规和规章层次又包括：行政法规、规章和地方法规、规章。信息行政法规和规章层次的内容应当是执行和贯彻信息部门法（狭义的法律）的具体实施办法，或者是实施细则。从信息资源管理的实践看，这个层次是信息资源管理规则体系中的主要部分也是内容最丰富的部分。因此，归纳起来说，信息资源管理规则的形式主要表现为法律、规章、制度、办法或细则等。在信息资源管理领域，政策是法律、条例确立的依据和指南，法律、条例是政策发展的固化和总结，而规章、制度、办法或细则是政策的具体执行和实现。[12]

规则框架就是针对以上两个方面问题进行研究、实施、评价直至完善，提出的一套计划和行为。主要回答：什么时候、什么条件下建立哪些规则？这些规则的主要内容有哪些？这些规则要构成一个整体，对内，即对于政务信息资源管理体系本身而言，是关于政务信息资源开发利用的规则体系；对外，即对于电子政务而言，是电子政务政策体系的一部分。

1.4.4 政务信息资源管理体制框架

政务信息资源管理体制是指与政务信息资源相关的管理体系和制度，它从战略高度对政务信息资源进行有效配置。政务信息资源管理体制框架应包括三方面内容：

（1）国家和各地政府应对政务信息资源管理加强领导与协调。目前，各地普遍建立了信息化领导小组或类似机构，负责领导、统筹、推进、指导、协调和监督政务信息资源管理工作。

（2）各级政务部门要承担部门内部信息资源的管理职责，各级政府、各部门的主要领导是政务信息资源管理的第一责任人，有条件的地方可以试行建立信息主管制度（CIO），统筹部门信息资源管理和信息技术工作。

（3）政务信息资源普遍存在于各业务部门，由部门业务人员掌握，因此各部门业务人员要对所负责的业务信息资源承担管理责任，信息化人员参与本部门信息资源管理工作，负责信息资源系统建设和运行维护等支撑服务。

1.4.5 政务信息资源管理标准框架

有关政务信息资源管理标准框架已在1.3节中进行了叙述，此处不再赘述。

1.5 政务信息资源管理的政策措施研究

当前，我国一些重点城市电子政务建设正在由网络、网站和单一应用系统建设为主进入到以业务协同和信息资源管理为核心的新阶段。相对而言，政务信息资源开发利用工作还不符合、不适应电子政务工作新阶段的要求。同时服务型政府的建设，信息化与工业化融合战略目标的实施，也为政务信息资源管理提出了更高的要求。在研究政务信息资源管理体系框架的基础上,依据相关政策法规,针对我国政务信息资源管理工作存在的问题,本书提出加强政务信息资源管理的若干政策措施,希望能够为政务信息资源管理工作者提供参考和借鉴。

1.5.1 制定政务信息资源管理政策措施的原则与工作目标

随着国务院大部制管理模式的推进和跨部门应用协同的增加,摒弃面向机构的电子政务建设模式,建立以信息资源为核心的面向政务职能的全流程、可实现业务重组的跨部门应用系统已经迫在眉睫,信息服务于公众已成为构建和谐社会的一项重要内容,体现在政策实践上,就要及时、有效地进行政策调整,从实际情况出发提出相应政策措施,统筹协调,全面发展。

1.5.1.1 原则

(1) 贯彻"统筹兼顾"的原则

我国电子政务在经历了前期的快速发展阶段以后,既取得显著成绩也暴露出明显问题。当前,必须以科学发展观为指导总结经验,研究新情况,解决新问题,推进电子政务"升级换代"。政策制定要贯彻统筹协调、全面发展的思想,统筹集中与分散、新建与整合、公开与保密、需求与提供、实施与监督等要素之间的关系。

(2) 以"管理促进应用"为原则

加强管理的根本目的是为了促进应用,政策的制定应定位为"以推进政务信息资源开发利用为出发点和落脚点,在应用中进行管理,通过加强管理促进更好的应用",要通过政务信息资源开发利用的带动作用,积极推进政务信息资源的公益性开发和增值开发。

(3) 突出"加强管理"的原则

建设与管理是贯穿电子政务全过程的一对主要矛盾,如果处理不好它们的关系,一味强调建设,忽视或削弱管理,将会给电子政务带来更多矛盾和困难,甚至造成电子政务畸形发展。为了扭转这种倾向,政策措施应明确提出"建设与运行维护同步"、"促进应用与加强管理同步"的原则,并要求各部门按照这一原则,保障建设与管理统筹协调、全面发展。

(4) 体现"集约化发展"的原则

在政务信息资源开发利用过程中,集中与分散的矛盾关系伴随始终,分析电子政务前期建设的情况,很多问题是由于分散原因造成的,例如"重复建设"、"信息孤岛"、"重复采集"等等,因此要将"集约化发展"这一理念渗透在政策措施中,提出部门内和跨部门业务、应用系统和信息资源的整合要求，以推动业务协同与信息共享。

（5）强调"公共服务意识"的原则

以人为本是科学发展观的基石，强调公共服务意识是制定政务信息资源管理政策措施的动因。政务信息资源管理要为建设高效敏捷的责任政府和为民便民的服务型政府提供有效支撑，并要重点推动城市交通、卫生食品安全、社保服务、流动人口管理作为与人的利益密切关联的领域的政务信息资源业务协同和信息共享。

（6）提出"确保国家秘密、个人隐私和商业秘密信息的安全"的原则

随着政务信息资源的开放，国家秘密、个人隐私、商业秘密信息的保护责任越来越重，对政务信息资源管理也从机制和技术上提出了更高的要求。制定政策既要对政府部门采集、使用和保存涉及个人隐私和商业秘密信息加以规范，也要对涉及个人隐私和商业秘密信息的重点领域加强监督管理。

1.5.1.2 工作目标

政务信息资源管理工作目标应根据当地信息化总体部署，建议以规划今后3~4年政务信资源管理的工作目标为宜，目标达到的程度可以根据各地情况有所不同，基本要素可包括以下内容：

基本构建起本地、本市各级国家机关的政务信息资源管理体系和工作机制，建立以政务信息资源目录为基础的政务信息资源资产化管理制度，建成并完善基础数据库和相关基础设施，基本实现重点领域政务信息资源共享和业务协同，增强政府信息服务能力，为建设服务型政府提供有效支撑，促进信息服务业健康快速发展。

1.5.2 政务信息资源管理政策措施的主要内容

本书就政务信息资源管理工作，提出12个方面的管理要求与措施，具体如下。

1.5.2.1 实行政务信息资源登记管理

政务信息资源是政务部门在履行职能过程中采集、产生和使用的信息，是重要的国家资产。许多信息资源管理起步较早的国家已充分认识到信息资源的重要性，并将信息资源作为一项重要的资产来管理。我国将信息资源作为资产进行管理还处在研究之中，近年来各地也在实践中对信息资源资产化管理进行了有益的探索。例如，北京市从2006年开始，陆续开展了业务梳理、信息资源梳理和目录编制等工作，原北京市信息办出台了《北京市政务信息资源目录建设管理办法（试行）》等文件（详见附录1），对这些工作提出了具体要求。各部门通过编制政务信息资源目录并按规定进行统一的登记管理，理清了部门信息

资源"底数",明确了部门信息资源的采集责任、使用范围等,强化了部门政务信息资源管理的基础性工作。

政策措施:各部门要按照"职责清、数字准"的要求,梳理本部门的政务信息资源,按照政务信息资源目录建设管理的规定编制政务信息资源目录,并进行统一登记,对政务信息资源目录实行动态维护和管理,逐步实现政务信息资源的资产化管理。

1.5.2.2 实行政务信息资源有序采集

实现政务信息资源有序采集一直是政府部门追求的目标。当前,各地政务信息资源采集工作普遍存在以下问题:

(1) 没有完善的管理制度和监督机制,政务部门向基层单位重复采集的问题比较突出,而且经常是不同部门采集信息,需要配套不同的系统和机器,不同系统间不能实现信息共享,给基层单位、企事业单位增加了负担、提高了政府行政成本。以某市某城区街道办为例,2007年该街道办为10个上级部门上报业务报表81张,数据指标项累计1003项,其中重复采集数据项为498项。

(2) 在信息采集的过程中,各类信息采集不够规范。统计类信息采集尽管有《统计法》、《税法》等法律和制度进行规范,但是在实际工作中没有得到很好的贯彻实施。对于各部门业务信息的采集,没有相应的规范和标准,造成采集信息质量不高,共享困难。

政策措施:

统一建立政务信息资源采集申请、审查、审批、协调、备案和监督工作机制,合理规划和明确政务信息资源的基准数据所在部门及数据采集的责任、分工、程序和标准,有序开展采集工作。

各部门在开展业务活动采集信息时,要依法、依职能,经采集审查(批)等程序后纳入信息资源目录(或共享目录),按照政务信息资源目录确定的采集责任进行采集,保障采集信息的质量,及时更新本部门的政务信息资源及政务信息资源目录。各部门要避免重复采集政务信息资源目录内的信息。

各部门在进行统计信息采集时,应严格按照统计法规和统计制度的要求及标准进行。

各部门在基层单位部署采集信息的应用系统时,须征求同级信息化主管部门和相关部门的意见,逐步实现采集的设备和系统的共用,避免重复建设。

1.5.2.3 实行政务信息资源适度集中建设

我国一些大中城市电子政务建设已由单个流程上网、公众可以与政府进行双向沟通的阶段发展到多个流程上网、多部门在线联合办公、为公众提供"一站式"服务的阶段,相应的信息资源建设也应由分散建设过渡到适度集中建设模式。但是，由于目前应用系统建设分散、重复、标准不一的情况严重，政务数据库规模小、分布散，数据库和应用系统基本是一对一地存在，阻碍了政务信息资源共享，与电子政务的发展很不适应。

政策措施：

对于基础数据库建设，相关部门要按照共建共用原则和主题应用带动基础库建设的模式，积极推动人口、法人、自然资源和地理空间、宏观经济、公文文件等基础数据库的建设与应用，通过政务信息资源共享交换平台为各部门统一提供基础数据的共享交换服务。

各部门应统一规划本部门、本系统的业务基础数据库建设，业务基础数据库和应用系统要相对独立。垂直管理部门原则上由最上级部门统一建设行业基础数据库，同时要充分考虑区(县)相关部门的使用需求。

积极推动业务数据相关部门共同建设可提供多个部门共享的业务基础数据库。

加快研究政务信息资源集约化管理有关问题，统筹建设与完善政务信息资源共享交换平台、容灾备份中心和信息安全等基础设施，统筹规划建设和完善政府数据中心。

1.5.2.4　加快推进政务信息系统整合

当前大量存在的"烟筒式"应用系统产生了大量"信息孤岛"，对"烟筒式"应用系统进行整合已是大势所趋。同时，服务型政府要尽量减少企业和公众的办事负担，以精简、高效、统一的形式，提供政府服务。为了达到这个目标，政府自身要面向服务对象，逐渐打破部门分割形成的壁垒，形成跨部门协同和信息共享的工作局面。信息资源整合包括实现应用系统之间的基础数据共享、应用系统之间的业务数据交换、应用系统之间的业务协同、系统门户界面统一、集中新建应用系统取代老的应用系统。

政策措施：各部门要按照集约、统筹、共享、协同的原则，创新工作机制，优化业务流程，以应用需求为切入点，积极探索适合本部门实际情况的整合模式，加快推动部门内部和跨部门应用系统的整合。信息化主管部门要做好指导和协调工作。

1.5.2.5　深化与完善政务信息资源共享交换管理

近年来，各地在政务信息资源共享方面取得了一定的成绩，但仍然存在许多问题。具体表现如下：

(1) 部门内部缺少落实信息共享的机构和机制，较多依赖于一次次临时性的协调，没有形成信息共享的工作常态。

(2) 信息共享工作流程不清晰、不标准，缺少类似于信息公开工作的信息共享管理工作平台。

（3）核心信息资源很难提供共享交换。

（4）信息需求方提出的信息共享用途不明确，随意性大，信息供需双方对数据项含义的理解口径不一致。

（5）信息使用方对共享信息有超范围使用现象。

（6）信息使用方对共享信息缺乏反馈，信息共享效果没有体现出来。

（7）信息共享工作绩效评估不够完善。

政策措施：

政务信息需求部门依法、依职能向信息提供部门提出申请，双方协商确定共享交换的内容、用途、使用范围、方式、途径、安全保障、信息共享服务承诺等关键要素，办理政务信息资源共享交换相关手续，确定各部门在信息共享交换工作中的职责任务和计划进度，并报同级信息化主管部门和有关部门备案。若双方协商不成，由同级信息化主管部门协调，协商仍未达成一致意见的，由信息化领导小组审定。

推动应急指挥、城市运行管理、环境保护、智能交通、流动人口管理服务、食品药品监督管理、社会保障管理与服务、公共卫生、土地房屋管理、中小企业服务、地下综合管线管理、社会信用、综合执法等电子政务重点应用领域的信息共享，电子政务重大应用相关部门应在信息化主管部门协调下，研究信息共享交换的需求、条件和机制，组织编制政务主题信息资源共享目录，制定相关共享交换管理制度和实施方案并组织落实。

加强各级政务部门间的政务信息资源共享交换，上级政务部门要满足下级相关政务部门依法、依职能开展工作所需信息的合理需求，并按适当的方式及时、准确地提供信息。

共享交换信息使用部门应在与信息提供部门商议的范围内，使用和保存共享交换信息，加强共享交换信息使用的监管工作，确保在共享交换后信息使用的合理性和安全性。共享交换信息使用部门应将共享交换情况和使用效果定期反馈给信息提供部门，并报同级信息化主管部门备案。各级信息化主管部门对政务信息资源共享交换协商、实施和应用效果及监督检查情况进行综合评估和通报。

健全政务信息资源共享交换的工作机制，完善工作规范。信息化主管部门要组织做好供需各方信息资源共享交换工作，做好本级政务信息资源共享交换平台的建设、完善和运行维护工作，会同相关部门做好共享交换数据的转换和加工工作，提高共享交换信息的质量和使用效益。各部门原则上通过政务信息资源共享交换平台开展跨部门、跨层级的政务信息资源共享工作。

1.5.2.6 确保政务信息资源的安全

确保国家秘密、个人隐私和商业秘密信息的安全是政务信息资源管理的重要内容，目前政务信息资源安全管理方面存在如下问题：一是政务信息资源保密审查机制不完善，目前只有政府信息公开条例中提出对公开的信息要进行保密审查，政务信息资源整体没有关于保密审查的规定；二是相关法律法规只有关于应用系统等级保护的规定，对应用系统中的信息资源保护没有相应的规定；三是各部门在给文件定密级时，通常是在文件起草结束后，涉密文件在起草过程中没有严格的保护；四是对安全保密方面的新情况缺乏跟进手段，对电子文件运转处理各环节管理不够，涉密信息传递、保存与使用有较大漏洞；五是保护个人隐私和商业秘密方面问题比较突出，表现在政府、组织、企业在个人隐私和商业秘密信息的采集、使用和保存中普遍存在侵犯个人隐私和商业秘密的现象，如对个人信息的收集过度，个人信息被交易，个人信息被不恰当地发布等，还表现在政府对金融、电信、交通、教育、医疗、建筑等重点领域没有相应的监督管理措施，致使这方面问题越来越突出。

针对实际工作中存在的问题，根据已有法律、法规，从三个方面加以规范：一是对涉密信息如何管理进行规范；二是对政府部门采集、使用和保存涉及个人隐私和商业秘密信息加以规范，三是对政务信息资源保存与备份提出要求。

政策措施：

各部门应严格遵守国家和本地区关于国家秘密、个人隐私和商业秘密信息保护的法律、法规和其他有关规定，不断完善相关制度，切实做好本部门的信息保护工作，对本部门政务信息资源进行保密审查，实行分级管理，确定信息系统安全等级保护的范畴。

各部门采集涉及个人隐私、商业秘密的信息要与履行职责相关，不能超范围使用，同时要采取必要的技术手段，做好保存和销毁工作，防止相关信息泄露、丢失、毁损或发生其他安全事故。

各部门应制定政务信息资源保存与备份方案，确保政务信息资源不泄漏、不丢失。重要的政务信息资源要统一在电子政务异地容灾备份中心保存备份。

1.5.2.7 积极推进政务信息资源的利用

政务信息资源管理的目的是为了推动应用。政务信息资源利用包括政务部门内部业务应用，通过公益性开发和增值开发为公众提供服务等。

政策措施：加快研究和制定政务信息资源开发利用的相关政策和管理办法。深化推进政务信息资源在城市运行管理、便民服务、经济调节和市场监管方面的应用，增强政府信息服务能力，提高政府的行政效能；加快推进教育、医疗卫生、交通、环保等民生领域信息资源公益性开发利用；研究探索政务信息资源的社会化增值开发，促进信息服务产业健康快速发展。

1.5.2.8 规范政务信息资源的归档管理

政务信息资源是全社会共同的财富，重要的政务信息资源应该进行历史性保存。随着信息技术的快速发展和政务信息资源数据量的不断增长，电子环境下信息资源的存储和归档十分必要。目前，各部门在政务信息资源归档方面普遍存在重视纸质文件归档，而忽视电子文件归档的问题。政策措施在重申做好政务信息资源的归档工作的同时，特别强调电子政务环境下政务信息资源的实时归档管理。

政策措施：

各部门要依据国家相关文件要求和标准，做好政务信息资源的归档工作，特别应加强电子政务环境下政务信息资源的实时归档管理。

各部门电子文件的归档要按照《电子文件归档与管理规范》（GB/T18894-2002）国家标准和相关文件的要求执行。档案部门会同信息化部门共同制定办公系统和业务系统电子文件归档管理的技术标准，研发相应的支撑软件，逐步实现各部门办公系统和业务系统具备符合档案管理要求的功能。

各部门应通过公务电子邮箱收、发公务电子邮件，对于具有长期保存价值的公务电子邮件的归档与管理，要严格按照《公务电子邮件归档与管理规则》（DA/T32-2005）国家档案行业标准执行；对于具有一定保存价值的公务电子邮件要由部门统一管理和存储，至少保存两年；对于其他公务电子邮件应定期进行清理。

1.5.2.9 加强领导，明确职责与分工

政务信息资源管理涉及各政府部门工作的方方面面，依据有关文件（见附录1），各级党委和政府要切实承担起政务信息资源管理的领导责任。

政策措施：

各级信息化领导小组负责领导本级政务信息资源开发利用工作，负责统筹、推进、指导、协调和监督本级政务信息资源管理工作。明确本级各政务部门信息资源管理工作的分工。

各部门要充分认识政务信息资源管理的重要性，要明确政务信息资源管理的主管领导、工作机构及其职责分工，将政务信息资源管理纳入日常工作。

1.5.2.10 建立与完善政务信息资源管理制度和标准

政务信息资源管理工作的顺利开展需要制度和标准的支撑，当前我国政务信息资源管

理工作的制度和标准还不够完善。

政策措施：依据职能和任务分工，相关部门加快研究制定需求迫切、条件成熟的政务信息资源管理政策法规和技术标准。各部门要紧密结合本部门的业务实际，制定相应的政务信息资源管理工作制度和实施方案。

1.5.2.11 加强政务信息资源统筹规划，保障投入

当前，信息资源建设资金投入严重不足，"重硬轻软"、"重建轻管"等现象明显。有关文件明确规定：要制定信息资源开发利用专项规划，并纳入国民经济和社会发展规划。增加资金投入并提高其使用效益，保障政务信息资源的建设管理、采集更新、运行维护、长期保存和有效利用，相应经费要纳入预算管理。

政策措施：加强政务信息资源统筹，保障人员和资金投入，将政务信息资源采集、目录编制、登记、公开、共享、加工、保存、更新等经费纳入各级各类相关部门的部门预算中统筹安排。

1.5.2.12 强化监督与考核

依据有关文件关于强化对信息资源开发利用工作的监督管理的要求，对政务信息资源管理工作的监督与考核可从依法监督检查、电子政务项目立项、电子政务绩效评估等方面进行。

政策措施：

相关部门根据各自的职责对各部门政务信息资源管理进行监督检查，对于违反规定的，将依据相关法律法规给予相应的处罚。

各级信息化项目审核和主管部门在电子政务项目立项审查过程中应加大信息资源管理审查力度，并对信息资源共享交换提出明确要求。

各级信息化主管部门应将各部门政务信息资源管理实施情况纳入电子政务绩效评估工作中，对于表现突出的部门，要予以奖励表彰。

本节所阐述的这些政策措施还只是一些原则性要求，为了真正将这些政策措施落到实处，还需要制定一系列配套的制度和实施细则。

第 2 章　政务信息资源目录体系概述

2.1　基本概念

信息资源目录是信息组织的一种方式。信息组织是对所采集的信息资源实施序化的过程。它根据语法和语义等规则对信息进行组织，以方便信息的检索。

信息资源目录可以借鉴图书目录的概念。图书管理员通过收集图书的书名、作者、出版社、出版日期等描述和管理属性并编制图书目录，以方便读者查询使用和图书馆员进行图书管理。所以图书目录是按次序编排以供查询和管理的图书属性，是揭示、识别和检索馆藏文献的工具。图书馆目录体系是指图书馆所确立的目录种类及其相互补充、相互联系的有机整体。[14]

同样，信息资源也具有标题、主题、摘要、分类、来源、作者、时间、提供部门等属性。通过收集信息资源的描述和管理等各种属性，进行分类和编制成信息资源目录，就可以极大地方便信息资源的管理、查询和获取，促进信息资源的开发和利用。

通常将信息资源的描述和管理属性称为元数据。元数据是数据的数据（Metadata），它从信息内容、载体形态、信息资源集合及其组织体系、管理与服务机制以及过程与系统等方面描述信息资源的特征和属性。借助元数据，人们可以采集、组织、识别、定位、发现、评估和选择信息资源，实现简单高效地检索、交换、管理海量数字化信息资源。通过元数据与信息分类、主题词表的结合，可以方便地根据应用需要组织信息资源目录。从政务信息资源管理的角度看目录体系的内涵，可以认为：目录体系是按照统一的标准规范，对分散在各级政务部门、各领域、各地区的政务信息资源进行整合和组织，形成可统一管理和服务的政务信息资源目录，实现政务信息资源规范管理、共享交换和信息服务，为使用者提供统一的政务信息资源发现和定位服务。

2.2 国外政府信息资源目录体系简析

2.2.1 美国政府信息定位服务（GILS）

美国从 20 世纪七八十年代就开始研究和出台了一系列管理政策对政府信息资源进行管理，如《文书工作削减法》和《政府信息资源管理政策》。由美国联邦文书委员会倡议的政府信息定位服务（Government Information Locator Service，GILS)[18]是美国联邦政府负责建立的政府信息基础设施的重要组成部分，是为了整合政府的公共性信息资源，为公众提供单一窗口的政府信息导航、检索与定位服务。GILS 有点类似图书馆的卡片目录，可识别整个联邦政府的公共信息资源、描述这些资源中的可用信息以及提供获取这些信息的帮助。GILS 利用网络技术和国际标准来搜集与标引信息，以便用户能以各种途径检索到这些信息以及世界范围内的其他信息。GILS 还提供了自动链接功能，以方便联机信息产品和服务以电子形式在网络中传递。

1994 年 12 月美国商务部将 GILS 计划作为联邦政府信息处理标准（FIPS 192）颁发，公布正式建立 GILS。此公告并要求所有政府单位机构必须在 1995 年 12 月 31 日前实行 GILS 检索系统的使用。美国国家标准暨技术局（NIST）规定所有联邦机构必须采用 GILS 来定位文件出处。1995 年起，美国将 GILS 作为政府信息基础设施的核心组成部分进行建设。

GILS 支持公众检索、获取和使用政府公开信息资源的分布式目录管理及利用。各政府机构利用 GILS 标准描述自己拥有的信息资源（包括数字化和非数字化资源），建立相应的信息资源目录和检索系统。如果信息资源本身是数字化资源，则在资源目录和实际资源之间建立链接；公众可以通过互联网直接检索这些目录数据，并通过链接直接获得有关数字化资源。

美国各州政府在 GILS 核心元数据基础上，根据需要制定了适合本地的核心元数据规范。如威斯康星州就建立了适合自己的 GILS 主题树，以下是美国威斯康星州政府 GILS 主题树的第一级类目：

- 农业和食物生产
- 商业和工业
- 城市政府
- 县政府
- 联邦政府
- 教育
- 表格
- 政府金融和税收
- 健康和药
- 区域政府
- 社会事情和程序
- 州政府
- 历史和文化
- 信息管理和资源
- 幼儿
- 土地使用、开发和建筑
- 法律执行和法院
- 法律和规则
- 自然资源和环境
- 公共安全和消费者保护
- 娱乐和旅游
- 运输
- 公用事业和通信
- 选举和当选

2.2.2 英国电子政务协同框架（e-GIF）的政府信息目录

英国政府电子政务协同框架（e-GIF）的政府信息目录帮助市民更容易地查找政府信息和资源。[7]

e-GIF 的结构如图 2.1 所示。

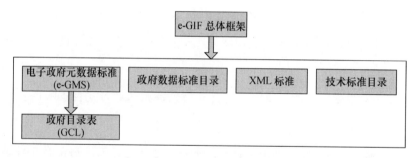

图 2.1 e-GIF 的结构示意图

e-GIF 框架中涉及信息资源部分包括政府目录表（GCL）、电子政务元数据标准（e-GMS）、政府数据标准等[7]，主要要求有：必须为政府信息资源建立元数据；基于国际都柏林核心模型（ISO 15836）开发和采用电子政务元数据标准（e-GMS）；开发和维护政府目录表（GCL）。

所有政府部门都要求强制使用包括关于政府信息目录在内的 e-GIF 框架标准规范，政府信息系统与提供电子政务服务的中介机构之间的界面也应该遵守 e-GIF 的标准。

2.2.3 德国行政管理服务目录

德国联邦政府的电子政府实施以德国行政管理服务目录电子政务项目（简称 DVDV，德文缩写）为代表，是德国开展电子政务服务的一项基础设施。[19] DVDV 是 2007 年 52 个欧盟获奖电子政务项目之一，是全世界范围内第一个成功实施上线运行的国家级的面向服务的体系结构（Service-oriented Architecture）电子政务项目。

DVDV 是遍布全国的跨层级、跨地区的电子政府基础架构设施，建立了全国范围的公共服务目录体系，支持应用系统"终端到终端"在线互操作。它的技术基础是目录服务。目录内容是各级政府机构信息、应用系统信息和应用系统在线连接参数，这些信息将在全国电子政务应用系统互联互通中使用。

DVDV 项目在全国各地部署，联邦政府部署目录主服务器，各州和其他地方政府部署从服务器。目录主服务器可进行数据编辑和数据复制操作，目录从服务器仅可以进行数据复制操作。

DVDV 采用完全开放的国际标准以及德国政府在"联邦 SAGA 指南"中认定的标准。SAGA（Standard and Architecture for e-Government Application）是德国电子政务应用程序的标准和结构简称，包括 IT 硬件、基础设施规范、模块化标准、流程标准等。

2.3 我国政务信息资源目录体系研究

为了实现电子政务应用中的信息共享，我国从 2002 年就开始开展政务信息资源目录体系的研究。主要在政务信息资源目录体系的概念、内容、标准规范、实施试点和目录体系建设工作部署等方面开展了一系列的研究和实践。

2.3.1 我国政务信息资源目录体系的概念和内容研究

我国较早的研究者提出政务信息资源目录体系概念"是一个根据信息资源的语法、语义、应用等规则对信息资源进行分级、分节点、分布式组织和管理，体现各种政务资源内在关联的有机整体；是信息资源共享和服务的一套工具；是方便信息资源检索、定位和共享的应用服务体系"。

有学者从业务角度定义政务信息资源目录体系为"以元数据为核心，以政务分类表和主题词表为控制词表，对政务信息资源进行网状组织，满足从分类、主题、应用等多个角度对政务信息资源进行管理、识别、定位、发现、评估与选择的工具"[14]。

也有专家提出"目录体系是按照统一的标准和规范，为发布、发现和定位政务信息资源和各类交换服务目录而建设的信息服务体系，它是根据政务人员或社会公众的业务需求，按照统一的政务信息资源目录体系标准，对与相关的政务信息资源进行编目，生成公共信息资源目录体系或交换服务目录，为政务人员、社会公众或应用程序提供准确的政务信息资源的发现和定位服务"[16]。

也有技术专家提出"政务信息资源目录是利用目录技术和元数据技术，以及其他网络技术，在网上构造一个统一的政务信息资源目录管理系统，使资源的利用者能够在任何时间，任何地点，通过特定的服务接口查询资源目录，使其能快速发现、定位和获取所需信息"[20]。

还有研究者结合工作实践，从政务信息资源管理的角度提出"政务信息资源目录体系是以基于元数据的科学管理方法为基础，对信息资源的产生位置、责任单位、共享范围及更新维护方式等方面信息进行描述的信息集合。政务信息资源目录，要充分体现政务部门管理和利用政务信息资源的需求和特点，要把政务信息资源目录作为加强政务管理基础工作、推进政府信息公开、信息共享和电子政务应用系统整合的推手和工具。通过信息资源目录编制工作，可以摸清单位和部门信息资源有什么？在哪里？谁负责？做到'信息清、资源清'。并可以进一步明确部门内部信息共享需求、跨部门信息共享需求，明确哪些信息可以公开应用？哪些可以在部门内部或部门间共享？哪些是可以推动业务工作的协同，完成跨部门信息共享的任务要求"[21]。

在前期的研究和实践中逐步认识到，政务信息资源目录体系建设的主要内容有政务信息资源目录内容建设、标准规范制定、目录系统建设和管理制度制定等。其中，政务信息资源目录内容建设是核心。

2.3.2 国家在政务信息资源目录体系建设方面的部署

国家信息化领导小组从 2002 年开始就对政务信息资源目录体系与交换体系的工作做出了一系列的部署。

《国家信息化领导小组关于我国电子政务建设指导意见》（中办发 [2002] 17 号）文件，在电子政务建设的主要目标和任务中第一次提出要"研究和设计电子政务信息资源目录体系与交换体系"。

第 2 章 政务信息资源目录体系概述

2004 年中办 34 号文件再次提出"依托统一的电子政务网络平台和信息安全基础设施，建设政务信息资源目录体系和交换体系，支持信息共享和业务协同"。

在《国家电子政务总体框架》（国信［2006］2 号）中提出：我国电子政务建设将进入以深化应用为显著特征的新的发展阶段。提出构建国家电子政务总体框架的目标是：到 2010 年，覆盖全国的统一的电子政务网络基本建成，目录体系与交换体系、信息安全基础设施初步建立，重点应用系统实现互联互通，政务信息资源公开和共享机制初步建立，法律法规体系初步形成，标准化体系基本满足业务发展需求，管理体制进一步完善，政府门户网站成为政府信息公开的重要渠道，50％以上的行政许可项目能够实现在线处理，电子政务公众认知度和公众满意度进一步提高，有效降低行政成本，提高监管能力和公共服务水平[22]。

国家电子政务总体框架如图 2.2 所示。电子政务总体框架把政务信息资源目录体系与交换体系进一步定位为国家电子政务的基础设施，提出政务信息资源开发利用是电子政务建设的核心，今后我国电子政务建设的一项重要工作就是依托政务信息资源目录体系与交换体系，为各级政府提供信息查询和共享服务，实现信息资源横向共享和纵向汇聚，逐步实现政务信息按需共享，为各级政府的社会管理、公共服务和辅助决策等提供信息交换和共享服务。

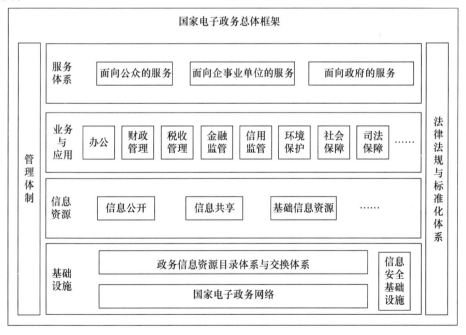

图 2.2　国家电子政务总体框架

我国从2003年开始就开展了政务信息资源目录体系标准规范的研究和制订。由国务院信息化工作办公室提出，国家电子政务标准化总体组组织了我国《政务信息资源目录体系》标准规范的编写，该标准规范包括总体框架、技术要求、核心元数据、政务信息资源分类、政务信息资源标识符编码方案、技术管理要求等6个部分，已于2007年正式发布（除政务信息资源标识符编码方案）。原国信办还组织了天津、上海、北京等地进行了政务信息资源目录体系与交换体系的建设试点，在梳理整合政务信息资源，实现信息共享交换方面取得了良好的效果。

北京市从2002年起就开展了北京市政务信息资源目录体系建设理论研究工作，并于2006年正式发布了《政务信息资源目录体系》北京市地方标准。该标准总体上与国家标准是一致的，在一些方面进行了内容的扩展和补充，更多地体现了北京市地方政务信息资源管理的需求和特点。同时，北京市还组织了基于市共享交换体系的政务信息资源目录系统建设，组织推动政务信息资源梳理与编目工作。

2.4 政务信息资源目录体系的作用

如前1.1.1.2所述，政务信息资源与政务活动密切相关，政府信息资源产生于政府活动的各个环节和部门。在政府的政务活动中，政务部门在履行职能、办理业务和事项中随时都需要和产生政务信息资源，它的存在和分布是跨行业、跨部门、跨地域的。大部分政务信息资源随着政务业务的开展不断产生和变化，是一种与政务活动相关的动态信息资源。编制政务信息资源目录，可以解决政务信息资源管理的基本问题（3WH），即What——有什么政务信息资源，Where——需要的信息在哪里，Who——谁提供、谁使用，How——如何发布、如何查找、如何使用。可以在政务信息资源的揭示和发现、组织和使用、规范管理、规范采集和信息共享、建立政务信息整合机制等方面体现它的作用。

2.4.1 有利于政务信息资源的揭示和发现

通过编制政务信息资源目录，全面梳理政务业务和信息资源，有利于揭示政务信息资源与政府业务、政府部门和政府职责之间的关系，摸清有哪些政务信息资源，与哪些政府业务相关，如何产生，分布状况，由谁管理等问题。[15]

2.4.2 有利于政务信息资源的组织和使用

随着信息化进程的加快,政务信息资源呈现出爆炸式的增长趋势。有着信息量大、增长快速、涉及内容广泛、存放分散、表现形式各异等特点,为信息资源的查找和使用带来了困难,常常干扰和降低了用户获取信息的准确度和相关度。政务信息资源目录基于统一的政务信息资源核心元数据、信息分类等标准规范对政务信息资源描述和编制目录,在规范的政务信息分类基础上,建立科学的政务信息资源分类体系,对政务信息资源进行序化组织,有利于政务信息资源的导航、检索、定位和发现,方便使用者查询和获取使用政务信息资源。

2.4.3 有利于政务信息资源的规范管理

政务信息资源作为重要的国家战略资源,急需建立一套政务信息资源的管理体系,对政务信息资源的采集、处理、存储、公开、共享、服务和应用等方面进行制度化和规范化管理。通过建立政务信息资源目录体系,编制各种信息资源目录,对信息资产进行注册登记,可以在以上环节对政务信息资源进行规范管理,以掌握政务信息资源的来源、数量、质量、类型以及分布等具体情况,促进政务信息资源的开发和利用。[14,16]

2.4.4 有利于政务信息资源的规范采集和信息共享

通过全面梳理政府业务流程和相关信息资源,摸清信息或数据产生的业务环节,确定第一数据源的产生部门和环节,编制信息资源采集目录,避免信息资源的重复采集,为信息资源的整合和共享提供依据。

通过对跨部门的业务流程进行梳理,编制部门间信息共享目录,揭示信息数据在跨部门政务业务中的信息流动,建立部门间信息共享交换的业务逻辑和共享机制,有利于政府部门的业务协同和信息共享。[17]

2.4.5 有利于建立围绕主题的政务信息整合机制

在进行政务信息资源整合前,需要研究信息的整合依据、整合机制、整合方法、整合标准等难点问题。需要摸清谁是相关政务信息资源的产生者、谁是需要共享的部门、资源现状如何等情况，提出信息整合的依据、机制和方法，建立信息整合的标准等。[17]

  政务信息资源与业务密切相关的特点要求政务信息资源整合方法应适应政务业务和信息的动态产生和变化。而政务信息资源目录体系是从业务应用出发，梳理业务办理的流程、职责、依据等，编制信息资源目录。并以此为基础，建立政务信息资源业务模型和信息模型，为动态整合政务信息资源，建立数据仓库奠定基础，以适应政务信息随业务处理而动态变化的特点。同时通过目录编制明确资源提供者和共享部门，为政务信息资源的整合和共享建立长效机制提供了依据。[17]

第 3 章 政务信息资源目录体系总体框架

政务信息资源目录体系总体框架可以整体描述目录体系的组成和内容,包括目录体系的概念模型、管理结构、技术架构和基本功能等。

3.1 政务信息资源目录体系概念模型

政务信息资源目录体系概念模型由信息资源、元数据、政务信息资源目录、标准规范等要素构成,[23]如图 3.1 所示。

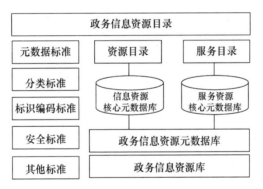

图 3.1 目录体系概念模型

政务信息资源元数据是描述政务信息资源内容、管理、表示等属性的数据。核心元数据是政务信息资源元数据的基本子集。政务信息资源元数据是在政务信息核心元数据的基础上,按照政务信息资源管理和应用的需要进行的扩展。

政务信息资源目录可分为信息资源目录和服务目录。通过对政府的职能、业务和信息资源进行梳理编制形成信息资源目录,信息资源目录通常用元数据来进行描述。由应用系统支撑的业务服务构成服务目录,通常采用 SOA 技术将应用系统封装为服务并注册到

UDDI[①]中心形成服务目录。服务目录的编目对象主要涉及业务应用系统中的业务协同和动态的数据交换。

政务信息资源目录体系标准规范包括政务信息资源核心元数据、信息资源分类、唯一标识编码方案等的相关标准。政务信息资源核心元数据标准定义了描述政务信息资源所必需的特征要素，如资源内容、覆盖范围、质量、管理方式、资源所有者等内容，有利于政务信息资源的描述、管理、发现和使用。信息资源分类标准规范了政务信息资源分类的原则和方法。规范的信息分类体系方便信息资源的组织和管理，为信息资源的查找提供多种途径。唯一标识符编码方案对政务信息资源标识符的编码结构、分配原则和管理进行了规范，赋予每项政务信息资源唯一的识别代码，保证其在跨部门信息共享交换过程中的唯一性。

3.2 政务信息资源目录体系管理结构

由于政务信息资源的存在和分布是多行业、多部门、多地域的，从政府信息资源的建设、更新、维护、利用、版权管理和信息安全等方面考虑，不宜采用完全集中式的管理和存储办法，而应采用集中分布式管理与存储的模式，在政务外网平台管理和存储政务信息资源的主目录，在行业或地方管理和存储行业或地方相关政务信息资源分目录。

如图3.2所示，一个市级政务信息资源目录体系的管理结构为市目录中心和区（县）目录中心两级。市级目录中心管理全市范围政务部门需要共享或提供公共服务的政务信息资

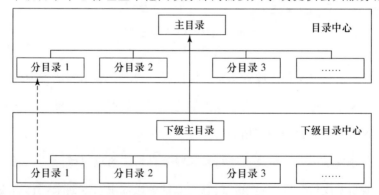

图3.2 目录体系管理结构

---

① UDDI，Universal Description, Discovery and Intergration，统一描述、发现和集成协议，是一套基于Web的、分布式的、为Web服务提供的信息注册中心的实现标准规范。

源目录。区(县)级目录中心管理区(县)范围的政务部门需要共享或提供公共服务的政务信息资源目录。也可以分行业建立行业垂直政务信息资源目录。按照政务管理的需要,各级主目录内容包括本级政务部门和下级政务部门直接在目录中心注册的政务信息资源核心元数据。根据行业或跨部门应用的需要,区(县)级政务部门也可向市级相应分目录直接注册其核心元数据。

目录中心具有构成目录内容的核心元数据注册、保存、维护、服务等管理功能。政务部门或公众等目录内容使用者根据政务信息资源目录的使用授权,通过目录中心提供的政务信息资源目录进行查询和检索。各级目录中心都可以提供管理范围内的政务信息资源共享服务和面向公众的政务信息资源查询和定位服务。

在北京市政务信息资源目录体系建设的实践中,根据各政务部门的应用需要,部分委办局设立了本部门的政务信息目录中心,并配套开发了相关应用系统,将本部门的信息目录在本部门目录系统中进行登记,将需要共享的信息目录在市级目录中心进行登记,同时兼顾本部门与市其他部门之间信息共享的需要,以便更好地梳理和整合部门的政务信息资源,也更加方便部门对政务信息资源的管理和开发利用。

3.3 目录体系技术结构

目录体系技术结构从技术层面上主要分为软硬件环境和网络基础设施、数据资源层、目录服务功能层和目录服务表现层,如图 3.3 所示。

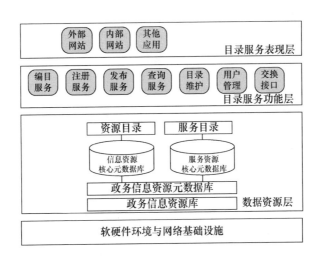

图 3.3 目录体系技术结构

数据资源层主要由信息资源核心元数据库、服务资源核心元数据库、资源目录和服务目录构成。

目录服务功能层包括：编目、注册、发布、查询、目录维护、用户管理和交换接口等服务功能。

目录服务表现层是面向最终用户的统一入口，包括外部网站、内部网站和其他应用访问方式。通过内、外部网站实现元数据的统一浏览、查询、编目等。

在北京市目录体系建设的实践中，主要采用以下技术实现：

信息资源目录基于元数据技术实现。元数据以 XML 表示，以 DTD 或 XML Schema 对 XML 文档的结构进行定义。

为了更好地对用户进行管理，实现对用户进行资源访问的控制，系统提供了用户目录。用户目录基于 LDAP 技术实现，遵循 LDAPv3 技术标准。系统通过安全模块和角色权限接口与权限同步接口，实现了机构和用户的 CA 安全权限、数据交换权限与目录系统之间的权限同步，并将各种访问权限记录在用户目录中。在系统的目录树查询、元数据注册、元数据查询当中，通过元数据访问验证接口，使用用户目录中保存的访问权限信息，并依据权限定义的范围，查询浏览资源目录和服务目录中的内容。

信息资源目录基于 HTTP、Web Services 提供服务。服务 API 接口格式参考 W3C UDDIv2 API 机构规范。消息格式接口使用 SOAP1.2 规范。

Web services 是一种面向服务的体系结构，能够创建服务的抽象定义、提供服务的具体实现、发布并查找服务、实现服务实例选择，并实现可互操作服务的使用，如图 3.4 所示。在 Web 服务中，UDDI 利用 SOAP 消息机制（标准的 XML/HTTP）来发布，编辑，

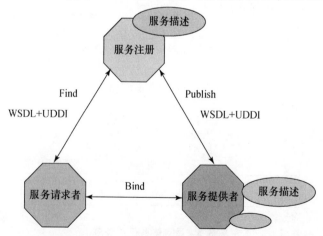

图 3.4　面向服务的体系结构

浏览以及查找注册信息,WSDL(Web Services Description Language)规范是一个描述接口,是一个用来描述 Web 服务和说明如何与 Web 服务通信的 XML 语言,它可以使服务方便、快速地被描述和记录。

目录体系总体技术结构遵循 J2EE 标准,采用多层架构体系、B/S 模式,如图 3.5 所示。

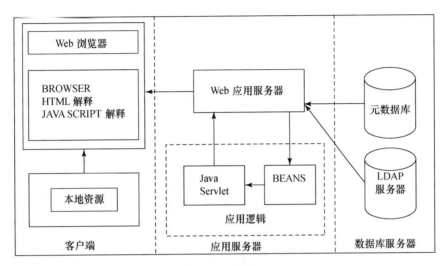

图 3.5 B/S 模式

在 B/S 模式中,浏览器为客户机的主要工具,来访问服务器端的资源,包括数据库服务器。这里的浏览器应是具有个性化自适应力和 Internet/Intranet 资源定位与管理能力的通用前端,且可实现对数据库的无缝连接和与访问,同时与服务器相配合,来提供完整的访问控制和保密功能。

北京市目录系统支持了面向服务架构(SOA)的服务开发、服务部署和服务组合,如图 3.6 所示。

目录系统基于 SOA 架构,提供了一系列的服务模块,使传统的端到端的系统可以方便地利用这些服务集成在一起,各种服务模块不再仅仅为某一个系统服务,而是可为整个政务网络的大多数的系统所用。

目录系统接口采用 Web 服务接口和 URL 接口方式,以 JAVA 版本的接口为基础实现。

目录系统接口包括元数据查询接口、元数据注册接口、元数据访问验证接口、目录树接口、角色权限接口和同步接口,接口作用如表 3.1 所示。

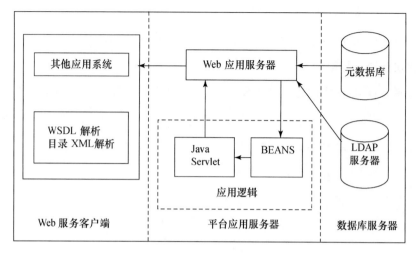

图 3.6 面向服务模式

表 3.1 目录系统接口作用

接口名称	接口作用
元数据查询接口	其他系统对元数据库中的核心元数据的查询,返回核心元数据的全部信息
元数据注册接口	根据权限实现对元数据的注册管理功能
目录树接口	查询用户权限范围内的目录树的数量、名称和内容,包括目录树名称接口、目录树查询接口、目录树内容接口
元数据访问验证接口	根据用户授权信息,判断该用户是否有权限访问该条元数据
角色、权限接口	根据权限唯一标识码查询角色、权限信息
同步接口	实现 CA、交换、安全模块与目录系统之间的权限同步

3.4 目录体系基本业务功能

目录体系的基本业务功能包括编目、注册、发布、查询、更新维护、用户管理和安全管理等功能。

1. 编目

提供政务信息资源元数据的编辑功能,目录编辑人员按标准和管理要求对政务信息资源进行著录、分类和标引,形成政务信息资源目录。

完成的主要工作包括根据政务信息资源元数据标准提取信息资源相关特征信息编制目录,形成政务信息资源元数据库。

根据政务信息资源标识符编码方案,向目录管理机构申请信息资源的标识符编码,按

第3章 政务信息资源目录体系总体框架

政务信息资源唯一标识符编码方案自动或人工赋码。

根据政务信息资源分类实施规范对政务信息资源元数据中的分类信息进行赋值。

编目的实现通常有手工编目、编目工具、编目或半自动的网页采集编目等方式。

2. 目录注册

提交：各政务部门将编制好的政务信息资源核心元数据提交到目录中心。下级目录中心将核心元数据注册到上级目录中心。

审核：管理机构（目录中心）对注册的数据进行审核校验，接受合格数据并进入目录中心元数据库，未通过审查的元数据返回给提供者修改。

入库：对于通过审核的元数据，生成信息资源核心元数据和服务资源核心元数据，并放入相应的核心元数据数据库中，形成正式目录。

目录数据的注册实现通常有人工提交注册、批量上传和元数据收割等方式。

3. 目录发布

目录中心按服务对象如政务部门、企业、公民发布相应的政务信息资源目录。发布目录的分类可根据应用和服务对象进行个性化前端展现。

4. 信息查询

目录中心提供人机交互方式的目录内容的查询功能。提供基于政务信息资源目录的分类导航、条件检索和全文检索等查询服务，提供目录内容浏览功能，使用者可以依权限获取所需的政务信息资源目录内容和电子化信息资源内容。

5. 更新维护

各政务部门负责对在目录中心注册的数据进行更新。对需要修改的已注册目录数据可以修改再重新编目注册。

第 4 章　政务信息资源目录体系的关键要素

4.1　政务信息资源元数据

元数据通常被定义为关于数据的数据。元数据可处理各种形式的数字化和非数字化数据资源，特别是能较好地解决网络信息资源的描述、发现、控制和管理问题。可以将元数据看成是一种描述数据模型和数据的语言，如描述一本图书的书名、作者、出版社、摘要、出版日期等属性就是图书的元数据。政务信息资源元数据用于描述政务信息资源的内容、表示方式、质量、管理方式、管理者以及其他属性。政务信息资源元数据是描述政务信息资源，实现政务信息资源发现、交换和服务的基础。

元数据的基本单元为元数据元素。为了清晰地表现元数据结构，方便管理，可以将一组相关的元数据元素集合定义为一个元数据实体。元数据框架或元数据模型由多个元数据实体构成。

4.1.1　国外政府信息资源元数据标准

4.1.1.1　都柏林核心元素集

应用最广泛的元数据是描述网络资源的都柏林核心元素集（Dublin Core Element Set），简称为都柏林核心（DC），是 1995 年国际组织 Dublin Core Metadata Initiative 拟定的用于标识电子信息资源的一种简要目录模式。在此之后，国际上又召开 5 次会议，使"都柏林核心元素集"更趋于完善。由于它简练、易于理解、可扩充及能与其他元数据形式进行桥接等优点，1998 年 9 月，Internet 工程专题组（IETF）将其作为一个正式标准予以发布。目前，它由 15 个数据单元（element）组成，其中内容实体包括 7 个元素：题名（Title）、主题词或关键词（Subject）、摘要（Description）、资源类型（Type）、来源（Source）、关系（Relation）、范围（Coverage）；知识产权实体包括 4 个元素：作者或创造者(Creator)、出版者(Publisher)、其他责任者(Contributor)、权限管理(Rights);表示方式包括 4 个元素:日期(Date)、格式(Format)、资源标识(Identifier)、语言(Language)(注:上述括号内为英文标识)。[18]

4.1.1.2 GILS 元数据标准

GILS(Government Information Locator Service)[18,24,25]元数据标准是美国政府信息定位服务项目为了描述美国政府信息资源,方便公众检索、定位和获取公共信息资源,在都柏林核心元数据(Dublin Core,以下简称 DC)基础上扩展了政府信息属性的元数据规范。GILS 元数据的核心元素共有 28 个,用于描述主要来自政府的公用信息资源,其中包括内容、位置、服务方式、存取方法等。依元素的性质可区分成:必备/可选(mandatory/optional)、重复/不可重复(repeatable/not repeatable)及受控/不受控(controlled/uncontrolled)3 种类型。按其描述对象,可将 GILS 核心元素分为信息的拥有者和建设者、信息的内容、信息的表示方式以及管理信息 4 类。具体内容如下:

(1) 资源的拥有者及建设者:始创者(Originator),贡献者(Contributor),取用限制(Access Constraints),使用限制(Use Constraints),联系点(Point of Contact)。

(2) 资源的内容:题名(Title),资源语言(Language of Resource),摘要(Abstract),受控主题词索引(Controlled Subject Index),非受控主题词(Subject Terms Uncontrolled),地理位置(Spatial Domain),数据来源(Source of Data),方法论(Methodology),补充信息(Supplemental Information),目的(Purpose),机构计划(Agency Program),相互参照(Cross Reference),记录语言(Language of Record)。

(3) 资源的发布信息:出版日期(Date of Publication),出版地(Place of Publication),时间(Time Period),可获性(Availability)。

(4) 资源的管理信息:目录号(Schedule Number),控制号(Control Identifier),原始控制号(Original Control Identifier),记录来源(Record Source),最后修正日期(Date of Last Modification),记录审核日期(Record Review Date)。

除了核心元素,GILS 应用纲要也赋予具体政府机构自行定义元素的弹性,使机构能在标准化的原则下也能兼顾特殊的需要。但是在信息交换时,只能就核心元素进行处理。为了使不同格式的元数据间能够自由交换信息资源,美国国会图书馆将 GILS 与 DC 及 USMARC 的元素相互对照,试图整合现有的所有信息系统,同时试图结合 XML 发展相关软件。

目前,由于美国政府的大力推动,GILS 已成为美国政府信息资源的描述标准,并且在日本、俄罗斯等国家得到广泛应用。

4.1.1.3 DC-Government 元数据

DC-Government 元数据是在 DC 标准基础上，针对政务信息资源管理的应用需要进行修订，直接将 DC 的 15 个元素及其修饰词复用到 DC-Government 命名域上，并在 DC-Government 命名域内补充一个新元素——受众（Audience），并增加了 5 个 DC 元素的限制属性。例如在"权限管理"元素增加了"资源被使用的条款"修饰词，规范资源的安全管理或公开登记；在"主题"元素增加了修饰词"分类"，定义一种比较宽泛的主题分类规范；在"类型"元素增加了修饰词"集合层次"，描述资源在集合中的层次，一种资源可能是另一些资源的集合；等等。

4.1.1.4 英国电子政务元数据标准（e-GMS）

e-GMS 规定了信息内容管理的元数据标准，定义了有关公共部门使用的元数据的结构和规则。e-GMS 以 ISO15836（都柏林核心元数据）为基础，但是增加了一些新的元素，并对其部分元素进行了修改，以便能够满足公共部门的专业需要。e-GMS 必须可扩展，如果必要的话，能够修改某些元素或是增加新的元素，必须在可扩展性和稳定性之间寻求平衡。政府部门应该将元数据用于内容管理，以满足政府的信息检索与管理的需要。

4.1.2 我国政务信息资源元数据标准

4.1.2.1 国家政务信息资源核心元数据标准

我国经过历时 3 年的研究和标准制定，于 2007 年发布了《政务信息资源目录体系》（GB/T 21063-2007）国家标准，《政务信息资源目录体系 第 3 部分 核心元数据》（GB/T 21063.3-2007）是其重要组成部分，其中给出了政务信息资源核心元数据的定义。

政务信息资源核心元数据包括 6 个必选的元数据实体和元数据元素和 6 个可选的元数据实体和元数据元素。6 个必选的元数据实体和元数据元素分别是信息资源名称、信息资源摘要、信息资源提供方、信息资源分类、信息资源标识符、元数据标识符。[26]

政务信息资源核心元数据描述：

(1) 信息资源名称：缩略描述政务信息资源内容的标题。

(2) 信息资源发布日期：信息资源提供方发布政务信息资源的日期。

(3) 信息资源摘要：对信息资源内容进行概要说明的文字。

(4) 信息资源提供方：对政务信息资源的完整性、正确性、真实性负有责任的政务部门的名称和地址信息。

(5) 关键字说明：说明共享政务信息资源的关键字内容及其依据。

(6) 信息资源分类：说明共享政务信息资源分类方式及其相应的分类信息。

(7) 在线资源链接地址：可以获取共享政务信息资源的网络地址。

(8) 信息资源标识符：政务信息资源的唯一不变的标识编码。

(9) 服务信息：描述政务信息资源提供者所提供的计算机服务功能接口的基本信息。

(10) 元数据标识符：元数据的唯一标识。

(11) 元数据维护方：对元数据内容负责的政务部门的名称和地址信息。

(12) 元数据更新日期：更新元数据的日期。

4.1.2.2　北京市政务信息资源核心元数据标准

北京市政务信息资源目录体系地方标准定义的政务信息资源核心元数据中包括7个元数据实体，分别是资源负责方、资源需求方、资源格式信息、关键字说明、时间范围、资源分类、元数据联系方。元数据元素从定义、名称、数据类型、值域、短名、注解6个方面描述其主要属性。[23]

北京市政务信息资源核心元数据包括以下实体或元素。

(1) 资源名称：已知的引用资源名称。

(2) 资源出版日期：资源的出版日期。

(3) 资源摘要：数据资源内容的简单说明。

(4) 资源负责方：负责资源的人或单位的名称和地址信息。

(5) 资源需求方：对需求资源负责的人或单位的名称和地址信息。

(6) 资源格式信息：资源格式的基本信息。

(7) 关键字说明：关键字种类、类型和参考资料。

(8) 空间范围：资源涉及的空间范围。

(9) 时间范围：资源的时间覆盖范围。

(10) 资源使用限制：为保护隐私权或知识产权，对使用资源施加的限制和约束。

(11) 资源安全限制分级：对资源处理的限制的名称。

(12) 资源语种：资源采用的语言。

(13) 资源字符集：资源使用的字符编码标准全称。

(14) 资源分类：资源的分类信息。

(15) 数据志说明：数据生产者有关资源数据志、来源、处理等信息的一般说明。

(16) 在线资源链接地址：可以获取资源的在线资源信息。

(17) 资源类型：资源的表现分类。

(18) 资源标识符：在特定范围内给予资源的唯一标识符。

(19) 元数据标识符：元数据的唯一标识。

(20) 元数据语种：元数据使用的语言。

(21) 元数据联系方：对元数据负责的人或单位的名称和地址信息。

(22) 元数据安全限制分级：对元数据的处理限制的名称。

(23) 元数据创建日期：创建元数据的日期。

其中，资源名称、资源出版日期、资源摘要、资源负责方、关键字说明、资源安全限制分级、资源语种、资源分类、资源标识符、元数据标识符、元数据语种、元数据安全限制分级12项为必选项。

4.1.3 政务信息资源元数据实施规范

在开展政务信息资源目录体系建设中，各政务部门可以依据政务信息资源目录体系建设相关国家标准和地方标准中核心元数据规范，也可以参考描述网络资源的 DC 和 GILS，结合本部门业务应用需求和信息资源特点在核心元数据基础上扩充或减少元数据数据项，制定本部门的政务信息资源目录体系元数据实施规范，确定部门政务信息资源编目的描述项。取舍时必须保留必选项。

北京市领导决策信息资源目录的元数据项在依据政务信息资源目录体系国家标准和北京市地方标准的基础上，根据北京市领导决策信息资源的特点和使用要求，扩展增加了"更新周期"与"资源获取方式"两项作为北京市领导决策信息资源核心元数据。

政务信息资源目录的描述项，即政务信息资源元数据实施规范，可根据应用需要选择资源的内容属性、资源的表示属性、资源的拥有者和建设者属性、管理属性等元素。北京市的部门政务信息资源目录就是依据《政务信息资源目录体系》北京市地方标准中的核心元数据定义，从23项元数据项中提炼了最基本的10项，扩充了相关业务事项、更新周期、资源采集途径作为目录的指标项。目录中所涵盖的信息资源是涉及部门核心业务的信息资源。

为了揭示信息资源的基本内容和属性特征，部门信息资源初级目录以北京市地方标准《政务信息资源目录体系》政务信息资源核心元数据规范的具体定义和说明为基础，根据实际应用要求对元数据项（描述项）进行定义和描述，并对描述项的内容提出规范要求。

4.2 政务信息资源分类

信息分类是把具有某种共同属性或特征的信息归并在一起，通过其类别的属性或特征来对信息进行区别，据以建立信息分类体系，以满足对信息资源的收集、查询、浏览和服务的需要。政务信息资源分类是实现政务信息资源采集、组织、交换、共享和服务的工具，是实现信息共享的基础。

政务信息资源分类要以有利于政务信息资源的组织和管理为出发点，根据业务和信息特点，结合分类体系的功能定位和应用需要，可选择一种或多种分类法对政务信息资源进行混合式分类。政务信息资源的使用者包括公民、企业、各种社会团体和政务部门自身，各种角色对政务信息资源有不同的应用需求。采用不同的分类方法对政务信息资源进行分类，可以满足从不同的角度去组织、揭示、识别和使用政务信息资源的需要。

政务信息资源是一种与政务活动相关的动态信息资源。所以，在信息分类体系上应该体现政务信息资源与政府业务之间的关联性，以满足对信息资源进行整合和实现共享的需要。

4.2.1 政务信息资源分类参考标准

国家标准《政务信息资源目录体系 第四部分：政务信息资源分类》（GB/T 21063.4-2007）规定了政务信息资源目录体系中政务信息资源的分类原则和方法，以及电子政务信息资源主题分类类目表，为在建立政务信息资源目录时提供分类依据。[27]标准中还说明了使用时的分类扩展原则。

政务信息资源分类国家标准定义的主题分类包括21个一级类和133个二级类，一级分类类目如下。

21个政务信息资源一级分类：

- 综合政务
- 经济管理
- 国土资源、能源
- 农业、水利
- 财政
- 商业、贸易
- 旅游、服务业
- 气象、水文、测绘、地震
- 对外事务
- 政法、监察
- 科技、教育
- 工业、交通
- 信息产业
- 城乡建设、环境保护
- 文化、卫生、体育
- 军事、国防
- 劳动、人事
- 民政、社区
- 文秘、行政
- 综合党团
- 综合类

在建立政务信息资源目录体系时,可以采用政务信息资源主题分类,也可根据应用需要选择其他的分类方法与主题分类共同进行分类,如部门分类、服务分类、资源形态分类等。在实际工作中,可以选用政务信息主题分类作为基础分类,以保持政务信息资源分类的科学性和系统性,也可以根据应用需求进行相应的应用型分类。方便使用者根据需要,通过不同的分类体系查询和浏览信息资源。

以下简单介绍主题分类、部门分类、服务分类的应用目的、依据和编码方法。

4.2.1.1 主题分类[27]

1. 主题分类的应用目的和依据

主题分类依据政务信息资源的内容属性或主题特征进行分类。在编制重大主题应用目录,如应急、信用、宏观经济等主题目录时适合采用主题分类方法。按应用主题而不是按部门梳理和编制政务信息资源目录,有利于帮助围绕主题应用的政务信息梳理和整合。

主题分类类目表参照《电子政务主题词表编制规则》(GB/T 19486-2004)和《综合电子政务主题词表范畴表》制定。

2. 编码方法和代码结构

主题分类采用统一的代码结构,代码规则如下:

首位为分类类别,用1位大写英文字母表示,"Z"代表主题分类;

第二位表示一级类,用1位大写英文字母表示,分别用"A"至"W"(除"I"和"O")标识21个一级类;

二级类用1位大写英文字母及2位阿拉伯数字表示,分别用"A"至"Z"加2位阿拉伯数字"00"标识二级类。

结构如图4.1所示:

图4.1 主题分类代码结构图

3. 分类示例

主题分类提供一个"主题分类类目表",它的结构如表4.3所示。

第4章 政务信息资源目录体系的关键要素

表4.3 主题分类示例表

代码	名称	描述和说明
ZA	综合政务	关于政治方面的事务和国家的管理工作
ZAA00	政务综合类	
ZAB00	方针政策	政府制定的、宏观的、指导各个领域发展的方针政策
ZAC00	中共党务	关于中国共产党的规章制度、组织机构建设和发展,以及工作职责等相关信息
……	……	……

4.2.1.2 部门信息分类

1. 部门信息分类的应用目的和依据

部门信息分类按政务部门职责和分管业务领域对政务信息资源进行分类。部门信息分类主要从调查和梳理各政务部门的三定("三定"是对各部门主要职责、内设机构和人员编制规定的简称)职责出发,依据机构编制委员办公室对各政务部门职责的规范定义,找出各政务部门的职能和相关的核心业务,结合核心业务信息,建立部门信息分类的大体框架。

政务部门信息分类体现了政务信息资源的部门职责和业务特点,适合编制部门目录时使用,并且适应按部门查询信息资源的习惯。

依据《电子政务主题词表编制规则》(GB/T 19486-2004)规范部门信息分类的类目名称,依据《信息分类和编码的基本原则与方法》(GB/T 7027-2002)、《分类与编码通用术语》(GB/T 10113-2003)制定部门信息分类编码方案。

2. 编码方法和代码结构

部门信息分类代码采用层次码来表示信息分类的层次关系。首位为分类类别,用1位大写英文字母"B"表示部门分类;第二、三位表示一级类,采用与政务部门一致的2位阿拉伯数字代码;二级类和以下级类均采用2位无含义阿拉伯数字代码。结构如图4.2所示。

图4.2 部门信息分类代码结构图

3. 分类示例

本分类提供一个"部门信息分类编码示例表",它的结构如表4.4所示。

表 4.4 部门信息分类编码示例表

编号	部门	对应三定职责说明
B02	发展改革委	
B0201	国民经济和社会发展地方性法规和规章	研究拟订国民经济和社会发展地方性法规和规章
B0202	中长期规划和年度计划	研究拟订国民经济和社会发展战略计划、中长期规划和年度计划
B0203	可持续发展战略	研究提出可持续发展战略,组织编制土地供应计划
B0204	固定资产投资	固定资产投资规模、投资结构和资金平衡方案,规划重大项目布局
B020401	固定资产投资项目监测	指导和监督政策性贷款用于固定资产投资使用,安排协调境外重大投资项目,引导民间资金用于固定资产投资的方向
B020402	固定资产投资统计分析	监测固定资产投资规模、资金、对外债务

4.2.1.3 服务分类

1. 服务分类的应用目的和依据

政务信息资源服务分类体系是一种以政府公共服务职责和职能为导向的信息分类体系,适合建立以公共服务为中心的政府业务和信息服务架构时的应用需要。

为了满足服务型政府的建设需要,以政府公共服务为主线,全面地梳理分析政府的基本职能和具体职能,在参考美国FEA的基础上,打破政府部门行政划分,整体梳理与公共服务相关的业务、事项以及相关的信息,并对政务信息资源进行归类,建立信息类目,形成服务分类体系。[28]

2. 服务分类体系结构

政务信息资源服务分类体系结构为"四横四纵"。横向分为四个面,纵向分为四个层级。参考美国联邦电子政府业务参考模型,横向设计为公共服务内容、服务提供方式、服务支持与监督、政府资源管理四个面。纵向从政府实现公共服务的职能、业务、事项和信息的角度逐次地分解成若干个层级,并归类形成类目,在此基础上形成面向公共服务的政务信息资源分类体系。[28,29]

分类体系以政府实现公共需求为出发点,运用面分类法分析政府的职能和业务,梳理政府提供的公共服务项目和产品,形成分类体系的公共服务内容面。再从政府实现公共服务的方式、对公共服务的支持和监督以及使用的政府资源等角度设计出服务提供方式、服务支持与监督、政府资源管理三个面。

第4章 政务信息资源目录体系的关键要素

"服务内容面"包括政府履行公共服务职能所提供的公共服务项目或产品,如政府围绕公共教育、经济发展、社会保障等方面向个人、企业、社会团体等提供的服务;"服务提供方式面"包括政府实现公共服务的途径、形式与手段,如依法行政、经济调控和市场监管等;"服务支持与监督面"包括政府履行公共服务职能的运行环境,如政策法规、公共财政和检查审计等;"政府资源管理面"包括政府为实现公共服务需要的内部资源,如政府行政管理、人力资源管理、财政管理、物资管理、信息和技术管理等。

分类体系结构如图4.3所示。

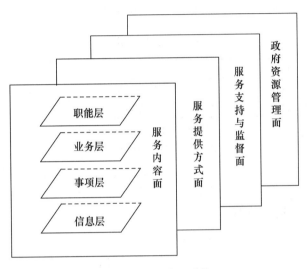

图4.3 分类体系结构

在形成服务内容、服务提供方式、服务支持与监督、政府资源管理四个面的基础上,采用线分类法和面分类法相结合的混合分类法,分别自上而下依次分为职能层、业务层、事项层和信息层。职能层类目构成分类体系的一级类目,包括在服务内容面、服务提供方式面、服务支持与监督面和政府资源管理面四个面上分别实现其相应目标的政府职能;业务层类目由实现政府职能的若干业务组成;事项层类目由完成某项业务的若干事项组成;信息层聚合了办理某一事项需要和产生的信息类目。

3. 编码方法和代码结构

服务分类采用层次码来表示信息分类的层次关系,但它属于无含义代码。首位为分类类别,用1位大写英文字母"F"表示服务分类;第二、三层均采用2位阿拉伯数字代码,分别表示业务、职能等信息分类。结构如图4.4所示。

图 4.4 服务分类代码结构图

4. 分类示例

本分类提供一个"服务分类示例表",它的结构如表 4.5 所示。

表 4.5 服务分类示例表

代码	名称	描述和说明
F01	为公众服务	为公众服务领域,描述了……
F0101	公民基本生活保障	公民基本生活保障,包括:……
F010101	退休和残疾	包括对退休和残疾人员的退休利益、养老金(退休金)和收益安全的发展和管理计划
……	……	……

4.2.2 政务信息资源分类实施

政务信息资源的分类实施就是根据政务信息的特征,以分类类目表为工具,赋予政务信息特定标识进行归类的过程,是揭示政务信息资源内容属性或特征的过程,是一项十分细致而带有一定专业性的信息资源管理基础性工作。

信息分类实施主要包括政务信息资源分类标准的选择、信息分类的基本规则、类目确定、类目增加、分类表使用本的管理等内容。

4.2.2.1 分类标准选择

各政务部门可以根据本部门信息资源特点和应用需要,选择以上一种或多种分类体系对政务信息资源进行分类,还可以根据需要选用其他的分类标准对政务信息资源进行分类。

信息分类实施中可采用前台按使用对象的工作重点、关注热点、主管领域或按各政务部门等对信息资源进行个性化展现。后台选用政务信息相关分类标准对政务信息资源进行分类,以保持信息分类的连贯性、科学性、系统性和完整性。

在实施信息分类时,在信息分类标准框架内,采用开放式的管理,允许各政务部门在不破坏分类标准框架和规则的前提下,可以根据本部门的特点细分和增加类目,编制适合本部门的细分规则。

4.2.2.2 信息分类实例

以下以主题分类具体说明信息分类实施方法。

主题分类是根据政务信息资源内容的属性或特征对政务信息资源进行分类，主要包括确定政务信息资源分类的类目、增加类目（分类名）、多属性或多主题分类、实例等内容。

对一条政务信息，首先分析信息内容的属性或特征来确定主题，依据主题分类表归入相关类目，确定政务信息的主题类名和类号。

例1：信息名称：北京市山区农业经济发展状况

分析：信息"北京市山区农业经济发展状况"反映的信息内容主题是"农业经济发展"，在"农业、水利"——农业下有"农业经济"类。

归类：确定信息"北京市山区农业经济发展状况"的类目名称为主题分类中"农业、水利"——农业下的"农业经济"，分类号为"07AC"。

例2：信息名称：国民经济"十一五"发展规划

分析：信息"国民经济'十一五'发展规划"反映的信息内容主题主要是经济"十一五"发展规划，在"经济管理"下有"发展计划"类。

归类：确定信息"国民经济'十一五'发展规划"的类目名称为主题分类中"经济管理"下的"发展计划"，分类号为"02AB"。

4.3 政务信息资源唯一标识符编码

在当今的社会中，人、组织等都有统一的编码，如人有身份证号码，组织有统一的组织机构代码，但是信息资源还没有建立统一的编码制度。

政务信息资源是信息资源的重要组成部分，建立政务信息资源目录体系，就是要采集和管理描述政务信息资源属性的元数据，对每一项政务信息资源赋予唯一不变的编码，以便于政务信息资源的检索、查询、定位和发现，实现政务信息资源的共享。

4.3.1 国外信息资源编码现状

国外对信息资源标识通常采用集中和分布管理相结合的分段式管理，通常为两段，或者是三段，其中最著名的是美国的数字对象标识体系（Digital Object Identifier，简称

DOI）和英国的信息资产登记注册库标识码（Information Assets Register Number，简称 IARN）。

DOI，主要目的是唯一标识网络环境下的各种信息资源实体。DOI 是从统一资源定位符（Uniform Resource Locator，URL）发展而来，被称为"下一代 URL"。它与 URL 的最大区别就是实现了对资源实体的永久性标识。DOI 唯一标识符由前缀和后缀两部分组成。前缀和后缀由"/"分隔。其中前缀是由 IDF（国际 DOI 基金会）分配的代码，后缀是注册 DOI 的组织或个人对数字对象定义的本地标识符。一般 DOI 的注册者都通过后缀融入现有的唯一标识符，如 ISBN 和其他标识符，以达到兼容的目的。DOI 前缀又分为两部分，用"."隔开。前一部分为"10"，后半部分是数字组成的字符串，由 IDF 分配给 DOI 注册者的号码。

IARN 是英国皇家文书局（HMSO）制定的一套服务于信息资产登记注册库系统（Information Assets Register，IAR）的信息资源标识体系。IARN 标识码由机构码和内部码两部分组成：IARN 机构码是由 HMSO 分配给每个政府机构的机构代码，如"CA000"是分配给内阁办公室的机构代码；内部码是由某个机构为特定信息资源分配的内部标识码，在这个机构内部必须是唯一的，该代码可以是一个自动生成的机器码，也可以是一个遵循特定标准的规范码，比如 ISBN 号，或者是其他已有的文件号。

4.3.2 北京市政务信息资源标识符编码实施方案

我国政务信息资源标识符编码相关的国家标准《政务信息资源目录体系第 5 部分：政务信息资源标识符编码方案》正在研制中，尚未正式发布。北京市在政务信息资源目录体系建设中，根据应用需要制定了具体的政务信息资源标识符编码实施方案。以下以《北京市政务信息资源编码方案》为例说明政务信息资源编码的实施。[30]

北京市政务信息资源标识符编码方案依北京市地方标准《政务信息资源目录体系》编写。政务信息资源标识符编码包括业务标识符编码、信息资源标识符编码和其他类编码。业务标识符编码用于政务业务的标识，信息资源标识符编码用于政务信息资源的标识。标识符编码分为前段码和后段码，前段码为机构编码，后段码为业务类编码、信息资源类编码或其他编码。

4.3.2.1 标识符的表示形式

标识符的表示形式如图 4.5 所示。

第 4 章 政务信息资源目录体系的关键要素

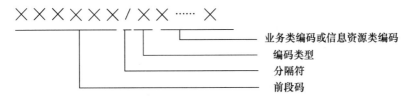

图 4.5 标识符的表示形式

4.3.2.2 前段码

前段码是唯一标识符中的字符"/"之前的部分，表示产生或提供信息资源的机构编码，该机构可以是拥有并提供政务信息资源或承担某项业务的政务部门。

前段码共 6 位，由 10 个阿拉伯数字（0~9）和 24 个大写英文字母（除 I 和 O 之外的其他 A~Z 的字符）组成。

北京市国家机关统一使用 11XXXX，其中前两位"11"代表北京；第三位"0"代表市级，字母代表区（县）级；后三位代表国家机关或乡镇、街道。例如，110001 为北京市人民政府办公厅，11A001 可代表东城区政府办公室。

4.3.2.3 后段码

后段码是唯一标识符中的字符"/"之后的部分，分为业务类编码、信息资源类编码和其他编码。

后段码的第 1 位表示编码类型，其中业务类编码用 Y 表示，信息资源类编码用 Z 表示，其他的编码类型根据需要扩展。

1. 业务标识符编码后段码

除第 1 位为 Y 外，各国家机关可采用已有的业务编码方案，如《网上审批业务编码规则》；也可制定部门的业务编码方案；在缺省情况下，可采用 6 位无意义顺序码。

2. 信息资源标识符编码后段码

除第 1 位为 Z 外，各国家机关可采用已有的信息资源编码方案；也可制定部门的资源编码方案；在缺省情况下，可采用 6 位无意义顺序码。

在编制政府信息公开目录时，后段码第 1 位表示编码类型，第 2 位用"K"表示公开，从第 3 位开始依据《北京市政府信息公开目录编制规范》进行编码，即后段码为 ZKXX…XXX，划横线部分的编码依据《北京市政府信息公开目录编制规范》。

对于被垂直管理的政务部门标识符编码后段码，如其上级部门已有后段码编码方案，则必须使用其上级部门已有的后段码编码方案。

4.3.2.4 标识符编码的赋码与管理

1. 前段码的赋码与管理

市信息化主管部门负责区(县)信息化主管部门前段码的分配和市级国家机关政务信息资源前段码的分配管理工作。

区(县)信息化主管部门负责同级及下一级国家机关前段码的分配,并把前段码分配方案以电子文件的形式向市信息化主管部门备案。

北京市国家机关唯一标识符前段码统一使用11XXXX。各级前段码的管理机构代码可参考政府各级编办的组织机构代码编写。

2. 后段码的赋码与管理

各国家机关根据部门实际需要选择或制定后段码的编码方案,并将编码方案以电子文件的形式向同级信息化主管部门备案。

3. 赋码管理业务流程

赋码管理业务流程表现赋码系统与目录系统和其他业务系统之间的关系。赋码管理业务系统提供外部接口,目录系统获取标识政务信息资源的编码,业务应用系统也可获取一致的政务信息资源编码,有利于政务信息资源的共享和应用。

4. 示例

(1) 采用已有编码规则的标识符编码

示例1:北京市发展和改革委员会的"煤炭经营企业设立许可"

110002/Y 0001C014

注:"/"前为前段码,后段码划横线部分编码依据北京市地方标准《网上审批业务编码规则》。

示例2:北京市科学技术委员会公开目录中的"主要职责"

1110004/ZK -2003-000010

注:"/"前为前段码,后段码中"Z"表示为信息资源编码,"K"表示公开,划横线部分编码依据《北京市政府公开信息目录编制规范》。

(2) 缺省状态下的标识符编码

若后段码为缺省情况,可采用6位无意义顺序码。

示例1:北京市发展和改革委员会的煤炭经营企业设立许可业务可定义为110002/Y 000014

注:"/"前为前段码,"Y"表示业务编码;划横线部分为6位无意义顺序码。

示例 2：北京市农业局的农业"十一五"发展规划信息可定义为 110032/Z 000001

注："/"前为前段码，"Z"表示为信息资源编码，划横线部分为资源顺序码。

4.3.3 政务信息资源标识符赋码管理系统建设与应用

随着电子政务的不断发展，各政务部门紧密的业务联系迫切要求部门间政务信息资源共享和目录交换。但是目前各政务部门仍处于条块分割的局面，不同的业务系统相互分离而无法互联互通。政务信息资源标识符赋码管理系统正是从统一信息资源编码、规范目录系统建设角度为上述问题提供解决方法。

4.3.3.1 政务信息资源标识符赋码管理系统建设

建设政务信息资源标识符赋码管理系统的意义是：（1）政务信息资源统一赋码，保证编码的唯一性；（2）通过统一编码减少冗余信息资源，节约存储成本；（3）便于政务信息资源统计和管理，减少管理费用；（4）为信息资源的资产化管理奠定基础；（5）为旧系统整合建立基础，为新建系统提供赋码支撑，降低开发成本。

赋码管理系统提供下述服务：（1）前段码申请/变更/查询。可通过系统申请/变更国家机关的前段码码值，查询已赋前段码的各级国家机关的前段码码值。（2）后段码备案/查询。可在系统中备案已赋前段码的各级国家机关的后段码赋码规则，或查询已备案的后段码赋码规则。（3）赋码应用接口服务。为国家机关的目录系统和政务业务应用系统提供编码支持。

4.3.3.2 政务信息资源标识符赋码管理系统应用

赋码管理系统既能为人直接提供各种赋码管理服务，同时也能为相关系统提供赋码应用服务。其中人主要是指各级目录中心和国家机关的目录管理和使用人员；系统则包括各类业务应用系统和目录系统。

1. 赋码管理服务

赋码管理系统应根据不同用户设定权限，并根据用户权限，提供以下服务：（1）申请系统访问与操作权限；（2）查询各国家机关的政务信息资源标识符编码前段码码值、后段码编码规则；（3）申请国家机关的政务信息资源标识符编码前段码；（4）申请国家机关的政务信息资源标识符编码前段码的变更；（5）备案国家机关的政务信息资源标识符编码后段码的赋码规则，如图 4.6 所示。

图 4.6 赋码管理服务

2. 赋码应用服务

赋码管理系统通过应用接口为目录系统和业务应用系统提供赋码应用服务。其中目录系统是指各国家机关的政务信息资源目录系统，政务信息资源以信息实体数据的形式分布在目录系统的数据库中；业务应用系统主要是指国家机关处理相关政务业务所使用的办公自动化（office automation）系统、电子政务系统等应用系统。

目录系统、业务应用系统与赋码管理系统三者之间的关系是（如图 4.7 所示）：(1) 目录系统中的政务信息资源需要由赋码管理系统为其分配前段码码值，目录系统中政务信息资源的后段码编码规则也需要向赋码管理系统进行备案；(2) 业务应用系统运行过程中会采集和产生政务信息资源，这些政务信息资源保存到目录系统中；(3) 赋码管理系统为业务应用系统中的政务信息资源自动赋码。

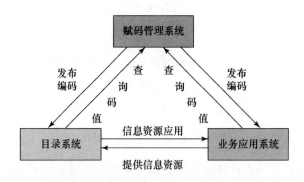

图 4.7 赋码管理系统、业务应用系统和目录系统之间的关系

下篇 组织实施

第5章 政务信息资源目录体系建设实施

5.1 概　　述

国家信息化领导小组在《国家电子政务总体框架》中明确指出了政务信息资源目录体系与交换体系为电子政务的基础设施,组织制定了《政务信息资源目录体系》的系列国家标准,国务院发布了《中华人民共和国政府信息公开条例》,这些标准规范和条例构成了政务信息资源目录体系建设的依据,从宏观和总体上指出了政务信息资源目录体系建设的方向、目标、任务。

政务信息资源目录体系建设是一个全新的课题,缺乏可供借鉴的经验,一切都要从头开始。北京市从 2003 年开始了政务信息资源目录建设的实践探索,本书的组织实施篇中,将介绍北京市政务信息资源目录体系建设工作的总体思路、具体做法及相关案例。

5.2 目录体系建设工作的总体安排

政务信息资源目录体系建设是一项繁复的工作,不能将其简单地视为目录表格填写或某一个软件工程项目。下面将从建设背景、建设依据、建设规划及建设任务等方面介绍目录体系建设工作的总体安排。

5.2.1 建设背景

电子政务的发展可以分为起步阶段、信息上网阶段、单个流程上网阶段、整体流程上网阶段和无缝集成阶段,如图 5.1 所示。

北京市的电子政务发展将进入以业务协同和信息资源管理为核心的新阶段。该阶段的特点表现在:服务型政府的建立需要政府业务按服务对象的需求进行分类,业务流程和政务信息资源按服务对象的需求进行整合;跨领域、跨部门的应用越来越多,跨部门信息共

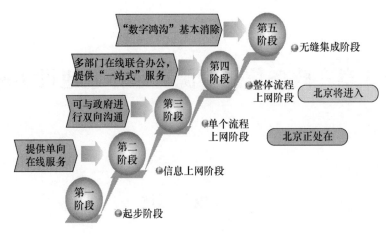

图 5.1 电子政务发展阶段划分

享需求强烈；政府信息公开对政务信息资源管理提出更高的要求。

政务信息资源目录体系建设是推进政务信息资源建设的重要内容，也是促进政务管理、信息共享和信息系统整合的重要基础，是现阶段电子政务发展中必须突破的关键。目录体系建设工作主要解决三个方面的问题：(1) 政务部门的核心业务有哪些？业务使用和产生的信息资源有哪些？在哪里？由谁负责？(2) 各部门内部或跨部门的共享需求有哪些？哪些信息可以向社会公开？哪些可以在部门之间共享？哪些只能在部门内部使用？(3) 业务有哪些应用系统或数据库支撑？哪些信息资源存储在应用系统或数据库中？核心业务的信息化水平如何？

5.2.2 建设依据

表 5.1 是北京市政务信息资源目录体系建设工作所依据的主要法规和文件。

表 5.1 北京市政务信息资源目录体系建设工作所依据的主要法规和文件

序号	文号	文件名称
1		《北京市信息化促进条例》
2	中办发 [2004] 34 号	《关于加强信息资源开发利用工作的若干意见》
3	国信 [2006] 2 号	《国家电子政务总体框架》
4	京办发 [2005] 17 号	《关于加强数字化管理加快电子政务建设的通知》
5	京办发 [2005] 33 号	《关于加强政务信息资源共享工作若干意见》
6	京信发 [2009] 2 号	《关于加强政务信息资源管理的若干意见》
7	京信息办函 [2006] 161 号	《关于加强部门电子政务基础工作的通知》
8	京信息办函 [2007] 173 号	《关于 2007 年电子政务绩效考核工作安排的通知》
9	京信息办发 [2008] 12 号	《关于印发《北京市政务信息资源目录建设管理办法（试行）》的通知》

5.2.3 建设规划及建设任务

政务信息资源目录体系规划是目录体系建设工作的第一步，其主要内容包括分析研究政务信息资源目录的应用、研究目录内容的覆盖范围、确定目录内容的构成和建设目录系统等。

政务信息资源目录体系建设任务一般包括工作组织与管理、目录内容建设、目录系统建设和目录应用四个方面，具体内容如图 5.2 所示。

图 5.2　政务信息资源目录体系建设任务

在上述目录体系建设任务中，要重点关注目录内容建设。目录内容不是现成的软件系统，更不可能委托他人从政府机构外部取得。目录内容与政府机构自身的业务和信息资源紧密相关，必须以科学的方法论为指导，依靠标准、规范，借助工具软件，经过业务人员和技术人员的共同努力，才能圆满完成目录内容建设。

5.3 目录内容建设

5.3.1 目录内容的建设思路

推动政务信息资源目录体系建设的关键环节是梳理业务和信息资源，进行目录内容建设。目录内容建设的工作思路是：(1) 政务信息资源目录编目工作必须与政务业务工作的实际相结合，依靠政务部门的各级领导和业务人员，切实解决政务部门业务工作的实际问题，解决电子政务应用与管理中的实际问题。(2) 面向应用，突出重点。根据急用先行的原则，推动重点部门、重点领域、重大应用系统开发相关的政务信息资源目录的编制和应用。(3) 采取自上而下、由粗到细、由浅到深、由单个目录编制到系统性目录编制的滚动发展模式。(4) 试点先行，稳步展开。通过试点总结经验，形成案例，探索工作方法与实施途径。(5) 开发资源梳理、业务建模和目录编制工具，以便业务人员操作使用，提高工作效率和质量。(6) 电子政务主管部门要提供政务信息资源目录体系建设相关的标准、指南、编目工具，做好培训和服务咨询工作。(7) 构建合理的长效机制，使政务信息资源目录编制工作向着制度化、流程化、持久化的方向发展。

在进行政务信息资源梳理与目录编制时，是按照"机构职能→业务事项→信息资源→信息字段"这样的思路进行的，以机构职能（如政府"三定"文件）为依据，将机构职能分解成业务事项，再梳理出业务事项对应的政务信息资源，最后细化出每个信息资源所包含的信息字段，非结构信息资源细化到文档。

5.3.2 目录的分类

在政务信息资源目录体系概念模型中，政务信息资源目录分为信息资源目录和服务目录，其中信息资源目录可以进一步细分如下：按照政务信息的应用属性，分为政务基础信息资源共享目录、部门政务信息资源目录、政务主题信息资源共享目录、政府信息公开目录；[30] 按照目录元数据的层次，可分为说明信息集的目录、说明信息资源项类别的目录和说明数据指标项的目录；还可以根据实际工作需要进行其他目录类别划分，各分类下的目录内容覆盖范围也可有一定的灵活性。

如图 5.3 所示的四种目录是在电子政务实际工作中逐步形成的，主要是满足特定的电子政务工作需要，下面说明四种目录之间的关系。

政务基础信息资源共享目录是针对自然人基础信息、法人基础信息、空间地理信息、宏观经济信息的信息管理、信息共享和信息资源开发利用而编制的。

第5章 政务信息资源目录体系建设实施

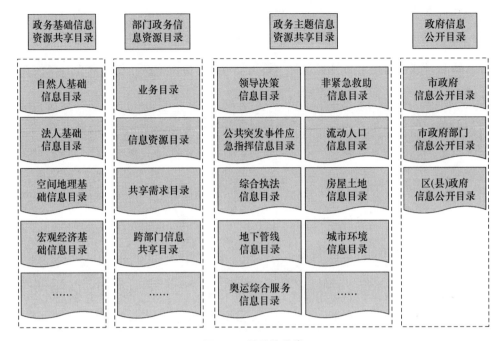

图 5.3 目录的分类

政务主题信息资源共享目录是针对重大应用系统项目相关的信息管理、信息共享和信息资源开发利用而编制的。

部门政务信息资源目录是针对一个部门电子政务建设和信息资源管理的需要而编制的，是一个部门业务和信息资源的总目录，而政务基础信息资源共享目录、政务主题信息资源共享目录和政府信息公开目录是面向特定工作的专门用途的目录。从理论上讲，部门政务信息资源目录的内容覆盖范围应该包括该部门的政务基础信息、政务主题应用信息和政府公开信息。

政府信息公开目录是按照政府信息公开条例的要求编制的。

下面重点说明政府信息公开目录和部门政务信息资源目录的关系。政府信息公开目录和部门政务信息资源目录由不同的主管部门牵头组织，工作目标不同（政府信息公开目录是为了公开政府信息，而政务信息资源目录是为了加强政务信息资源管理、推动信息共享和应用系统整合），工作要求不同，目录描述（元数据）也不同，但二者都是对政务信息资源的描述和提取，两者之间有着统一的基础。

一方面，部门政务信息资源目录可以为政府信息公开目录编制奠定基础。部门信息资源目录做得好的，可以在部门信息资源目录的基础上筛选出政府应该公开的信息，按照公开目录的规范要求直接加工整理得到政府信息公开目录。另一方面，政府信息公开目录可以促进部门政务信息资源目录的完善。政府信息公开目录的推动力度大,随着政府信息公开目录的编制,将进一步促进部门政务信息资源目录不断细化与完善。在组织进行部门政务信息资源目录或政府信息公开目录时,要统筹考虑,协调安排,融合两个目录编制中相同或类似的工作步骤,使两个目录的编制和维护工作互为支撑,同步提高。

最终,部门政务信息资源目录、政府信息公开目录和主题信息目录要进行融合。融合的思路是以部门政务信息资源目录为基础,将政府信息公开目录和政务主题信息资源共享目录中相关内容,补充到部门政务信息资源目录中,形成综合性的部门政务信息资源目录。

5.3.3 目录内容编制的主要要求

各单位可以结合本单位的应用需求,按照以下要求进行目录内容的编制工作:(1)紧紧围绕政务机构的核心业务,真实准确详尽地反映业务与信息资源情况;在进行分析梳理时,要求业务事项细化到岗位,业务流程细化到环节,信息资源细化到信息字段,并充分利用已有的成果。(2)加强资源梳理和目录编制的过程管理,严格检查和评审,保证工作质量和成果的可用性。(3)建立统一的分类、编码和标识符,目录内容要求准确、规范、统一,满足本单位业务应用服务、信息共享和系统整合以及政务信息资源管理的要求。

5.3.4 业务事项与信息资源的关系

在各委办局的日常工作中,各部门的业务人员或辅助人员都离不开业务事项和行政任务,可以把业务事项和行政任务统一看成业务事项。在办理任何一个业务事项时都有该业务事项的前置要求,如《采矿权转让申请书》、《无公害农产品证书》、《×××年度决算报表》,这些文件或材料统称为该业务的所需材料。在某一个业务事项办理完成后会产生出若干证书、通知书、表单等,这些材料统称为产生材料。所需材料和产生材料构成了政务信息资源。办理一个业务事项涉及若干所需材料和产生材料,因此业务事项与信息资源之间是一对多的关系。这是进行业务与信息资源梳理时要掌握的重要概念。

5.4 目录管理系统建设

政务信息资源目录管理系统建设指的是搭建、开发用于政务信息资源目录内容管理和内容使用的软件系统。

如图 5.4 所示，政务信息资源目录管理系统包括元数据管理、目录管理、目录节点管理、目录服务、系统管理等子系统。元数据管理子系统为系统管理员提供元数据结构创建与维护管理、分类结构创建与维护等功能。由于在编辑目录前，需要先定义好目录的元数据结构，因此对元数据的管理是目录管理和目录节点管理的先决条件。目录管理子系统为政务部门的部门级管理员提供编目、目录注册、目录更新、目录审核、目录发布等功能。部门级管理员将负责本部门所有目录信息的更新管理工作。目录节点管理子系统同目录管理子系统一样，为各政务部门的部门级管理员服务。节点子系统的主要功能是建立面向部门的目录节点，当部门或下级单位同样建立了目录管理系统后，通过此功能向上级目录注册和执行系统任务。目录服务子系统面向各政务部门的用户，包含目录检索、目录导航等功能，为各部门用户提供一个可以检索、导航并定位信息资源的环境。系统管理子系统主要由系统管理员操作，包含日志管理、备份管理等功能。

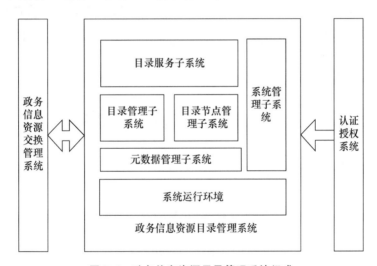

图 5.4　政务信息资源目录管理系统组成

政务信息资源目录管理系统与政务信息资源交换管理系统和认证授权服务系统一起构成政务信息资源共享交换平台。政务信息资源目录管理系统为政务信息资源交换管理系统提供政务信息资源交换的目录服务，并对政务信息资源交换管理系统提供的政务信息资源交换的实现情况进行备案，政务信息资源目录管理系统利用认证授权系统实现认证和授权功能。

有关政务信息资源目录管理系统的详细内容请参考本丛书之《政务信息资源共享交换平台研究与实践》。

5.5 目录体系建设项目的实施流程

政务信息资源目录体系建设项目工作要结合目录体系建设的特点和难点，制订周密的项目计划，采取领导、业务人员、技术人员、外协人员协同工作的模式，通过制定标准、编制和学习编目指南、使用软件工具、进行试点、加强培训、进行工作评估等手段，推动项目实施。

政务信息资源目录开发工作的业务流程如图 5.5 所示。

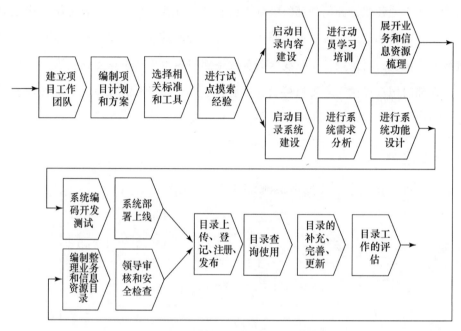

图 5.5 政务信息资源目录开发工作的业务流程示意图

1. 建立项目工作团队。根据项目任务，组织项目小组，任命项目负责人，可分别建立项目领导小组、项目专家组和项目工作组。项目领导小组中应包括单位领导、业务部门（处室）领导及协作单位的领导。项目专家组中应包括业务专家和技术专家。当有咨询服务商和软件开发商参与工作时，要统一组建工作团队。项目工作组负责信息资源建设项目的日常组织管理工作和项目活动，工作组一般下设总体组、调研梳理组、目录编制组，当有软件选型采购或软件开发任务时，成立软件组。

2. 编制项目计划和方案。编制项目计划和方案包括明确项目意义、梳理本单位政务信息资源管理的问题、确定项目工作目标、任务、原则、项目组织、工作要求、项目阶段划分、工作步骤与进度、项目评估与验收等内容。此项工作可结合项目立项，同步完成项目申请报告书和项目可行性研究报告的编制。

3. 选择相关标准和工具。各单位根据实际情况，决定采纳哪些有关政务信息资源目录建设的标准规范，以及是否对标准规范进行扩展和补充，如元数据、分类体系、唯一标识符等。各单位根据实际情况，分析项目工作是否需要采用编目工具，如果采用工具，是选择已有的商品软件，还是自行开发。在本节中，我们假设选择自行开发编目工具软件。在业务和信息资源梳理编目中，要使用调查表和工作模板，各单位可采用标准模板，或对标准模板进行修改，增添自己需要的内容。

4. 进行试点摸索经验。为了摸索本单位编目工作的方式和收集教育培训中的案例，验证工作计划和方案的可行性，需要进行试点。各单位要善于使用典型经验推动工作，在项目初期，可通过试点工作，研究基层实际情况，修订、补充、完善项目思路和工作措施，形成本部门编目工作指南、项目工作文件和培训教材。通过试点将抽象的原则和思想转化为生动的案例，以便大家理解和学习。

进行试点之后，可根据情况，分别启动后续的目录内容建设工作和目录系统建设工作。

5. 进行动员学习培训。编目之前要进行广泛认真地动员，部门主管领导要亲自部署任务，统筹安排目录工作。可运用多种形式，如动员会、培训会议、简报、内部网站，协调工作安排，反映工作进展，表彰先进。对于大多数人而言，编目工作是陌生的，因此要进行多方面的学习培训，掌握编目工作知识。要学习有关政务信息资源建设的文件，提高进行政务信息资源目录工作的认识；要学习信息资源目录编目指南，掌握编目的知识和工作方法；要学习项目模板和编目软件工具，提高编目工作技能。

6. 展开业务和信息资源梳理。各单位要依靠领导干部和业务人员，进行业务和信息资源的梳理。要充分利用以往的工作积累和应用系统文档，优先对这些资料进行整理。如果要进行大规模的调研，要把已经掌握的信息，反馈给领导干部和业务人员，以减少其工作量。要运用如座谈会、调查表、资料研究、个别访谈等多种形式进行调查和材料收集。

7. 编制整理业务和信息资源目录。利用定制的工作模板或编目工具，将业务和信息资源的梳理结果加工成表格、图形，将数据输入或导入工具软件数据库当中。要根据业务模型和数据模型的理论，进行资料的整理和加工，以形成编目工作成果。

8. 领导审核和安全检查。各级领导要亲自把关，对政务信息资源目录进行审核，必要时签字确认。各单位负责信息安全的领导和人员，要对政务信息资源目录进行安全检查，要在信息资源目录中明确注明各项业务事项和信息资源内容的安全保密级别和信息共享的范围。

9. 目录上传、登记、注册、发布。当目录管理系统或目录节点软件系统准备就绪之后，可将政务信息资源目录内容上传到系统中。应按照规定，进行政务信息资源目录的登记注册，再依规定正式发布。在注册登记时，由技术人员根据相关标准对目录元数据进行补充完善。

10. 目录查询使用。按照授权的范围，共享信息需求者可通过目录查询所需信息，了解共享信息的基本情况，并按照规定途径，或直接访问共享信息源，或与信息提供者进一步商谈，协调共享信息的提供方式。

11. 目录的补充、完善、更新。在目录的滚动发展中，要不断扩充政务信息资源目录的内容；当机构调整和业务发生变化时，要及时更新目录。各业务单位要设立信息员，承担目录内容的补充、完善、更新工作。信息化部门要对信息员进行培训提高其专业技能。

12. 目录工作的评估。各级领导、监督部门和政务信息资源项目组，要对政务信息资源目录工作进行严格评估。通过评估，表扬先进，激励落后。既可以定期评估，也可以按照项目进度或项目里程碑进行评估；既可以自我评估，也可以采取外部第三方评估。

在开展目录内容建设的同时，要启动目录系统建设。如果采用现成的目录管理系统，可以直接进行系统部署和上线。如果自行开发目录管理系统，则要按照软件工程的工作流程要求，进行需求分析、系统功能设计、开发测试、部署上线。目录管理系统的软件开发与其他应用系统软件开发的工作流程一样，在此不再赘述。

第6章 政务基础信息资源的梳理与目录编制

6.1 概 述

自然人基础信息、法人基础信息、空间地理基础信息、宏观经济基础信息等是政务业务中广泛应用的信息。这些信息具有基础性、基准性、标识性等特征，是所有政务信息的基础信息。据北京市调查，对于上述信息，100％区（县）和85％以上市级委办局有共享需求。由于目前政务基础信息管理还不够统一规范，还不能有效共享，阻碍了政务业务工作效率的提高和公共服务质量的提升。因此，提高政务基础信息的统一规范水平，是当前业务工作顺利开展和电子政务稳健发展的迫切需要。

政务基础信息资源共享目录是实现政务基础信息统一规范管理的手段，其用途是保证政务基础信息的准确、完整、及时更新和共享共用，实现政务基础信息的标准化和规范化管理，为政务信息共享以及跨部门的电子政务应用奠定信息基础。

政务基础信息资源共享目录可以根据应用需求进行动态变化与更新，与基础数据库相比，其涵盖内容更为广泛，也更加灵活，不论基础数据库是否已经完成建设，它都能在政务基础信息共享管理方面发挥重要作用。

6.2 工作目标、思路、要求

6.2.1 工作目标

1. 明确政务基础信息资源的范围、内容、责任部门、所在位置、提供部门等问题，理清政务基础信息资源"底数"，推进政务基础信息资源的规范化管理。

2. 明确各部门政务基础信息共享需求，推进跨部门的政务基础信息共享，支持跨部门业务工作协同。

3. 统一规范政务基础信息标准，支撑人口、法人、空间地理、宏观经济等基础数据库的建设，支撑部门业务系统中政务基础信息的使用。

4. 以目录编制为手段，促进政务基础信息的采集、登记、共享、运行维护等工作。

6.2.2 工作思路

1. 政务基础信息与政务工作密切相关，要依靠政务部门的各级领导和业务人员，规范统一政务基础信息，自觉在日常工作中使用政务基础信息标准规范。

2. 政务基础信息资源共享目录建设必须与四大基础数据库和业务应用系统的建设相结合。在基础数据库建设之前，用目录工作成果直接推动基础数据库开发建设；在基础数据库建设之后，用目录内容的不断完善，带动基础数据库的完善。各部门的业务系统要主动使用政务基础信息资源共享目录内容，逐步统一规范部门内部的政务基础信息。

6.2.3 工作要求

目录内容的颗粒度要细化到信息字段，目录格式和编码要统一，目录内容要求准确、规范。对于目录内容要根据其特点和共享需求范围进行分类，一般可以分为基础目录基本项和扩展项。

6.3 工作步骤

自然人、法人、地理空间、宏观经济等政务信息资源目录编制的工作步骤是：（1）在研究自然人、法人、地理空间、宏观经济等基础信息相关的国际、国家、行业标准的基础上，通过调查抽取自然人、法人、地理空间、宏观经济等基础信息的共享指标项。（2）确定自然人、法人、地理空间、宏观经济等基础信息的责任单位，并由相关责任单位对基础信息按统一格式进行描述。（3）对自然人、法人、地理空间、宏观经济等政务基础信息共享要求进行调查，确定相关单位对自然人、法人、地理空间、宏观经济等基础信息的共享需求（范围、性质、方式等）。（4）汇总来自各责任单位的自然人、法人、地理空间、宏观经济等信息，形成政务基础信息资源共享目录（征求意见稿），广泛征求意见。（5）经相关部门审核形成政务基础信息资源共享目录发布稿。（6）通过政务信息资源共享交换平台发布政务基础信息资源共享目录。(7) 制定与发布政务基础信息资源共享目录管理办法，对目标管理、使用与更新维护工作进行规范。(8) 不断收集使用单位反馈的意见和建议，定期进行目录的补充完善。

6.4 目录的组成

政务基础信息资源共享目录的结构，既反映了业务实际运作状况，也反映了信息共享需求和方式。设计政务基础信息资源共享目录的结构，就是从信息构建出发，理解信息产生的背景和内涵，兼顾信息的存在状态和使用方式，首先进行概念设计，然后组织信息内容，基于信息内容编制信息结构。编制政务基础信息资源共享目录的目的是明确政务基础信息的范围、内容、责任部门、所在位置、提供部门等问题。

自然人和法人基础信息划分为基本信息和扩展信息。基本信息是所有政务部门都需要的信息，自然人基本信息有6项，包括姓名、性别、出生日期、民族、公民身份号码、籍贯。法人基本信息有12项，包括名称、法人类别、成立日期、法定代表人、经营项目、法定代表人身份号码、组织机构代码、住所、单位类型、登记注册号、联系电话、当前状态。[31,32]

扩展信息对应的是公民、企业与政府部门进行交互及政府提供公共服务和实施社会管理时所需的信息。自然人扩展信息有114项，包括了公安户籍信息、人事档案信息、劳动就业信息、社会保险信息、医疗保险信息、养老保险信息、失业保险信息、工伤保险信息、生育保险信息、教育信息、卫生健康信息、民政信息、住房公积金信息、住房信息、单位信息、申报信息等。法人扩展信息有151项，包括了登记信息、分支机构信息、法人代表身份信息、组织机构代码证书信息、历史信息、年检信息、行政许可信息、行业资质等级信息、税务监管信息等。

自然人基础信息和法人基础信息的目录描述指标项有如下内容：(1) 信息名称：指可提供给其他部门共享的信息名称。(2) 信息编码：根据政务信息资源编码规范赋予的信息标识码。(3) 简要说明：对信息内容的简要文字描述。(4) 负责单位：提供信息的具体单位名称。(5) 涵盖范围：可分为全市域、区(县)、部门等。(6) 信息类型：指信息的格式，如字符型、数字型、日期型等。(7) 信息产生时间：信息首次提供共享时间。(8) 更新周期：信息更新的时间频率。分为实时、每日、每月、每年等。(9) 共享需求单位：有共享需求的单位名称等。

基础地理空间信息的共享目录结构较为复杂，目前国内还没有一个统一的标准规范，有关基础地理空间信息的共享目录的详细内容请参考本丛书之《政务地理空间信息资源管理与共享服务应用》。

6.5 目录的编制及举例

经过对政务基础信息的广泛调查，可形成来自于各个行政主管部门的调查表，结合其他各种背景资料，对调查表数据进行分类、汇总和核对，可分别形成自然人基础信息目录、法人基础信息目录、地理空间信息目录和宏观经济信息目录。

下面以北京市信息化工作办公室于2006年4月正式发布的《北京市政务基础信息资源共享目录（第一版）》为例，介绍自然人基础信息共享目录和法人基础信息共享目录，具体见表6.1，6.2，6.3，6.4。

表6.1 自然人基础信息共享目录——基本信息

信息名称	信息编码	简要说明	负责单位	涵盖范围	信息类型	信息产生时间	更新周期	共享需求单位	备注
姓名	00005000001	在公安户籍管理部门正式登记注册的、在人事档案中正式记载的姓氏名称，在公安户籍管理部门正式登记注册的、在人事档案中正式记载的名字	公安局	常住人口	字符型	随时	实时		人口信息涉及公民个人隐私，在对社会各部门提供共享时需要慎重考虑
性别	00005000002	市民的基本生理特征							
出生日期	00005000003	市民出生证签署的并可在公安户籍管理部门正式登记注册的、在人事档案中正式记载的年、月、日							
民族	00005000004	市民所属，国家认可并在公安户籍管理部门正式登记注册的民族							
公民身份号码	00005000005	市民的公民身份号码							
籍贯	00005000006	市民的祖居地							

第6章 政务基础信息资源的梳理与目录编制

表6.2 自然人基础信息共享目录——扩展信息——人事档案信息

信息名称	信息编码	简要说明	负责单位	涵盖范围	信息类型	信息产生时间	更新周期	共享需求单位	备注
行政职务级别	00010000001	在人事局有正式记载的、所担任的干部职务的类别	人事局	常住人口	字符型	随时	实时		
专业技术职务	00010000002	经专门技术职务任职资格评审委员会评审并正式批准或参加国家统一专业技术资格考试合格并取得专业技术资格名称							

表6.3 法人基础信息共享目录——基本信息

信息名称	信息编码	简要说明	负责单位	涵盖范围	信息类型	信息产生时间	更新周期	共享需求单位	备注
企业名称	00025001001	工商登记时核准的企业名称	工商局	属法人	字符型	随时	实时		
机关事业单位名称	00049001001	编办所登记的名称	编办						
民间社团名称	00007001001	民政局所登记的名称	民政局						
企业法人成立日期	00025001002	企业成立的日期	工商局		日期型				
机关事业单位成立日期	00049001002	机关事业单位成立的日期	编办						
民间社团成立日期	00007001002	民间社团法人成立的日期	民政局						
企业法定代表人	00025001003	法定代表人的姓名	工商局		字符型				
机关事业单位法定代表人	00049001003	法定代表人的姓名	编办						
民间社团法定代表人	00007001003	法定代表人的姓名	民政局						

表6.4 法人基础信息共享目录——扩展信息——组织机构代码证书信息

信息名称	信息编码	简要说明	负责单位	涵盖范围	信息类型	信息产生时间	更新周期	共享需求单位	备注
机构名称	00026001002	质检部门登记的企业名称	质监局	属法人	字符型	随时	实时		
机构注册类型	00026001003	分为法人企业、非法人企业、个体、其他机构等							
颁证日期	00026001004	质检部门给企业颁发组织机构代码证的日期			日期型				
变更事项	00026001005	组织机构代码登记变更项目的名称			字符型				
变更内容	00026001006	组织机构代码变更的内容							
变更日期	00026001007	组织机构代码变更的日期							
废置日期	00026001008	企业组织机构代码证废置的日期			日期型				
证书有效日期	00026001009	法人机构代码证书的有效日期							
发证机构	00026001010	发证机构的名称			字符型				
证书状态	00026001011	组织机构代码证书的状态（有效/无效）							

第7章　部门政务信息资源的梳理与目录编制

7.1　概　　述

政务机构的种类、层级、名称很多,这里统一用"部门"来表示政务机构。

大部分机构的电子政务建设都面临挑战,政务信息资源底数不清、部分政务信息质量较差、信息资源管理薄弱、信息资源和政务应用系统缺乏整合、政务信息共享困难等问题在不同程度上困扰着部门电子政务的建设者和管理者。

要解决这些问题,迫切需要从政务业务梳理与信息资源管理方面寻找出路。部门政务信息资源目录就是从信息资源管理的角度,对部门业务和信息资源进行梳理和记录。通过政务信息资源目录的建设,能够比较完整地掌握部门业务和信息资源情况,形成信息化知识的积累,在此基础上形成比较科学可行的解决方案,指导今后的电子政务建设。

编制部门政务信息资源目录的目的是改进部门业务工作,规范和优化业务流程,推动信息共享,促进政府信息公开,为领导决策提供信息服务,推动业务整合、信息资源整合和应用系统整合。

7.2　工作目标、思路及要求

7.2.1　工作目标

1. 按照政府部门"三定方案",结合部门职责梳理部门业务,明晰各单位的具体业务事项,切实加强部门的基础工作。

2. 对部门业务情况和政务信息资源情况进行全面、深入的摸底调查,理清部门业务数量、业务流程及政务信息资源总量、分布与共享状况,形成覆盖部门核心工作的业务目录和资源目录,建立信息资源台账,推进政务信息资源资产化管理。

3. 按照政务信息资源管理相关要求,确定共享需求,分解资源共享任务,推动部门内部和跨部门的信息资源共享。

4. 围绕部门电子政务应用需求,理清业务协同关系,优化业务流程,掌握业务应用系统和数据库建设情况,推进部门业务协同和资源整合。

5. 建立政务信息资源管理制度,确定政务信息资源管理的责任机制、协调机制,梳理流程,为部门政务信息资源采集、公开、利用、更新、维护、存储等奠定基础。

7.2.2 工作思路

1. 部门政务信息资源目录建设工作必须和部门业务工作相结合,领导挂帅,业务人员参与。通过目录编制和使用,切实解决部门业务工作的实际问题,解决电子政务应用与管理中的实际问题。

2. 以部门机构职能为依据进行业务事项的分解与梳理,在此基础上将每一个业务事项所涉及的信息资源进行记录,再对每一个政务信息资源涉及的信息字段进行细化,层层分解。

3. 面向应用,突出重点。按照急用先行的原则,逐步完成核心业务的政务信息资源目录编制和应用。

4. 试点先行,稳步展开。通过试点总结经验,形成典型案例,并以此推动编目工作的展开。

7.2.3 工作要求

1. 部门目录编制工作既重要又复杂,要成立由部门领导牵头的信息资源目录编制工作领导小组和工作机构,各业务处室必须高度重视,认真组织落实。

2. 各部门要制定目录编制实施的工作方案,建立工作机制,确定分工和任务,明确工作要求,合理安排工作进度,严格实施监督检查。

3. 各部门在进行部门信息资源梳理与目录编制时,要按照编目指南的要求组织实施,推荐使用政务信息资源梳理与编目工具。

4. 各部门经过审核的可共享的政务信息资源目录要统一在共享交换平台上进行登记。

7.3 工作步骤

部门政务信息资源目录建设工作大致分为编目工作准备、信息资源调查、信息资源目录生成、目录登记和工作验收、目录应用等阶段。

编目工作准备阶段：建立项目领导小组、专家小组和工作小组，由领导和业务人员共同确定项目范围和内容，形成信息资源目录工作方案（或实施计划）。

信息资源调查阶段：确定业务调查表和信息资源调查表，组织部门内少数处室进行试填，通过试填验证调查表的设计，摸清填表中存在的问题，积累调查表填报的范例；随后组织进行大规模的业务和信息资源梳理，将梳理结果填在调查表中，经过专家评审和反馈，补充完善，最终形成调查结果文档。

信息资源目录生成阶段：将整理收集的调查资料进行纵向的逐级汇总和横向的关联融合，合并相同的项目，按照业务类型和业务流程，调整目录内容，最终形成部门政务信息资源目录。

目录登记和工作验收阶段：各部门将部门政务信息资源目录提交到相关管理部门进行目录登记和信息资源赋码，然后进行编目工作验收。验收时进行政务信息资源目录建设工作的评估，可采取先自我评估，然后再由上级单位或第三方单位评估。详细内容请参见第11.5 节。

目录应用阶段：各部门根据实际需要利用部门政务信息资源目录，查询共享信息资源，在政府信息公开、业务流程优化、信息共享和应用系统集成中使用目录，推动信息资源管理，在使用中不断进行目录的更新维护和统筹整理。详细内容请参见第 9 章。

7.4 目录的组成

部门政务信息资源目录主要由业务目录、资源目录、信息共享需求目录组成。

7.4.1 业务目录

业务目录以业务事项为中心，对业务进行描述。编制业务目录是理清部门业务的一个手段，体现了从业务出发对信息资源进行梳理的思想。业务目录由业务目录指标项组成。指标项的选择和定义，是为了呈现与信息资源相关的业务要素，揭示信息资源与业务的内在联系，以便从根本上把握信息资源。业务目录包含业务事项、业务办理涉及的单位、业务办理依据的规范性文件、业务办理过程中使用的或产生的业务数据和业务文档，以及是否涉及业务协同等。

表7.1是业务目录的模板，各部门可直接使用模板，也可以在此基础上根据本单位情况进行扩展（模板中的省略号表达了可进行扩展的意思）。

表7.1 业务目录（模板）

业务目录（模板）														
业务事项编码	业务事项名称	业务事项一级子项名称	业务事项二级子项名称	业务描述	前置业务	前置业务单位	业务事项主管单位	业务事项实施单位	业务办理依据	年业务量	业务事项办理涉及的其他相关单位	业务事项所需材料	业务事项产生材料	业务事项应用系统名称	……	备注

业务目录指标项的说明和填报要求请见表7.2。

表7.2 业务目录指标项的说明和填报要求

指标项	说明和填报要求
业务事项编码	按统一规则编码，或填写序号
业务事项名称	业务事项指的是如下政府业务：(1)"三定方案"中的业务职能；(2)行政执法事项；(3)委办局党组决定事项；(4)单位日常工作
业务事项一级子项名称	填写业务事项下细分的内容，如业务事项的组成部分、业务流程环节等
业务事项二级子项名称	填写业务事项一级子项下细分的内容，如业务事项一级子项下的组成部分、业务事项一级子项下更细分的业务流程环节等
业务描述	业务事项的简单描述。 1. 业务的背景和要达到的目标； 2. 业务事项办理的过程

续表

指标项	说明和填报要求
前置业务	填写此项业务所必须先行完成的业务事项
前置业务单位	填写前置业务事项的主管单位名称（具体到处室）
业务事项主管单位	填写该业务事项的主管单位名称（具体到处室）
业务事项实施单位	填写该业务事项的实施单位名称（具体到处室、直属单位）
业务办理依据	填写该业务事项设立所依据的相关法律、法规或者政府相关规定、文件等。尽可能细化到条款。依据可划分如下类别：（1）国家相关规定；（2）市委、市政府相关规定；（3）国家部委相关规定；（4）单位相关规定；（5）无
年业务量	对于行政许可、审批业务填写一年所办理该业务事项的大致业务件数，其他业务可以根据实际情况选择填写
业务事项办理涉及的其他相关单位	填写相关单位的名称。 • 如果该业务事项有协同关系，即需要多部门合作办理时，需填写相关单位名称。多条内容的，请用逗号分开。 • 无交叉、协同业务关系时，填"无"。 这些单位的类别有：（1）国家部委；（2）市委、市政府相关委办局；（3）委办局内处室、直属单位；（4）其他（请用文字说明）
业务事项所需材料	列出办理本业务事项所需（即输入）文字表格材料的名称。多项文字表格材料可列在同一格内
业务事项产生材料	列出办理业务事项时填写、编制、批示、产生的文字表格材料名称。多项文字表格材料可列在同一格内
业务事项应用系统名称	• 用到计算机信息应用系统时，填写系统名称（即与业务流程、业务所需材料和业务产生材料用到的应用系统的名称）； • 如果没有用应用系统填："无"
备注	填写需要进一步说明的内容

7.4.2 资源目录

资源目录下可细分为提供给其他政府部门的资源目录（共享信息提供目录）、提供给上级领导的资源目录（决策信息目录）、需要其他政府部门提供的资源目录（信息需求目录）等。

资源目录是对信息资源属性进行描述的列表。资源目录由资源目录指标项组成，采自于国家标准《政务信息资源目录体系》（GB/T 21063-2007）和北京市地方标准《政务信息资源目录体系》（DB11/T 337-2006）。资源目录指标项的选择和定义体现了信息资源管理的各个基本要素。资源目录中的信息资源要覆盖部门的核心业务，这些业务包括行政许可、行政执法、公共服务、城市管理以及"三定方案"中规定的其他核心职责。在资源目录内容的选择上，应优先考虑与核心业务相关的已建应用系统中的信息资源。对于标准中个别元数据项,将在部门目录注册到信息共享交换平台时,由技术人员补充填写。

表 7.3 是资源目录的模板,各部门可直接使用模板,也可以在此基础上根据本单位情况进行扩展(模板中的省略号表达了可进行扩展的意思)。

表 7.3 资源目录(模板)

资源目录(模板)												
信息资源编码	资源名称	相关业务事项	资源描述	资源责任方	资源采集途径	更新周期	共享范围	共享方式	资源安全级别	涉及的数据库支撑	……	备注

资源目录以目录指标项为基本单位,通过对目录指标项的描述,揭示信息资源的基本内容和属性特征,表 7.4 是资源目录指标项的说明和填报要求。

表 7.4 资源目录指标项的说明和填报要求

指标项	说明和填报要求
信息资源编码	按照《北京市政务信息资源标识符编码方案》统一编码
资源名称	在业务事项中产生和使用的信息资源名称,可从业务所需材料清单和业务产生材料清单中提取,要求能反映部门业务工作特点,符合行业规范
相关业务事项	产生该信息资源的业务事项名称,从业务梳理中及应用系统中的业务事项(或子项)名称中提取
资源描述	信息资源内容的简要描述及主要指标项(或关键字段描述)
资源责任方	信息资源的负责单位名称
数据采集途径	以下三种情况选一种填写: (1) 面向业务对象采集的数据,即管理对象报送的数据; (2) 业务流程产生的数据,即自身业务产生的数据; (3) 综合统计形成的数据(用于决策支撑)
更新周期	信息资源更新的周期,可分为实时、每日、每周、每月、每年等
共享范围	填写可共享单位名称,用逗号分开。 共享范围分类:(1) 国家部委;(2) 市领导;(3) 委办局;(4) 委内;(5) 本部门专用;(6) 公众
共享方式	(1) 网上发布;(2) 介质交流(纸制报表,电子文档等);(3) 系统接口;(4) 其他(请用文字说明)
资源安全级别	(1) 未分级;(2) 内部;(3) 秘密;(4) 机密;(5) 绝密
涉及的数据库支撑	如有数据库支撑,填写数据库名称;或填写相关应用系统名称;如果没有填写"无"
……	根据实际情况增加新的指标项
备注	填写需要进一步说明的其他情况

7.4.3 信息共享需求目录

信息共享需求目录是为了调查信息共享需求而编制的目录，其内容是单位的共享需求信息，既包括当前工作协同已用到的其他委办局的信息资源，也包括计划将来需要其他委办局提供的信息资源。共享需求目录的指标项有：信息资源名称、简要说明、类别、资源需求或资源接受单位名称、资源提供单位名称、相关业务事项名称、资源提供方式、提供信息的应用系统名称、备注。

信息资源共享需求信息可使用表 7.5 所示的跨部门信息资源共享需求目录（模板）填写。

表 7.5　跨部门信息资源共享需求目录（模板）

跨部门信息资源共享需求目录（模板）										
序号	所需资源名称	简要说明	资源责任方	相关业务事项名称	需求单位	需求单位联系人	联系人联系方式	提供单位	提供方式	备注

信息资源共享需求目录指标项的说明和填报要求请见表 7.6。

表 7.6　信息资源共享需求目录指标项的说明和填报要求

指标项	说明和填报要求
资源责任方序号	信息资源共享需求项的顺序号，由各部门分别填写，经过审查后，统一编码，编码后成为信息资源共享需求项代码
所需资源名称	所需求的信息资源名称，要细化到指标项
简要说明	对所需求信息资源的内容的简要描述
相关业务事项名称	获得共享信息资源后，将要在哪个业务上使用，填写业务事项名称
需求单位	填写需求单位的名称
需求单位联系人	填写需求单位联系人的姓名
联系人联系方式	填写联系人的电话、电子邮件
提供单位	如果明确信息资源的提供单位，请填写提供单位的名称
提供方式	填写：邮件、拷盘、介质交流（纸制报表，电子文档等）、共享交换平台、系统接口、内部网站发布，其他。可多选
备注	填写需要进一步说明的内容

7.5 业务和信息资源的调查与梳理

业务和信息资源的调查与梳理工作主要包括材料收集、业务分析、数据分析、建立相关的模型。业务和信息资源梳理过程包括确定调查范围和内容、确定调查表、利用已有调查成果（调查表初始化）、调查表试填、培训、调查表填写、调查表整理和调查表评审。

对业务和信息资源的调查与梳理，可以采取两种方式：一种是利用 Excel 调查表，进行填报，规定时间统一回收，使用该方法，业务人员在操作上相对更方便；另一种可以利用政务信息资源梳理工具进行网上填报，使用该方法，得到的填报结果质量较高。各项目组可以根据自己的实际情况自主选择。

有三种调查与梳理途径可供选择：从业务梳理入手；从与部门核心业务相关的已建应用系统、网站和数据库入手；从业务与应用系统相结合入手。

业务和信息资源梳理的梳理方法是：将政府部门承担的每一项业务事项、每一项工作任务都可看成是由一系列活动组成的工作过程，这些活动可概括为各种要素，如业务名称、发生的地点、需要的时间、经费、参与的人员（角色）、完成内容、输入输出的信息、活动步骤、约束条件、法律依据、涉及的资源，等等，再利用这些要素构成组织模型、业务模型、资源模型、协同模型和信息模型。

可使用政务业务建模软件工具（GBMS）进行政务信息资源的梳理，通过可视化的技术手段，将业务事项与信息资源、角色人员、责任单位等有机结合，形成可视化、多层次的模型全景图，并进行业务模型的完整性、正确性检查及模型的仿真模拟运行。

7.5.1 调查内容

部门信息资源目录调查内容包括部门业务情况、数据情况和已建应用系统及数据库建设情况。其中业务情况涉及部门核心业务和信息资源，包括行政许可、行政执法、公共服务、城市管理以及"三定方案"中规定的其他职责的业务和信息资源，在信息资源目录中，可首先考虑核心业务相关的已建应用系统中的信息资源的梳理和编目。

7.5.2 设计调查表

根据调查内容、本单位业务和信息资源特点着手研究设计调查表。

调查表可依据信息资源目录的用途进行设计。如果信息资源目录是用于确定信息资源

第7章 部门政务信息资源的梳理与目录编制

的产生、使用、共享和更新维护的管理责任,调查表的内容就要覆盖信息资源的采集、共享、更新、维护的具体环节和责任单位等信息。如果调查表还要用于建设相应的应用系统,调查表可增加系统建设所需的数据格式和数据库类型等信息。

调查表可分为业务调查表和信息资源调查表(资源调查表),两个表配套使用。业务调查表的基本项要描述部门的业务基本情况,与业务相关的信息资源情况,以及它们之间的内在关系,以便从根本上把握信息资源。通过调查表可了解产生信息的业务事项、信息内容、信息责任单位、信息共享需求和信息使用限制等。信息资源调查表是对资源的具体描述和细化,信息资源调查表要回答信息资源是什么,由什么组成,由谁管理,供谁使用等问题。

本书将提供下列业务调查表和资源调查表的工作模板供大家参考,各单位可在此基础上根据需要进行扩展。

7.5.2.1 业务调查表模板

调查表指标项(表头)分为必填项和选填项,必填项是所有业务都应该填写的指标项,选填项由各类业务不同的指标项组成,每类业务仅需填写适合本业务的指标项。表7.7是业务调查表的模板。

表7.7 业务调查表(模板)

业务调查表(模板)											
业务事项编码	业务事项名称	业务子项名称	业务描述	业务事项主管单位	业务事项实施单位	业务办理依据	年业务量	业务协同关系	业务所需材料	业务产生材料	应用系统名称	备注

业务调查表指标项的说明和填报要求请见表7.8。

表7.8 业务调查表指标项的说明和填报要求

指标项	说明和填报要求
业务事项编码	按统一规则编码,或填写序号
业务事项名称	属行政许可事项的,填写行政许可事项名;其他业务事项名,请参照部门职责和行政执法事项,要求能反映业务工作特点,符合行业领域规范
业务子项名称	如果业务事项可继续细分为业务子项,填写业务子项名称
业务描述	1. 填写业务事项或工作任务的目标和处理过程、步骤。 2. 对于重要的管理业务,如行政许可、审批等,要提供业务流程图作为附件
业务事项主管单位	填写该业务事项的主管单位名称(具体到处室)
业务事项实施单位	填写该业务事项的实施单位名称(具体到处室、直属单位)
业务办理依据	填写该业务事项设立所依据的相关法律、法规或者政府相关规定、文件等。尽可能细化到条款

续表

指标项	说明和填报要求		
年业务量	对于行政许可、审批业务填写一年所办理该业务事项的大致业务件数,其他业务可以根据实际情况选择填写		
业务协同关系	单位名称	协同业务名称	相互间的业务关系
			□前置　□后续　□并行
			□前置　□后续　□并行
			□前置　□后续　□并行
该业务事项所需的材料清单、颁发单位（业务所需材料）	材料名称		颁发单位/资料来源
业务办理结果明细（业务产生材料）	材料名称		颁发单位
应用系统名称	如果业务有信息化支撑,填写应用系统名称；如果没有,填"无"		
备注	填写需要进一步说明的内容		

7.5.2.2　资源调查表（模板）

表7.9是信息资源调查表的模板。

表7.9　信息资源调查表（模板）

资源调查表（模板）											
信息资源编码	相关业务事项	资源名称	资源子项	资源责任方	资源描述	更新周期	数据采集途径	可共享情况	共享方式	涉及的数据库支撑	备注

在业务调查表中,填写了办理业务的所需材料和产生材料,将记录在下面的信息资源调查表当中。表7.10是信息资源调查表指标项的说明和填报要求。

表7.10　信息资源调查表指标项的说明和填报要求

指标项	说明和填报要求
信息资源编码	按统一规则编码,或填写序号
相关业务事项	产生该信息资源的业务事项名称。从业务调查表中的业务事项（或子项）名称中提取
资源名称	在业务事项中使用和产生的信息资源名称,从业务调查表中的所需材料清单和业务产生材料清单中提取。要求能反映部门业务工作特点,符合行业领域规范

续表

指标项	说明和填报要求
资源子项	资源再细分后产生的信息名称
资源责任方	填写该信息资源的责任单位
资源描述	该信息资源内容的简要描述及主要指标项（或关键字段描述）
更新周期	填写该信息资源更新的周期，分为实时、每日、每周、每月、每年等
数据采集途径	以下三种情况选一种填写： (1) 采集产生：面向业务对象采集的数据，或管理对象报送的数据； (2) 流程产生：业务办理流程中产生的数据； (3) 综合统计产生：综合统计形成的数据（用于决策支撑）
可共享情况	填写：面向社会公众可公开、政府各部门间可共享、部门内部可共享、依法专用。可多选
共享方式	填写：邮件、拷盘、介质交流（纸制报表、电子文档等）、前置机共享、接口、内部网站发布，其他。可多选
涉及的数据库支撑	如有数据库支撑，填写数据库名称；如果没有填写"无"
备注	填写需要说明的其他情况

7.5.3 利用已有调查成果

调查表初始化工作由部门编目工作小组负责，整理填写后，统一下发到参加调查的各处室或单位。

如果各单位已有过去工作中积累的业务和数据梳理资料，可将其作为已有调查成果加以利用，如果这些资料在某些方面不能满足信息资源目录编制的要求，则应有针对性地调查未满足要求的部分，避免重复调查。已有的涉及业务和数据梳理的资料种类很多，如在落实行政许可法、执法责任制、政务公开等过程中积累的资料；本单位近期信息应用系统建设项目积累的资料；本单位外部网站和内部网站发布的有关资料；本单位历年积累的统计资料、非统计类报表、综合资料、刊物、档案等。利用已有资料的方法是，按照调查表的填表要求，从这些资料中提取有用的信息填入调查表，形成生成信息资源目录的基础素材。

信息资源目录编制可与各政府机关正在进行的加强基础工作的活动相结合，如"职责清"专项基础工作、"数字准"专项基础工作等。信息资源目录编制工作与这些加强基础工作的活动有共同的特点和推进方式，可统筹安排，协调配合，同步推进。

利用已有调查成果要落实到调查表初始化中。调查表初始化的意思是将已有调查成果中适合填写的内容在下发调查表之前提前填到调查表中，这样做可有效地减少业务人员重复填表的工作量，将主要精力放在补充缺少的内容，核对和完善初始化的内容上。

7.5.4 调查表的试填

调查表下发后，业务人员往往不知道如何填写，如业务名称和资源名称，内容颗粒度的划分等实际问题。由于各部门的业务特点不一样，给出各单位的指导意见也不一样，单纯依靠部门目录编制指南和编目软件工具解决不了如何填表的问题。为了了解情况，验证工作方案和调查表的设计，在进行大面积调查之前最好先进行小范围的部门内试点，进行调查表试填。

调查表试填要与部门主要业务相结合，通过试填总结经验，寻找规律，形成适合本部门的信息资源调查表的规范和范例。进行试填之前要对本部门业务有个粗略的估计，如有几大块业务、几种业务类型、几条业务线等，然后从中各选一个单位作为试点。调查表试填要有业务人员参与，通过业务人员的参与，了解业务人员对工作步骤、调查安排、调查表内容等方面的反馈和建议，作为修改和调整工作文件最重要的参考依据。通过调查表试填可以培训骨干，参与调查表试填本身也是培训，参与试填的人员可向部门其他人员介绍经验，现身说法，起到示范带头作用。

7.5.5 从业务梳理入手进行信息资源调查

部门内信息资源的产生和使用来源于业务办理，为了全面掌握信息资源情况，有必要从业务入手进行信息资源调查。从业务入手，切入点是本单位业务职能。遵循信息资源来源于业务活动这一基本原理，从组织机构到业务岗位，从业务分类到业务事项，从业务文档到信息资源调研表内容展开调研。通过先理清业务职责，再理清信息资源，达到完成信息资源调查的目的。从业务入手进行梳理和调查，要对业务进行细分，根据业务类型调整调查表指标项的选择，最后完成业务调查表和资源调查表的填写。

7.5.5.1 业务的细分

梳理业务需要对业务进行细分，细分之后才能获得用以填写调查表的内容。业务调查表最难填的指标项是业务事项，而合适的业务事项名称是通过业务细分得到的。常用的业务细分方法有：按业务领域细分；按工作对象细分；按业务环节细分；按业务来源和途径细分。

下面分别举例说明各种方法。

(1) 按业务领域细分。如市城管执法局集中行使行政处罚权的范围包括市容环境卫生、城市规划管理（无证违法建设处罚）、道路交通秩序（违法占路处罚）、工商行政管理

第 7 章 部门政务信息资源的梳理与目录编制

(无照经营处罚)、市政管理、公用事业管理、城市节水管理、停车管理、园林绿化管理、环境保护管理、施工现场管理(含拆迁工地管理)、城市河湖管理、黑车、黑导游等 14 个方面。这 14 个方面涉及不同的行业和业务领域,在划分中可把类似的处罚事项分在一起,如把违法占路处罚、停车管理、黑车三项内容划分在一个领域,公用事业管理和城市节水管理划分在一个领域,园林绿化管理与城市河湖管理划分在一个领域,最后可形成 10 个业务领域。

(2) 按工作对象细分。如计生工作对象主要是育龄妇女,再细分可分为城镇育龄妇女、农村育龄妇女和城市流动人口中的育龄妇女。

(3) 按业务环节细分。如知识产权专项试点企业管理业务流程分为:文件制定阶段、信息发布阶段、申请受理阶段、立项审批阶段、项目实施阶段、项目验收阶段、项目结题阶段。按业务环节细分,就是看每个环节下的具体操作,并把它们定为业务事项。如信息发布阶段是进行项目征集,业务事项名称可定为"项目征集"。

(4) 按业务来源和途径细分。如群众可通过多种途径提交建议或投诉,在政府内部由信访工作岗位或部门进行处理。这类建议或投诉的渠道有来信、来访、网上行风热线、网上领导信箱等,因此这类业务可细分为来信处理、来访处理、行风热线信息处理和领导信箱信息处理。在填写业务事项时,可填写来信处理、来访处理、行风热线信息处理、领导信箱信息处理。

上述业务细分方法可结合使用,如先按领域细分,再按环节细分。

7.5.5.2 业务调查表填报举例

例 1:填写业务事项名称

业务事项名称源于政府的相关文件或业务细分之后的事务名称。以社会团体成立为例,在我国,社会团体成立需要经过行政许可,而某一社会团体适用哪一类社会团体登记手续则取决于社会团体的资金背景和所属的行业。如北京非公有制经济人士联谊会、北京福建民营企业商会、北京市盆景艺术研究会、北京保险行业协会、北京出入境检验检疫协会等都是社会团体,其中北京非公有制经济人士联谊会、北京福建民营企业商会的资金背景为非国有资产,因此这类业务的业务事项名称是"民办非企业单位成立登记",而北京出入境检验检疫协会是国有资产的资金背景,这类业务的业务事项名称是"社会团体成立登记"。

例 2:填写业务描述

在此项中填写业务事项的背景、目标、特点、业务流程及其他对于理解业务事项办理有帮助的信息。如个人收入档案是个人税收征管中的一项业务，在个人收入档案的业务描述中，可填写如下内容："个人收入档案包括纳税人的个人基本信息、收入和纳税信息以及相关信息，有五个类型［雇员纳税人、非雇员纳税人、股东和投资者、个人独资/合伙企业投资者/个体工商户/对企事业单位的承包承租经营人、外籍人员（含雇员和非雇员）］。个人收入档案将用于纳税评估和比对分析，查找税源变动情况和原因，发现异常情况，堵塞征管漏洞。"

例3：填写业务办理依据

如科技类民办非企业单位审批业务事项的办理依据是：（1）《民办非企业单位登记管理暂行条例》（中华人民共和国国务院令第251号）1998年10月25日公布；（2）《国家科技部、民政部关于科技类民办非企业单位登记审查与管理暂行办法》（国科发政字［2000］209号）；（3）北京市科委、市民政局、市财政局、市地方税务局《关于贯彻〈科技类民办非企业单登记审查与管理暂行办法〉的实施办法》（京科政发［2000］592号）；（4）《关于授权"科技类民办非企业单位审批权"的决定》（京科政发［2004］58号）；（5）《关于授权"科技类民办非企业单位审批权"有关问题的补充通知》（京科政发［2004］195号）。

例4：填写业务事项办理所需材料

如开凿机井批准业务事项，其该业务事项所需的材料清单、颁发单位包括：（1）申请人对凿井的意图或方案说明；（2）凡属新征用的建筑用地，应出示建设用地规划许可证复印件；（3）新建水井或新增水量时上级机关的有关批文；（4）更新井时原井报废证明；（5）更新水源井被污染时原井水质化验单；（6）更新井时节水管理部门核发的《北京市自备井使用许可证》及下达的用水指标复印件；（7）1/2000地形图3份，其中1份用铅笔画出用地范围及周围300米范围内的现状水源井位置；（8）设计书；（9）工程预算书；（10）与凿井工程有关的其他行政主管部门意见和要求取得的有关协议；（11）新增日用水量大于3000立方米或新增水源井三眼以上时的地下水资源评价报告书。

例5：填写业务办理产生材料

如河道采砂行政许可业务。业务获得批准后，市水务局将颁发《北京市水务局行政许可事项决定书》，并通过计算机网络等形式公示办理结果。因此业务调查表中的"业务办理结果明细"中应填写：发放《北京市水务局行政许可事项决定书》。

7.5.5.3 资源的细分

资源的细分有许多种，要具体情况具体分析。下面以常见的按工作对象细分和按复杂程度细分举例说明如下。

第7章 部门政务信息资源的梳理与目录编制

按工作对象细分。绿地和树林是园林绿化的工作对象，比如说绿地可细分为园林绿地和城市绿地，树林可细分为天然林、三旁林、生态公益林、生物防火林、迹地更新林等。

按复杂程度细分。数据库和电子文件是常见的信息资源。数据库类可分为数据库群、综合数据库、专业数据库、数据表、字段；电子文件类可分为文件卷、文件集、文件组、文件夹、文件。

7.5.5.4 资源调查表填报举例

例1：填写资源名称

业务办理中的信息资源就是办理业务事项的所需材料和产生的材料。资源调查表中资源名称表头下填写的内容就是上述各种材料的名称，每行填写一个信息资源项，即填写一类材料（或一套材料，一个材料）的名称。

例2：填写资源子项

当信息资源项包括不同的具体内容时，将这些内容填写在资源子项中。如建立民间学术研究团体，这个团体在政府登记时要提交如下的材料：民办非企业单位登记申请表、业务主管单位的批准文件、场所使用权证明（产权证或一年期以上的使用权证明）、验资报告、团体负责人的基本情况表、团体章程草案、安全责任制度，共7项。在选择资源名称时，应将上述7项分别填入资源子项，每行填写一个材料的名称。

例3：填写相关业务事项名称

业务事项的名称要填写产生这个信息资源项（如民办非企业单位登记申请表）的业务事项名称。业务事项名称可直接填写，当资源名称是民办非企业单位登记申请表时，"相关业务事项"中填写：民办非企业单位设立登记。

例4：填写资源责任方

直接填写本资源项的责任单位名称，一般是填写办理业务的处室单位名称或事业单位名称。

例5：填写资源描述

填写资源的组成与用途。当资源是文档类信息时，填写文档的概要内容、章节组成和用途；当资源是报表类信息时，填写概要内容、报表数量和用途。

如调查表资源名称是软件产品登记申请表时，"资源描述"中填写"软件产品登记申请表，包含企业基本信息、产品基本情况、产品分类情况、产品开发及知识产权情况、产品检测、鉴定、获奖情况、产品销售情况、提交材料情况。重要指标项有软件产品名称、受理号、认定号、申报日期、企业名称、申报类型、版本号、产品服务对象、主要功能及用途简介、主要技术指标简介、硬件运行环境、软件运行环境、系统软件分类、支持软件分类、应用软件分类、产品开发者、开发时间、著作权人、著作权登记号、专利权人、专利号、检测部门、检测结论、检测日期、鉴定部门、鉴定结论、鉴定日期、颁奖部门、颁奖等级、颁奖日期、开始销售时间、销售方式、累计销售套数、累计销售额（万元）、产品出口情况、累计出口套数、累计出口额（万美元）"。

例6：填写更新周期

填写此资源项重新采集的时间间隔。如调查表资源名称是软件产品登记申请表时，"更新周期"中填写：实时。

例7：填写数据采集途径

从资源调查表样例中的三个选项中选择一个填写。如调查表资源名称是软件产品登记申请表时，"数据采集途径"中填写：业务流程产生的数据。

7.5.6 从已建应用系统入手进行信息资源调查

对于某些单位，其应用系统、网站和数据库已经完成大规模建设，信息化基础比较好，业务梳理和数据积累较多，业务与信息资源基础比较扎实。另外还有一些部门已经进行了业务与资源的梳理，有现成的资料可供利用。在上述情况下，可直接进行数据梳理和资源调查表的填写。

从已建应用系统、网站和数据库入手，切入点是研究分析已建的应用系统和数据库。在这些系统和数据库中，凝结了过去对业务事项、业务信息、工作文档和表单的梳理成果，可将其中蕴含的信息资源整理出来，以信息资源项的形式，填入信息资源调查表。

从已建应用系统和数据库入手进行调查所涉及的人员主要是直接使用信息系统的业务人员和信息技术人员。

从已建应用系统和数据库入手通常要利用应用系统和数据库的技术文档，如需求分析说明书、数据库设计说明书、用户手册等，如果文档不全，还需要由数据库管理员协助，直接利用技术手段，查看数据库中的信息资源。在参考文档的同时，还要具体查看应用系统和数据库。无论是参考文档还是查看系统，都应先以业务功能为主线，梳理挖掘信息资源。应用系统中一般都有查询统计功能，这部分内容也是不能忽视的，辅助决策的信息资源可从这里梳理出来。

7.5.6.1 研究技术文档

以下是用例子说明如何从技术文档入手进行信息资源梳理。

第7章 部门政务信息资源的梳理与目录编制

（1）了解业务功能，整理业务主线。以税务登记业务为例，通过税务登记系统的技术文档，我们可以了解该业务的主线是：申请受理→打印受理单→税务登记→管户立户→打印登记证→领证。

（2）按照业务主线，梳理信息资源。按照上述主线上的每个环节，业务的输入输出资源情况，对资源进行描述。梳理的资源包括税务登记表、受理单、纳税人档案信息、社保登记证、税务登记证。

7.5.6.2 研究应用系统

以下用例子说明如何从与核心业务相关的应用系统入手进行信息资源梳理。

（1）按照系统功能菜单进行其所涉及政务业务应用的操作，关注系统的业务主线。

（2）按照业务主线，梳理系统的输入信息资源，如水务信息采集、交通信息采集。

（3）按照业务主线，梳理系统的输出信息资源，通过应用系统中统计与查询、屏幕查询结果和系统输出报表等功能，收集系统输出的信息资源。

表7.11是根据防汛抗旱信息服务系统整理的资源调查表（摘要）。

表7.11 资源调查表样例（根据防汛抗旱信息服务系统整理）

序号	表项名称	填报内容
1	信息资源名称	××水文信息资源
2	信息资源负责方	水文总站
3	信息资源摘要	流量、水位、降水、蒸发、含沙量、水温、冰情、颗分、辅助气象
4	信息资源需求方	水文总站
5	信息资源存储方式	数据库、电子表格、纸文件
6	更新频率	实时、日报表
7	信息资源水系河流	××河
8	信息资源产生位置	××水文站
9	信息资源管理负责人	
10	信息资源管理联系人及联系方式	
11	与其他单位共享交换情况	有
12	共享单位名称	
13	共享方式	文件
14	信息资源采集类型	自动
15	传输方式	GPRS、短信
16	信息资源存储位置	水文总站水情科
17	信息资源存放服务器IP地址	
18	信息资源归属应用系统名称	防汛抗旱信息服务系统
19	重要程度	国家级
20	安全限制分级	内部
21	备注	

7.5.6.3 研究数据库

通过研究与核心业务相关的数据库,分析业务产生和使用的数据情况,并将它们按照统一的资源调查表进行梳理和填写。

从数据库入手的步骤是:(1)如果有数据库设计文档,可以参考文档内容,补充细化数据指标项。(2)可由数据库管理员配合,借助技术手段,将数据结构导出,整理数据库中的资源。

表7.12是通过上述方式整理的纳税人档案信息表的内容。

表7.12 纳税人档案信息表(利用数据库整理)

Name	Code	Data Type	Primary
单位识别号	DWSBH	VARCHAR2(10)	TRUE
纳税人代码	NSR_ID	VARCHAR2(32)	FALSE
纳税人名称	NSR_MC	VARCHAR2(100)	FALSE
纳税人英文名称	NSR_YWMC	VARCHAR2(100)	FALSE
登记表类型	DJBLX_DM	VARCHAR2(10)	FALSE
主管部门	ZGBM	VARCHAR2(80)	FALSE
法人代表	FRDB	VARCHAR2(50)	FALSE
法人身份证件类别	FRSFZJLB_DM	VARCHAR2(10)	FALSE
法人证件号码	FRZJHM	VARCHAR2(32)	FALSE
联系电话	LXDH	VARCHAR2(30)	FALSE
邮政编码	YZBM	VARCHAR2(8)	FALSE
行政区划代码	XZQH_DM	VARCHAR2(10)	FALSE
注册地址	ZCDZ	VARCHAR2(80)	FALSE
经营地址	JYDZ	VARCHAR2(80)	FALSE
电子邮件地址	DZYJDZ	VARCHAR2(80)	FALSE
国籍/地区代码	GJ_DM	VARCHAR2(10)	FALSE
登记注册类型	DJZCLX_DM	VARCHAR2(10)	FALSE
行业门类	HYML_DM	VARCHAR2(10)	FALSE
行业大类	HYDL_DM	VARCHAR2(10)	FALSE
隶属关系	LSGX_DM	VARCHAR2(10)	FALSE
核算形式	HSXS_DM	VARCHAR2(10)	FALSE
注册资本	ZCZB	NUMBER(18,2)	FALSE
注册币种	ZCBZ_DM	VARCHAR2(10)	FALSE
投资总额	TZZE	NUMBER(18,2)	FALSE
投资币种	TZBZ_DM	VARCHAR2(10)	FALSE
经营方式	JYFS_DM	VARCHAR2(10)	FALSE
管理税务机关	SWJG_DM	VARCHAR2(6)	FALSE
管理税务机关_区局	SWJG_QJ_DM	VARCHAR2(6)	FALSE
街道乡镇	JDXZ_DM	VARCHAR2(10)	FALSE

续表

Name	Code	Data Type	Primary
居委会	JWH_DM	VARCHAR2（10）	FALSE
税收管理员	SSGLYDM	VARCHAR2（20）	FALSE
纳税人类别	NSRLB_DM	VARCHAR2（10）	FALSE
纳税人状态	NSRZT_DM	VARCHAR2（10）	FALSE
测试户标志	CSHBZ_DM	CHAR（1）	FALSE
税务登记证号码	SWDJZHM	VARCHAR2（20）	FALSE
登记日期	DJRQ	VARCHAR2（10）	FALSE

利用这些整理结果，可以梳理纳税人档案信息这个资源，挑选重要指标项，完成调查表的填写。表7.13是利用税务登记系统信息整理的资源调查表中的一项。

表7.13 资源调查表样例（利用税务登记系统信息整理）

表项名称	填报内容
信息资源编码	×××××
相关业务事项	税务登记
资源名称	纳税人档案信息
资源子项	××××
资源责任方	××××营业税管理处
资源描述	单位识别号、纳税人代码、纳税人名称、登记表类型、主管部门、法人代表、注册地址、经营地址、登记注册类型、行业门类、行业大类、隶属关系、核算形式、注册资本、投资总额、经营方式等
更新周期	××××××
数据采集途径	业务流程产生的数据
可共享情况	××××××
共享方式	××××××
涉及的数据库支撑	纳税人档案数据库
备注	

7.5.6.4 研究部门网站

从部门内部网站和互联网网站上，可获取许多现成的信息资源，可将与部门核心业务相关的信息资源按照资源调查表进行梳理和填写。

7.5.7 从核心业务与信息应用系统相结合入手

从核心业务与信息应用系统相结合入手，就是既要进行核心业务的梳理，也要从已建信息应用系统、网站和数据库中进行资源信息的梳理。单纯从业务入手，将失去利用已有业务和数据梳理成果的机会，提高调查成本；单纯从已建应用系统和数据库入手，将停留在过去的梳理水平上,而且过去的梳理经常是局部业务梳理,导致无法了解业务的最新状态和变化情况,无法获得对业务全面整体的认识。在具体操作上,从业务入手与从已建应用系统和数据库入手相结合的办法与前面分别介绍的从业务梳理入手、从已建应用系统入手相同,在此不再赘述。

7.5.8 调查表评审和返工

调查表完成之后,要进行详细评审。每份调查表都要通过专家组和工作小组的检查,对于需要补充完善的调查表,坚决退回原填报单位,由参与此项工作的领导牵头完成调查表补充完善的任务。调查表的评审由编目专家小组进行,主要检查以下内容:(1)调查表是否填写完整。发现表中的必填项没有填写、表头信息遗漏的,可考虑退回返工。(2)调查表是否填写正确。根据指标项说明,检查填报人是否正确理解了指标项含义,是否填写了正确内容,填报内容明显错误的,可考虑退回修正。(3)调查表填写内容是否充分详细。业务事项和信息资源项的抽取是由填报人完成的,如果填报人对填报内容的细分不足,将造成部分信息资源的遗漏,如果专家根据经验判断填写内容不够翔实,可考虑退回补充。(4)调查表填写内容是否覆盖了主要工作职责。利用"三定方案"或其他文件,对照检查调查表内容,如果发现部分工作职责没有包括在内,可考虑退回返工。

评审结束后,应给出填报质量的统计,并将统计结果上报领导小组和相关单位领导。经过返工的调查表进行补充完善之后,将再次经过专家小组的评审。评审合格的调查表方可进入下一阶段的目录编辑工作。

7.6 目录的生成

部门信息资源目录是在部门内各单位调查的基础上,对调查信息经过加工处理后生成的。在大多数情况下,调查表指标项和信息资源目录的指标项是相同的,调查表填报完成后直接进行整理与汇总,以形成信息资源目录。此外,要根据工作需要,增减指标项,以方便整理数据,方便理解与使用,此时形成的信息资源目录就与原来的调查表有明显的区别了。

当编制业务目录和资源目录两项工作同时进行时,要先整理业务目录,再整理资源目录。整理业务目录包括以下内容:(1)检查目录内容是否正确和完整;(2)为业务事项排序;(3)为业务目录增加顺序码;(4)形成按行政单位划分的业务目录;(5)将不同单位

第7章 部门政务信息资源的梳理与目录编制

有业务协同关系的业务按流程和协同关系进行汇总。将事业单位的业务事项合并到业务主管单位中去,然后精简删除,形成按业务主管单位划分的业务目录;合并按业务主管单位划分的业务目录,形成部门业务目录。整理资源目录包括以下内容:(1)检查目录内容是否正确和完整;(2)形成按填报单位划分的资源目录;(3)合并各单位资源目录,合并精简资源项,形成部门资源目录;(4)筛选可提供给公众的政府信息公开目录;(5)筛选可提供给其他市级委办局的信息资源内容,形成跨部门信息共享提供目录;(6)筛选可提供给市领导的信息资源内容,形成可提供给市领导的决策信息目录。

市级政府机关一般都有若干个内设机构和直属单位,因此在编制委办局信息资源目录时,通常是按照由下至上的顺序,先编制下级单位(包括处室和直属企事业单位)的信息资源目录,再编制上级单位的信息资源目录。

目前大多数单位的业务目录是电子数据表,因此以下所述整理信息资源目录是针对电子数据表格式的,调用的功能也是电子数据表自带的功能。

信息资源目录生成一般由部门编目工作组统筹管理,各处室和事业单位调查表填报人员配合。

下面分别介绍业务目录、资源目录和信息共享需求目录的编制。

7.6.1 业务目录的生成

7.6.1.1 检查目录内容是否正确和完整

生成业务目录之前,要保证目录内容正确和完整,这往往是业务目录整理的第一步。业务目录常见的问题主要有:

(1)单位名称没有使用统一的简称。当使用电子数据表编制目录时,一个单位只能有一个名称,填报时,必须选用该统一名称。如"政策法规与体制改革处"、"政策法规处"、"法规处"三个名称实际指代同一个处,但是电子数据表软件认为是三个不同的单位,因此发现这类错误要及时纠正。

(2)业务事项名称不准确、不精练。要根据实际工作情况,准确表述业务事项名称,同时,在不改变名称含义的情况下,尽量精练表达。

(3)业务事项大项遗漏。在填写含有业务流程的业务事项时,除了要把每一步流程步骤填写在业务事项子项中,还要在描述第一个流程环节之前把业务事项的整体情况描述一遍,称之为业务事项大项。在业务事项大项这行记录中,要各个指标项的内容都填写上。

(4)业务主管单位和业务实施单位为空。一般情况下,业务事项都有负责单位和办理单位,因此不允许业务目录中出现业务事项主管单位和业务事项实施单位为空的情况。

(5) 业务流程表示方法不统一。如果有业务流程这个指标项,应统一其填报方式。如行政审批的业务流程一般是"受理—审查—复审—审定—制发",其填报格式是业务流程环节名称加上破折号,建议各单位都采用这样的方式来表示。

(6) 业务事项办理依据为空。如果业务事项办理依据为空,一定请填报人员再次检查,不要因为疏忽或不清楚而不填写。当确认没有业务事项办理依据时,填写"无"。

(7) 业务描述为空。业务描述一定要填写,不能为空。

(8) 业务事项所需材料和业务事项产生材料的名称用的是简称或没有反映出业务事项的内容。业务事项所需材料和业务事项产生材料的名称要用于筛选重复冗余的信息资源项,如果用的是简称,很多根本不同的信息资源可能使用同样的简称,则会造成资源目录的混乱。此外,如果信息资源名称未能准确反映出业务事项内容,则在某些场合会发生误解。如信息资源的名称是"调查报告",如果这个单位有若干调查报告,那怎么区分这些报告呢?为了帮助理解和避免误会,调查报告前应增加限定信息,说明是什么调查报告,如"城市流动人口计划生育情况的调查报告"、"城市建筑节能情况的调查报告"等等。

(9) 有错别字。错别字会给人带来轻率和不负责任的印象,要尽量避免这种情况出现。

整理目录时,要切实纠正上面列举的问题及其他错误,之后要请来填报单位的人员再次核对,以确保目录内容的正确性。

7.6.1.2 为业务事项排顺序

政府机关业务事项的先后顺序不是任意排列的。查看一下市级机关的职责说明,一般是"起草××方面的地方性法规、规章草案;制定并实施××方面改革与发展的总体规划和目标,制定技术规范和标准,并监督实施"排在前面,而"承办市政府交办的其他事项"一般排在最后。这些先后顺序体现了不同业务事项在全局性、重要性和影响广泛性上的区别。

业务事项的排序由业务处室的领导决定,编目组一般将业务事项清单打印出来,请处室领导将业务事项的顺序号标出来,并签字确认。目录填报人员或编目组人员根据处室领导排定的顺序号,调整业务目录中的业务事项顺序,业务事项子项的顺序也随业务事项的前后顺序做出相应调整。

业务目录中的业务事项顺序调整之后,资源目录中的相关业务事项及相应信息资源项的先后顺序也要进行调整。

7.6.1.3 形成按行政单位划分的处级业务目录

大多数单位填报调查表是按照行政单位进行的,因此按行政单位划分的处级业务目录（特指市级政府机关内），就是按填报单位提交的处级业务目录。处级业务目录是局级业务目录的基础，整理目录主要就是整理处级业务目录，要把检查填报内容，纠正填报错误，统一填报术语和补充完善填报都尽量在整理处级目录阶段完成，节约总的目录生成时间。

在处级业务目录中要包含填报单位代码和填报单位名称。填报单位代码的顺序要按照正式的处室排名顺序，可参考各委办局的网站。事业单位的代码也要与正式的排名顺序相同。

可请具有业务经验的人员检查目录的内容是否存在重复或互相矛盾，并随时纠正。

7.6.1.4 形成按业务主管单位划分的处级业务目录

政府机关处室和负有行政管理职能的事业单位都是公共服务机构，但是它们担负不同的责任。机关处室主要担负决策的责任，而事业单位是受委托提供公共服务或进行具体工作和项目的实施。为了形成完整的业务事项办理流程，有必要将分散在不同处室的同一业务集中在一起，按业务事项主管单位进行合并整理。具体操作是将事业单位业务目录中业务事项主管单位不是本单位的记录移动合并到该业务事项主管单位的业务目录中去，在这一过程中要注意保持业务事项的顺序。机关处室和有行政管理职能的事业单位的业务目录放在同一子目录下，这个子目录下的文件就是按业务事项主管单位形成的处级业务目录。其他事业单位的业务目录放在另一个子目录下，留待后用。

对合并后的业务目录再次检查，删除重复的内容。

7.6.1.5 形成整体业务目录

部门业务目录是围绕市级政府部门职责的，与部门职责相关的内容列入部门业务目录，与部门职责不甚相关的内容将不列入部门业务目录，但是仍可保留在机关处室业务目录中。部门业务目录将包括所有的处室和有行政管理职能的事业单位。

部门业务目录是汇总按业务主管单位划分的机关处室业务目录后生成的，部门业务目录的顺序可按照处室的正式排名顺序来排列，也可按照部门核心业务的排列顺序来排列，按前者进行合并比较容易操作。对于不同处室业务之间有协同关系的，要按协同关系和流程形成一个部门整体业务。

部门业务目录形成后，要注意业务事项主管单位的指标项下一般不能出现部门的名称而应该是局机关某处室的名称。如果涉及领导办公会或领导审批等业务环节，可填写"局领导"。

7.6.2 资源目录的生成

7.6.2.1 检查目录内容是否正确和完整

资源目录与业务目录一样，首先要进行目录内容检查。资源目录中常见的错误如下：

(1) 相同的资源名称重复出现。实际工作中的资源名称经常是口语化的名称，比较简短，如"机构申报材料"、"项目协议书"、"专家评审意见"等。资源目录中的资源名称应该是相对正规的书面用语，要有必要的限定语，如说明是办什么事情的机构申报材料、办什么项目的协议书、针对什么项目的专家评审意见等。在修改重复的资源名称时，可参考相关业务事项表头下的内容，将其主要含义，作为限定语加到资源名称的前面。

(2) 资源摘要为空。资源摘要是对信息资源项的简短描述，如果是文字类信息，应从其"前言"、"概述"或"章节标题"中选择内容填写；如果是数据类信息，应从其"数据表名称"、"指标项名称"或"视图名称"中选择内容填写。资源摘要的内容填写比较费时，但请填报人员务必仔细填好。

(3) 资源责任方为空。资源责任方指的是政府部门内部，尤其是本单位内部对此信息资源项负有责任的单位，这些责任指的是信息资源的编制、生成、采集、受理、存储、使用等。在上述责任中，只要有一个责任涉及本单位，就应将本单位的名称写在资源责任方表头下。

(4) 共享范围为空。共享范围一般分为国家部委、市领导、委办局之间、委办局内部、本处室专用、公众，按实际情况填写上述术语。如果有具体的共享单位，则应将这些单位名称写出来。当有多个共享范围时，如果有具体的共享单位，则应将单位名称写出，如果只填写范围类别的名称，一般填写公开程度最大的范围类别即可，如某信息资源项的共享范围是"公众、委办局之间"，这时，只需填写"公众"。如果不清楚信息资源的共享范围，直接填写"不清楚"。

(5) 共享方式为空。共享方式应填写与其他单位共享信息时的信息交流交换形式，有网上发布（网站、应用系统等）、介质交流（纸制报表，电子文档等）、系统接口（应用系统之间），其他方式（请用文字说明），可按实际情况填写上述术语。如果不清楚，直接填写"不清楚"。

(6) 资源项没有逐个填写。要求每行填写一个资源项，如果一行填写了多个资源项，应将其分行。

(7) 共享范围与资源安全级别相矛盾。共享范围是从信息公开的角度描述信息流通，资源安全级别是从信息保密的角度描述信息流通,两者之间不能相互矛盾。如果资源安全级别是"内部",而共享范围是"公众",则应予以核实更正。

资源目录内容检查和纠正错误完成之后,才能进行下一步的数据整理工作。

7.6.2.2 形成按行政单位划分的资源目录

经过合并删除重复内容和排序,可形成按填报单位划分的资源目录。

资源项是否重复,不要单看资源项的名称,还要结合相关业务事项。如果确属重复,则要考虑为什么会发生重复填报,经过慎重甄别之后,确定是由于误填造成的,可以合并删除。

如果是手工填写资源调查表,其前后顺序往往是随机排列的;如果是使用编目工具软件填写资源调查表,资源目录的顺序是按照业务目录填报顺序排列的。根据经验,大多数情况下,各业务处室领导对业务目录审查之后,其排序与前两种情形都不相同。此时,要根据各业务处室领导对业务事项排定的顺序,重新调整资源目录中相关业务事项的顺序,并随之调整信息资源项的顺序。

形成按填报单位划分的资源目录后,要反馈回填报单位,请填报人员再次核实确认。

7.6.2.3 形成部门资源目录

部门资源目录是合并机关处室和直属单位资源目录形成的。部门内设机构和直属单位在资源目录内的先后顺序依据正式排名顺序排列,一般是机关处室在前,直属单位在后,机关处室中办公室往往排在第一个。

形成部门资源目录后,要在汇总的基础上,再次检查是否有信息资源重复采集的现象。应将信息资源项的名称和相关业务事项关联在一起进行检查,以确保在同一业务事项下,没有重复采集的现象。如果不同的业务事项下出现相同的资源名称,应对资源名称进行适当调整。

7.6.2.4 形成政府信息公开目录

部门资源目录中包含可向公众公开的信息资源。但是由于政府信息公开目录要遵循政府信息公开目录的格式,还要经过部门领导的审批,因此要将可公开的信息资源挑选出来,按照政府信息公开目录的要求进行整理,形成单独的政府信息公开目录。

把共享范围是"公众"的信息资源项从部门资源目录中挑选出来,形成一个单独的电子数据表文件。信息资源项排列的顺序,应该遵循与部门资源目录同样的原则,即各单位正式排名顺序,各信息资源项的顺序依照相关业务事项的顺序进行排列。

7.6.2.5 形成信息共享目录

部门资源目录中包含有跨部门共享的信息资源。这些信息资源内容将在经过必要的审查之后，按规定在指定地点注册，进行共享信息的登记注册，因此应形成单独的目录文件。

这里的信息共享目录指的是把本部门可提供给其他委办局的信息资源。首先把共享范围是"委办局"或"委办局之间"的信息项从部门资源目录中挑选出来，再把本单位提供给其他委办局的信息挑选出来，另外把其他单位提供给本单位的信息汇总在一起，形成一个电子数据表文件，这个文件将在下面的信息共享需求目录中提到。信息项排列的顺序，应该遵循与部门资源目录同样的原则，即各单位的顺序依照正式排名顺序，各信息项的顺序依照相关业务事项的顺序进行排列。

7.6.2.6 形成面向领导决策的信息资源目录

部门资源目录中包含需要提供给市领导的信息资源。这些信息资源内容将在经过必要的审查之后，报市领导决策信息平台，因此应形成单独的目录文件。

把共享范围是"市领导"的信息项从部门资源目录中挑选出来，形成一个单独的电子数据表文件。信息项排列的顺序，应该遵循与部门资源目录同样的原则，即各单位的顺序依照正式排名顺序，各信息项的顺序依照相关业务事项的顺序进行排列。

7.6.3 信息共享需求目录的生成

信息共享需求目录的内容来自于两个方面：一个方面是在现有的业务流程中已经包含了其他委办局提供的相关材料，这些信息项的内容在上述整理跨部门共享信息资源目录的过程中被汇总在一起，形成了单独的电子数据表文件。另一个方面是虽然现在业务流程中还没有使用这些信息资源，但是希望其他委办局提供，以提高业务办理效率和办理水平，更好地履行部门职责和为民服务。第二个方面的信息需求一般并没有包含在业务调查表中，因此需要专门收集，并把这些内容加进信息共享需求目录中。

7.7 使用软件工具编制目录

在部门目录的编制过程中，既可以用表格填写，也可以利用编目工具软件进行。各部门可以利用工具进行业务目录和资源目录数据的输入，输入完成之后，编目工具软件系统可以自动编制信息资源共享需求目录，最后将共享需求目录上传到指定地点完成目录注册工作。

政务信息资源编目工具部门目录版的开发思路是从部门职能分解业务事项，从业务事项细化出信息资源。梳理的过程做到职能不遗漏，业务有依据，再根据业务事项梳理出每一项业务或环节的所需信息资源和产生信息资源，明确信息资源从哪里来、到哪里去。利用工具可以对采集的信息资源进行分析和汇总，进一步确定信息资源的采集责任方和共享方。

关于编目工具政务信息资源部门目录版的详细介绍请参见第 13 章。

7.8 举　　例

表 7.11 和表 7.12 是部门内人事业务目录编制的案例。

表 7.11　部门信息资源目录（以部门内人事业务的目录为例）

业务事项名称	一级子名称	二级子名称	业务事项办理依据	业务事项描述	业务事项主管单位	业务事项实施单位	业务事项办理涉及的其他相关单位	业务事项所需材料	业务事项产生材料	业务事项应用系统	备注
因公出访团组报批工作			《北京市局级及其以下人员因公临时出国管理规定》、《北京市因公出国人员护照管理规定》	因公出国赴港澳的申请、审批、证件办理	人事处	人事处	市外办	《因公出国赴港澳任务申报表》、邀请函	《出国赴港澳任务批办单》《出国赴港澳任务确认书》《出国赴港澳任务通知书》	无	

表 7.12　人事类资源目录

资源名称	所属业务事项	一级子名称	资源描述	资源责任方	资源采集途径	更新周期	共享范围	共享方式	资源安全级别	相关数据库	备注
出国赴港澳任务批件	出国（境）政审	因公	出访团组名称、出访任务、出访及途经地点、停留时间、邀请或接待单位名称、费用来源、姓名、性别、出生年月、工作单位、职务或职称等	人事处	流程产生	不定期	本部门专用	介质交流	内部	无	

续表

资源名称	所属业务事项	一级子名称	资源描述	资源责任方	资源采集途径	更新周期	共享范围	共享方式	资源安全级别	相关数据库	备注
出国赴港澳任务任务确认件	出国（境）政审	因公	任务批件文号、出访时间、前往（途经）国家、停留时间、出访人数、执行任务等	人事处	流程产生	不定期	本部门专用	介质交流	内部	无	
出国赴港澳任务通知书	出国（境）政审	因公	任务批件文号、出访时间、前往（途经）国家、停留时间、出访人数等	人事处	流程产生	不定期	本部门专用	介质交流	内部	无	

受客观条件限制，不可能一次就把完整的信息资源情况记录到目录当中，每一个完整的部门政务信息资源目录都是经过长期的目录更新和完善完成的，要在使用中不断加深对政务信息资源目录的认识，不断补充完善政务信息资源目录。

第8章 政务主题应用信息资源的梳理与目录编制

8.1 概 述

在推进电子政务重点应用系统建设时，有时会存在以下问题：应用系统的业务需求没有调查分析清楚；谁拥有业务数据和谁可以向应用系统提供数据的情况不明；业务信息管理缺乏规范等。这些问题成为重点应用系统建设中的薄弱环节。已建的电子政务重点应用系统往往由于上述问题，造成系统中数据很少，部分系统功能因为没有数据而无法发挥作用，信息应用系统效益下降。

针对上述问题，应开展政务主题信息资源共享目录（以下简称主题目录）建设工作。

主题目录编制对信息资源共享和提升电子政务水平具有十分重要的意义。主题目录编制可以实现部门间信息资源共享，弥补应用系统开发的盲点；主题目录编制结合重点应用将实现跨部门业务协同，推进部门间系统的整合。

主题目录编制以应用为导向，以需求为基础，为推动电子政务应用建设服务。通过主题目录编制工作，可做到各部门"应用清、需求清、资源清"。政务主题应用信息资源的梳理与目录编制过程可以帮助业务人员或重点应用建设相关人员明确主题相关的业务，梳理主题业务相关的信息资源，明确主题资源底账，将主题相关的业务环节所属责任部门明确、业务及所属信息资源的流转关系明确、业务参与的角色人员和信息资源的责任方明确。政务主题应用信息资源的梳理与目录编制过程本身也是进一步明确重点应用建设需求，深入了解重点应用主题现状的一个必要的过程。

主题目录是指导我们了解信息资源的向导和进行信息资源管理的工具。有了信息资源目录，才可能全面地、系统地、规范地进行信息资源管理活动。

主题目录首先可以帮助领导及决策者明确主题相关的业务和资源情况，理清主题建设思路，并且向重点应用建设人员提供目前主题应用的建设现状，为其后的重点应用建设提供必要的依据及保障。

主题目录在重点应用系统建设方案的编制阶段，可以有效利用，辅助确定系统需求、功能、建设目标、建设阶段和工程实施范围等。在重点应用系统招标阶段可以帮助投标单位详细了解应用开发的要求和具体工作量，在此基础上制定出针对性强的投标文件，并可以为领导的决策提供现实的依据。在重点应用系统建设阶段利用主题信息资源梳理成果进行实施，有效地避免了以往应用程序开发的盲目性，避免了重复相关业务及数据的调研工作，并形成了规范性文档，为与其他应用系统实现信息共享、互联互通打下坚实的基础。

8.2 工作目标、思路及要求

8.2.1 工作目标

1. 理清与电子政务主题应用相关的应用需求、业务和信息资源情况，理顺跨部门提供信息资源的业务流和信息流，为主题应用系统开发建设做好基础工作。

2. 明确跨部门的与政务主题应用相关的信息共享需求，确定信息资源的采集责任，推动跨部门信息共享。

3. 明确与主题应用相关的不同部门之间的业务关系，优化业务流程，对跨部门业务进行有效监督，促使部门间业务协同。

4. 围绕主题应用系统建设需求，提出相关部门的业务应用系统的整合方案。

8.2.2 工作思路

在编制主题目录时是按照以应用需求为基础，以应用为导向，根据应用需求→确定主题→业务和资源的细化梳理→业务和资源的整合→形成编目成果的思路进行的。主题目录建设思路可具体概括为：细化分解、整合优化、验收登记、目录应用。

细化分解：先从重点应用需求出发，细化相关应用需求，分析所涉及的相关单位、业务、流程和资源，梳理业务到岗位、资源到数据字段、流程到主要环节，做到业务清、流程清、资源清、责任明；上述工作以业务人员为主，技术人员为辅。

整合优化：围绕应用需求进行规划，优化业务流程，进行业务整合；对数据进行新的规划和整合，提高数据规范化水平；在业务与数据规划基础上，针对应用需求，设计系统整合方案，对系统功能进行合并优化；上述工作以技术人员为主，业务人员为辅。

验收登记：根据编目成果，编制相应的汇报文件和送审文件。经过专家组评审和单位领导评审，并根据评审意见进行相应的修改。按照相关项目管理的要求，进行项目验收。在验收的同时，可安排目录登记工作，将项目形成的目录文件，在政务信息共享交换平台上进行登记。

目录应用：编制主题目录的目的是要解决应用系统开发中的业务协同关系不清，数据共享交换难度大的问题，主题目录可应用于信息化应用系统建设项目的立项论证、应用系统、系统运维管理和信息资源的规划、系统需求分析系统后期验收评测等。

对于没有完成立项工作的项目，通过政务主题信息资源共享目录，完成项目前期工作，提交合格的立项报告，为系统开发奠定基础。对于已经完成立项工作的项目，要通过主题目录的编制，加强信息资源管理，支撑重点应用项目建设。

8.2.3　工作要求

1. 由电子政务主题应用系统建设牵头单位负责，主题应用相关单位配合，共同完成该主题应用信息资源的梳理与目录编制。相关信息化主管部门负责指导、培训和检查验收。

2. 政务主题应用信息资源梳理与编目的工作要按照信息化部门提供的政务主题应用目录编制指南进行，推荐使用政务信息资源梳理与编目工具。

3. 要制定目录编制实施的工作方案，建立工作机制，确定工作分工和任务，明确工作要求，合理安排工作进度，严格实施监督检查。

4. 主题目录编制的成果，要作为相关电子政务项目申报、开发、验收所需材料中资源建设的重要内容。

8.3 目录的组成

政务主题信息资源共享目录旨在服务于重点应用业务，是对重点应用业务及相关信息资源进行梳理和编目。政务主题信息资源共享目录一般包括业务目录、资源目录和整合框架三个部分。这三个部分可以再进一步细化，业务目录包含业务事项表、业务流程图表、应用需求表；资源目录包含信息资源表、信息共享需求表和数据字段表；整合框架包含业务整合分析报告、资源整合分析报告和系统整合分析报告。

主题的选择和确定与重点应用系统联系在一起，重点应用系统是根据当前政府重点工作，针对政府主要服务与管理职能，以提高政府服务管理能力而组织建设的信息化应用系统。常见的重点应用项目有：城市环境保护、智能交通、城市运行与管理、地下管线等。

市级政务主题信息资源共享目录项目是根据市重点工作和市级重点应用系统建设的实际需要，在具备一定条件的情况下，有选择地组织编制的。市级政务主题信息资源共享目录项目往往是跨部门和跨单位的，其工作内容和工作协调情况与部门目录编制是有所区别的。

区（县）或委办局内政务主题信息资源共享目录是根据区（县）或委办局重点工作和电子政务重点应用系统建设的实际需要，由区（县）或委办局根据市信息化主管部门要求，自行组织编制的。区（县）或委办局内的政务主题信息资源共享目录往往也是跨部门、跨单位和跨处、科、室的。

8.3.1 业务目录

重点应用项目可分为两类：一类应用主要是业务办理，如政府投资固定资产投资项目管理系统；另一类应用主要是信息共享，如信用信息系统、地下管线系统。以下内容基本是围绕业务办理类应用的政务主题信息资源共享目录的编制而编写的。

目前项目范围划分并没有一定之规，即使是信息共享类应用系统，如果业务办理和业务流程的部分内容包含在重点应用系统中，还是要进行业务方面的梳理和编目，如果信息共享类应用系统功能中，仅仅是信息的展示、比对、校验、清洗、查询、浏览、报表等功能，则可以简化业务目录和业务整合框架的编制，并对其他相关内容进行调整。

业务梳理应该理清业务内容、业务责任单位、业务对象、业务流程、业务材料，明确应用系统建设需求和功能划分。通过编制政务主题信息资源共享目录，掌握业务工作信息、业务使用和产生的信息。

第8章 政务主题应用信息资源的梳理与目录编制

主题业务目录由业务事项表、业务流程图表和应用需求表组成。

8.3.1.1 业务事项表

业务事项表是以业务事项为中心,对产生和使用信息资源的业务进行描述,体现了从业务出发,对信息资源进行梳理的思想。业务事项表由业务指标项组成,通过业务指标项的描述,呈现某个业务范围内的业务要素,揭示业务与信息资源的内在联系,以便从根本上把握信息资源。通过编制业务事项表,可以理清业务的数量、所涉及的信息资源和所涉及的责任单位。

业务事项、业务一级子项、业务二级子项、业务三级子项这些名称在实际工作中可能有,也可能没有,但在编写业务目录时,要求对业务工作进行拆分,根据实际情况进行业务事项的分级和命名。如何拆分业务事项、业务一级子项、业务二级子项和业务三级子项呢?请参考如下的拆分原则:

(1) 尽量把业务拆分为业务事项,在必要的情况下,可在业务事项下面设立子项。

(2) 业务事项、业务一级子项、业务二级子项和业务三级子项,每一级都应该跟随有相应的文件和材料,都应该进行对文件或报表的编写、增补、修改、删除等操作。如果某一个业务步骤,没有对业务书面文件或电子文件的操作,这个业务事项或子项在业务目录中可以忽略。

(3) 一般情况下,应该将业务按流程拆分填写在业务事项和业务一级子项。

(4) 在同一个业务事项或业务一级子项下,不同的业务对象或不同的业务办理事情,可能要求不同的业务材料。一般将这些不同对象和不同材料的需求,体现在业务子项中,即当这种情况发生在业务事项级别时,设立业务一级子项来体现业务的差别和特殊需求;当这种情况发生在业务一级子项时,设立业务二级子项来体现业务的差别和特殊需求。

(5) 业务三级子项是二级子项的进一步细化,是为了备用而设的。

当主题应用涉及多个部门(单位)时,可以先在每个部门(单位)内编制业务事项表,然后再汇总,按照业务办理顺序排序,形成总的业务事项表。

业务事项表中的业务事项内容要求细化到业务岗位,在"业务事项实施单位及工作岗位"指标项下,填写本单位办理此业务事项涉及的单位名称和工作岗位名称,如果涉及多个工作岗位,可填写多个工作岗位名称,名称中间用分号隔开。

填写业务事项所需材料和业务事项产生材料时,注意填写的三个要素。第一个要素是材料来源,比如证明材料,要写明是哪个单位开具的证明材料,如果不知道单位具体名称,可写明是哪类单位开具的证明材料。如果材料来源对于说明材料性质不重要或材料来源具有唯一性的,可以省略不填写材料来源。第二个要素是材料名称,名称要规范,使用正式全称,不使用缩略语。第三个要素是材料的处理,即业务办理人员对材料的创建、查验、追加、修改、批注、签章、复印留底、作废等操作。

业务事项表是业务梳理结果的记录,各单位可以将业务事项表作为业务调查表使用,也可以另行设计业务调查表。表8.1是业务事项表的模板,各部门可直接使用模板,也可以在此基础上根据本单位情况进行扩展。

表 8.1 业务事项表(模板)

业务事项表(模板)																	
1	2	3	4	5	6	7	8	9	10	11	12	13	14	15	16	17	18
业务事项名称	业务一级子项名称	业务二级子项名称	业务三级子项名称	业务事项编码	所属主题应用名称	业务事项办理依据	业务事项简述	业务事项主管单位	业务事项实施单位及工作岗位	业务事项办理涉及的相关单位	服务对象	年业务量/工作量	业务事项所需材料	业务事项产生材料	应用系统名称	……	备注

业务事项表的指标项的说明和填报要求请见表8.2。

表 8.2 业务事项表的指标项的说明和填报要求

指标项	说明和填报要求
业务事项名称	填写能反映业务工作特点,符合行业领域规范,在行业内采用统一、规范的业务事项的名称
业务一级子项名称	填写业务事项下细分的内容,如业务事项的组成部分、业务流程环节等
业务二级子项名称	填写业务事项一级子项下细分的内容,如业务事项一级子项下的组成部分、区分对业务材料的不同要求等
业务三级子项名称	填写业务事项二级子项下细分的内容
业务事项编码	填写对该业务事项的编码,按照政务信息资源标识符编码方案赋码
所属主题应用名称	本业务事项所属的主题应用的名称
业务事项办理依据	填写该业务事项设立所依据的相关法律、法规或者政府相关规定、文件等。尽可能细化到条款。依据可划分如下类别:(1)国家相关规定;(2)市委、市政府相关规定;(3)国家部委相关规定;(4)本单位相关规定;(5)无
业务事项简述	填写对业务事项内容的解释和说明,用来帮助用户理解业务活动,业务简述应包括:主要内容、重要数据和有必要说明的事项等,如说明 (1)业务的背景和要达到的目标。 (2)业务事项办理的过程

续表

指标项	说明和填报要求
业务事项主管单位	填写对该业务事项的主管单位名称（具体到处室和业务岗位）
业务事项实施单位及相关工作岗位	填写对该业务事项的实施单位名称（具体到处室、直属单位和业务岗位），当涉及多个岗位时，岗位名称之间用分号隔开
业务事项办理涉及的相关单位	填写相关单位的名称，如果名称不详时，填写相关单位的类别。 1. 如果该业务事项有协同关系时，即需要多部门合作办理的业务，需填写相关单位名称。多条内容的，请用分号分开。 2. 无交叉、协同业务关系时，填"无"。 这些单位的类别有：（1）国家部委；（2）市委、市政府相关委办局；（3）委办局内处室、直属单位；（4）其他（请用文字说明）
服务对象	填写该项业务的服务对象
年业务量/工作量	填写每年该业务办理的数量，当数量不详时，可填写数量估计值
业务事项所需材料	列出办理本业务事项所需（即输入）的业务材料，多项业务材料可列在同一格内。填写时请包括业务材料来源、名称和业务材料处理方式。 业务事项所需材料的处理方式，一般分为：查验、追加、修改、签章、复印留底、作废等。当材料处理超出上述操作术语范围时，请自行编写。 具体格式是：（来源）（名称）（业务材料处理方式），来源和名称，不用括号，业务处理方式用括号括起来。 如新生儿报户口时需要持父母双方身份证、户口本、结婚证、准生证、出生证明。在这些材料中，身份证、户口本、结婚证、准生证和出生证明的来源具有唯一性，因此来源不用说明，填写内容如下： 父母双方身份证（查验）、户口本（查验、追加）、结婚证（查验）、准生证（查验）、出生证明（查验）
业务事项产生材料	列出办理业务事项时产生的业务材料，多项业务材料可列在同一格内。 具体格式是：来源、名称、业务材料处理方式 业务事项产生材料的处理方式，一般分为：创建、追加、修改、批注、签章等，当业务材料处理超出上述操作术语范围时，请自行编写
应用系统名称	业务办理用到计算机应用系统时，填写系统名称；如果没有用到应用系统填"无"
……	根据具体情况可扩充指标项
备注	填写需要进一步说明的内容

8.3.1.2 业务流程图表

当多个部门协同办公，或单位内部多个处室（科室）协同办公时，可发生多个业务事项之间的业务流程，即多个业务事项之间有前置或后续的关系，有时还有并行的关系。当具有这种业务流程时，请按照本小节的业务流程图表进行梳理和编目，如果在重点应用项目中没有这种业务流程发生，可忽略本小节内容。

政务主题信息资源共享目录中编制的业务流程图表主要是用于梳理和描述跨部门、跨处室的多业务事项的业务活动。通过编制业务流程图表，理清主题应用中的业务办理和协作关系,将由于"机构屏障"而产生的业务活动"碎片"连接起来,形成完整的业务链条,产生清晰明确的业务流程全景图。

业务流程是由业务环节组成的,要把业务环节连接成业务流程,需要了解上一环节的名称或编号,或下一环节的名称或编号。为了简化梳理工作,本书统一规定为了解上一环节名称。当按照上一环节名称,把业务环节串联起来,就形成了完整的业务流程。

当多个部门共同梳理跨部门业务流程时,一气呵成可能比较困难,可采取各单位先分头梳理本单位的业务流程环节,然后大家集体讨论,决定业务流程环节的先后,通过对各个业务流程环节排序,定下业务流程。

记录业务流程可以采用图形或表格的形式。图形方式可清楚显示业务流程的连接关系,直观形象,便于理解;表格方式可清楚记录业务流程的数据,数据属性描述较多,便于后期数据处理。是采取表格的方式还是图形的方式,要取决于如何合并汇总业务流程信息和如何展现业务流程信息。

表8.3是业务流程表的模板,供大家参考,请注意当多个部门分别梳理时,如果上一环节名称和出现次数不确定,可待集体讨论或集体汇总时再定。

表8.3 业务流程表(模板)

业务流程表(模板)									
1	2	3	4	5	6	7	8	9	
主题应用名称	部门名称	办理本环节业务的单位和岗位的名称	本业务流程环节名称	上一环节名称	出现次数	本业务环节的工作内容	本业务环节办理的业务材料	……	备注

业务流程表的指标项的说明和填报要求请见表8.4。

表8.4 业务流程表的指标项的说明和填报要求

指标项	说明和填报要求
主题应用名称	填写主题应用名称的全称
部门名称	办理本环节业务的委办局单位名称
办理本环节业务的单位和岗位名称	办理本环节业务的科室、处室、中心、办公室的名称和相应的工作岗位名称,填写格式是:单位名称(岗位名称)
本业务流程环节名称	实际工作中,该业务环节使用的名称
上一环节名称	本业务环节的上一个业务环节名称,当上一环节具有多个业务环节时,依次填写,用分号分开

续表

指标项	说明和填报要求
出现次数	有以下情况： 0..1：不出现或出现一次； 1：必须出现且只能出现一次； 0..n：不出现或出现多次； 1..n：出现一次或多次
本业务环节的工作内容	该业务环节中做的具体工作内容
本业务环节办理的业务材料	仅在本业务环节处理的业务材料，多项业务材料可列在同一格内。填写时请包括业务材料来源、名称和业务材料处理方式。 业务事项所需材料的处理方式，一般分为：创建、查验、追加、修改、批注、签章、复印留底、作废等。当材料处理超出上述操作术语范围时，请自行编写。 具体格式是：（来源）（名称）（业务材料处理方式），来源和名称，不用括号，业务处理方式用括号括起来。 如新生儿报户口时需要持父母双方身份证、户口本、结婚证、准生证、出生证明。在这些材料中，身份证、户口本、结婚证、准生证和出生证明的来源具有唯一性，因此不必填写。填写结果如下： 父母双方身份证（查验）、户口本（查验、追加）、结婚证（查验）、准生证（查验）、出生证明（查验）
……	根据具体情况可扩充指标项
备注	可填写需要进一步说明的内容

8.3.1.3 应用需求表

通过编制应用需求表，理清应用需求及相关的单位和业务事项，初步对应用功能进行定义。

每个应用主题编制一个应用需求表，通过应用需求表将应用需求信息概括出来，再通过需求分析，找出业务、应用需求与应用系统功能之间的关系，对应用需求进行划分。

当主题应用涉及多个部门或单位时，可由每个部门或单位编制本部门或单位的应用需求表，然后再汇总合并，形成总的应用需求表。

应用需求划分为总体需求和具体需求，总体需求是从领导角度提出的，语言简练而高度概括；具体需求是对总体需求的细化，是从办事操作的角度提出的，要把具体操作完成的每一个小任务，如填写一份申请表，每月统计数字等，整理成一个小需求点，列在具体需求表格中。

具体需求是应用需求表的基本记录，每个具体需求需填写一行。

表8.5是应用需求表的模板，可直接使用模板，也可以在此基础上根据本单位情况进行扩展。在各单位分别梳理时，应用功能定义可暂时不填，待集体讨论或集体汇总时再定。

表 8.5　应用需求表（模板）

应用需求表（模板）				
总体需求				
序号	具体需求	涉及部门	相关业务事项名称	应用功能定义

表 8.6 是应用需求表的指标项的说明和填报要求。

表 8.6　应用需求表的指标项的说明和填报要求

指标项	说明和填报要求
总体需求	对重点应用建设的总体目标和任务的描述
序号	填写流水号，从 1 开始
具体需求	对具体的操作任务的描述，每个具体需求是一个需求点
涉及部门	该应用所涉及的业务部门名称
相关业务事项名称	具体需求所对应的业务事项名称，可填写多个业务事项，业务事项名称应该与业务事项表中的业务事项名称相同
应用功能定义	根据需求分析，对应用功能的初步定义和描述
……	根据具体情况可扩充指标项

8.3.2　资源目录

主题信息资源目录的编制要求是理清业务产生和使用的信息、信息与业务事项的关联、责任单位、信息需求和信息共享的内容、信息共享交换相关的属性、数据字段的属性。

对于本行业、本领域还没有数据字段标准或参考数据字段的单位，为了满足重点应用系统建设的需要，可以考虑结合政务主题信息资源共享目录编制相应的数据字段表。项目结束之后，请注意对本行业、本领域的数据字段进行综合集成，形成一体化的数据字段标准。

主题信息资源目录包括信息资源表、信息共享需求表和数据字段表三个部分。

8.3.2.1　信息资源表

信息资源表是对信息资源相关内容进行的描述，其由信息资源指标项组成。这些指标项来自国家标准和地方标准（政务信息资源目录体系），体现了信息资源管理的各个基本要素（对于标准中个别元数据项，由技术人员补充填写）。

编制信息资源表，将包括涉及重点应用系统的相关单位。其中既包括提供信息的单位，也包括使用信息的单位，因此表内的信息将包括主题应用项目范围内的大多数信息，

第8章 政务主题应用信息资源的梳理与目录编制

既包括参与单位内部自己使用的信息,也包括参与单位之间互相交换共享的信息。

通过编制信息资源表,可以理清信息资源的数量、所涉及的管理责任、共享、存储等相关的属性。

表 8.7 是信息资源表的模板,各部门可直接使用该模板,也可以在此基础上根据单位情况进行扩展。

表 8.7 信息资源表(模板)

信息资源表(模板)																					
1	2	3	4	5	6	7	8	9	10	11	12	13	14	15	16	17	18	19	20	21	22
资源名称	资源一级子项	资源二级子项	资源三级子项	资源所属业务事项	资源类别	资源编码	资源描述	资源提供单位	资源使用单位	资源责任单位	数据采集途径	更新周期	资源共享范围	资源共享方式	资源安全级别	涉及的数据库名称	资源产生位置	资源存储位置	资源存储方式	…	备注

信息资源表以表头指标项为基本单位,通过指标项的描述,揭示信息资源的基本内容和属性特征,表 8.8 是信息资源表指标项的说明和填报要求。

表 8.8 信息资源表指标项的说明和填报要求

指标项	说明和填报要求
资源名称	在业务事项中所需和产生的信息资源名称,可从业务信息调查表中的业务事项所需材料和业务事项产生材料中提取。要求能反映部门业务工作特点,符合行业领域规范
资源一级子项名称	资源可以是一个或多个表格、文书、报告等的集合,根据资源内容,资源可以划分多个一级子项,一级子项是资源的子集
资源二级子项名称	一个一级子项可以划分多个二级子项,二级子项是一级子项的子集。若一个一级子项对应唯一的表格、文书或报告等,即视为无二级子项
资源三级子项名称	一个二级子项可以划分为多个三级子项,三级子项是二级子项的子集
资源所属业务事项	产生该信息资源的业务事项名称。从业务信息调查表中的业务事项(或业务一级子项、业务二级子项或业务三级子项)名称中提取,注意需从最小业务子项中提取
资源类别	填写所需材料或产生材料
资源编码	信息资源编码分为前段码和后段码,前段码为机构编码,之后为流水顺序编号
资源描述	该信息资源内容、作用的简要描述
资源提供单位	该信息资源的提供单位,可以与资源责任单位相同,也要具体到处室或直属单位
资源使用单位	该资源的使用单位的名称
资源责任单位	该信息资源的责任单位,填写单位名称

续表

指标项	说明和填报要求
数据采集途径	以下三种情况选填其一： 采集产生：面向业务对象采集的数据，或管理对象报送的数据；例如，申请表。 流程产生：业务办理流程中产生的数据；例如，审批表。 综合统计产生：综合统计形成的数据（用于决策支撑）；例如，报表数据
更新周期	填写该信息资源更新的周期。分为实时、每日、每周、每月、每季、每年等
资源共享范围	填写可面向社会公众公开、政府各部门（各委办局）间可共享、部门（委办局）内部可共享、依法专用。请列举具体的单位名称（具体到处室或直属单位）
资源共享方式	填写可以全部共享、可以部分共享、不能共享。如果可以共享请填写：网上发布、纸制报表，电子文档，系统接口，其他
资源安全级别	□未分级 □内部 □秘密 □机密 □绝密
涉及的数据库名称	如有数据库支撑，请填写数据库名称，如果不清楚数据库名称，可填写应用系统名称。如果没有请填写"无"
资源产生位置	填写该资源产生的具体地理位置
资源存储位置	填写该资源存储的具体位置（处室、直属单位），如什么部门的什么处室或什么信息系统中
资源存储方式	填写下列内容：纸质、电子表格、系统数据库存储、其他
……	根据具体情况可扩充指标项
备注	填写需要说明的其他情况

8.3.2.2 信息共享需求表

信息资源表中的信息共享需求表，记录了主题应用系统对外提供共享的信息资源，也记录了对主题应用范围之外其他信息资源的需求（请注意政务主题信息资源共享目录与部门信息资源目录的区别）。参与主题应用项目建设的相关部门之间存在数据共享交换时，其信息共享需求的描述，包括在信息资源表当中。

信息共享需求表中填报的信息资源，应该尽量详细，最好可提供到数据字段的信息，如果无法提供数据字段的名称，也要求提供表单、报表、图件的名称。

当表8.9中"类别"为提供时，此条记录是共享提供信息的记录；当表8.9中"类别"为需求时，此条记录是共享需求信息的记录。

表8.9 信息共享需求表（模板）

信息共享需求表（模板）									
1	2	3	4	5	6	7	8	9	10
信息资源名称	简要说明	类别	资源需求或资源使用单位名称	资源提供单位名称	相关业务事项名称	资源共享范围及提供方式	提供信息的应用系统或数据库名称	使用信息的应用系统或数据库名称	备注

第 8 章 政务主题应用信息资源的梳理与目录编制

信息共享需求表的指标项的说明和填报要求请见表 8.10。

表 8.10 信息共享需求表的指标项的说明和填报要求

指标项	说明和填报要求
信息资源名称	共享需求或共享提供涉及的信息资源名称
简要说明	信息资源的简单描述
类别	分为需求类信息和提供类信息，如果单位是对外提供信息的，填写"提供"；如果单位需要其他单位提供信息，填写"需求"
资源需求或资源使用单位名称	需要信息资源的单位名称
资源提供单位名称	对外提供信息资源的单位名称
相关业务事项名称	与此信息资源相关的业务事项名称
资源共享范围及提供方式	填写：可以全部共享、可以部分共享。如果可以共享（含全部共享或部分共享）请填写：网上发布、纸制报表，电子文档、系统接口共享交换平台，其他
提供信息的应用系统或数据库名称	与此信息资源相关的、对主题应用系统提供此信息资源的应用系统或数据库名称
使用信息的应用系统或数据库名称	与此信息资源相关的、使用来自此主题应用系统信息资源的应用系统或数据库名称
……	根据具体情况可扩充指标项
备注	可填写需要进一步说明的内容

8.3.2.3 数据字段表

在结构化数据中，数据字段（也称之为数据项、数据元）是数据的最小单元，将结构化数据中的数据字段登记入表，就构成了数据字段表。数据字段表包含的内容主要是基础数据，基础数据是业务数据中最常用和最基本的数据。

编制数据字段表的目的是理清数据字段的数量，规范数据名称标识和数据代码取值，使数据实现"同义同名"，减少或消除"同义异名"和"同名异义"现象，实现数据代码的统一规范、共同使用，在本单位的业务工作和信息化工作中形成统一的数据字段标准。

如果本行业、本单位还没有发布针对数据字段的标准，为了满足重点应用系统建设的需要，政务主题信息资源共享目录编制单位可以考虑编制相应的数据字段表。如果本行业、本单位已经具有针对数据字段的标准，可以直接使用这些标准，并根据实际需要，进行相应的扩展、补充、完善。在扩展、补充、完善数据字段标准之后，请注意与已有的本行业、本单位的标准数据字段进行综合。

根据有关电子政务数据元的相关标准，本书确定了数据字段指标项，设计了数据字段表的模板，如表 8.11 所示，各单位可酌情采纳。

表 8.11 数据字段表（模板）

数据字段表（模板）									
1	2	3	4	5	6	7	8	9	10
数据字段中文名称	数据字段字母名称	数据字段编号	资源名称	数据字段定义	数据字段类型	数据格式	父节点	值域	计量单位

数据字段表的指标项的说明和填报要求请见表 8.12。

表 8.12 数据字段表的指标项的说明和填报要求

指标项	说明和填报要求
数据字段中文名称	为该数据字段的单个或多个中文字词的名称。 数据字段中文名称的命名应遵守唯一性、语义和语法规则。 唯一性规则 规则 1：在一定语境下数据字段名称应该唯一，名称中一般包括对象类词、特性词、表示词和限定词。 例如，在数据字段"安检类型代码"中，"安检"为对象词，"类型"是该数据字段的特性词，"代码"是该数据字段的表示词。 语义规则 规则 2：对象词表示数据字段所属的事物或概念，它表示某一语境下一个活动或对象，它是数据字段中占支配地位的部分。 规则 3：数据字段名称中应该有一个且仅有一个对象词。 规则 4：特性词是表示数据字段的对象类的显著的、有区别的特征。 规则 5：数据字段名称中应有一个且仅有一个特性词。 规则 6：表示词是数据字段名称中描述数据字段表示形成的一个成分。它描述了数据字段有效值集合的格式。 规则 7：数据字段名称中应有一个且仅有一个表示词。 规则 8：当需要描述一个数据字段并使其在特定的语境中唯一时，可以使用限定词对对象类词、特性词或表示词进行限定。限定词是可选的。 语法规则 规则 9：对象词应处于名称的第一（最左）位置。 规则 10：特性词应处于第二位置。 规则 11：表示词应处于最后位置。 规则 12：限定词可以附加到对象类词、特性词和表示词上。限定词应位于被限定成分的前面，限定名称的顺序的不同不能用于区别不同的数据字段。 规则 13：当表示词与特性词有重复或部分重复时，此时，可以从名称中将冗余词删除掉。
数据字段字母名称	数据字段的英文名称或汉语拼音名称

第8章 政务主题应用信息资源的梳理与目录编制

续表

指标项	说明和填报要求
数据字段编号	数据字段编号为数据字段的特征号,它反映该数据字段在数据字段集的排列位置。长度为11位,规则如下: 第一、二位为字母,代表所属主题域,例如,通用为TY、公路为GL、车辆为CL、港口为GK、航道为HD、船舶为CB; 第三、四位为数字,代表数据字段所属信息类顺序号; 第五、六位为数字,代表数据字段所属信息类一级分类顺序号; 第七、八位为数字,代表数据字段所属信息类二级分类顺序号; 第九、十、十一位为数字,代表某一级分类下的数据字段的序号,从001开始顺序编码。 一、二、三级分类顺序号从左向右顺序排列,每级分类顺序号从01开始,无某级分类的,则该级编号为00,该级分类名称为空
资源名称	数据字段所属信息资源项(表单、文件、图件等)的中文名称
数据字段定义	表达一个数据字段的本质特性并区别于所有其他数据字段的陈述
数据字段类型	该数据字段的数据类型,可以使用字符型、数字型、日期型、日期时间型、布尔型、二进制型等6种
数据格式	该数据字段从业务的角度规定的数据字段的格式需求,包括所允许的最大和/或最小字符长度,数据字段内容的表示格式等(一个汉字占两个字符)。数据格式中使用的字符含义如下: a　　　　　　　　=字母字符 n　　　　　　　　=数字字符 an　　　　　　　=字母数字字符 m(m=为自然数)=定长m个字符(字符集默认为GB2312) ..ul　　　　　　　=长度不确定的文本 ..　　　　　　　　=从最小长度到最大长度,前面附加最小长度,后面附加最大长度 YYYYMMDDhhmmss = "YYYY"表示世纪和年份,"MM"表示月份,"DD"表示日期,"hh"表示小时,"mm"表示分钟,"ss"表示秒,可以视具体实际情况组合使用。 True/False　　　　=布尔型 例1,an5(aannn)表示定长5个字母数字字符,前2个为字母字符,后3个为数字字符; 例2,an3..8表示最大长度为8,最小长度为3的不定长字符。 例3,n..8,4表示该数值最大长度为8位整数、4位小数。 例4,True/False表示该数值为布尔型。 如果"数据字段值的类型"是"二进制",在数据格式中应标出二进制的具体格式,如"JPEG"等
父节点名称	一组数据字段中位于上层的数据字段中文名称。当有多组数据字段嵌套时,在本组父节点的记录中,填写上一层组的父节点数据字段中文名称。 如某统计表中有单位总人数、其中男职工人数、女职工人数三个字段。在总人数、男职工人数、女职工人数三个数据字段中,总人数是父节点,男人数、女人数是子节点

续表

指标项	说明和填报要求
值域	该数据字段内容的代码取值，根据数据字段的类型、数据格式而决定的数据字段的允许值的集合。该集合可以通过以下方式给出： ——通过名称给出，即直接指出值域的名称，比如数据字段"两字母国家代码"的值域是 GB/T2659-2000《世界各国和地区名称代码》中的全部两字母代码； ——通过参考资料给出，比如数据字段"产品条码"的值域是已经在物品编码中心注册的所有产品的条形码； ——通过一一列举的方式给出所有可能的取值以及每一个值对应的实例或含义； ——通过规则间接给出，比如数据字段"隧道代码"的值域是引用《公路隧道代码》，而公路隧道代码采用 JTJ 001 第 8.0.3 条的规定； ——无要求
计量单位	属于数值型的数据字段值的计量单位

8.3.3 业务与资源整合框架

政务信息资源目录建设要体现信息整合与共享，这是电子政务建设方向性的要求。下面讨论的政务信息资源整合分析，就是在整合需求和整合条件具备的前提下，对整合层次和整合方式的说明。

整合可从业务、信息资源和系统三个层次上考虑。业务整合的含义是对业务运作和业务流程进行统筹考虑，尽量合并能够合并的业务事项，或业务流程环节，通过合并简化，达到改进工作、提高效能、加强服务的目的。信息资源整合的含义是把一部分或全部数据进行合并统一，形成单一的数据定义和数据存储，在一定的范围内（如主题应用范围内、行业范围内等），形成一致的数据视图。信息资源整合的目的是加强信息共享和利用，提升数据规范化、数据共享复用的水平，改进数据质量。系统整合的含义是对多个信息应用系统（已建的、或新建的）进行合并或连接，以提高或丰富系统功能，满足服务型政府运作的要求，同时降低运行维护成本，改进应用效果。

政务信息资源整合分析的工作由两部分组成：第一部分是对政务主题信息资源共享目录的初步工作成果进行合并梳理，形成最终的政务主题信息资源共享目录。第二部分是深入分析业务、信息资源和系统的整合思路，形成业务整合分析报告、资源整合分析报告和系统整合分析报告。

现阶段政务信息资源整合分析的编制要求是通过整合，删除重复，减少环节，优化流程，共享数据，提高质量，降低成本。

具体的政务信息资源整合分析内容详见本书第 10 章。

8.4 工作步骤

政务主题信息资源共享目录的编制工作比较复杂,我们开发了配套的工具软件系统,下面结合工具的使用说明此项工作的主要阶段和步骤。实施分为四个阶段进行:梳理阶段、分析整合阶段、验收与登记阶段、目录应用阶段。具体可分为以下九个步骤:

步骤一:准备。

步骤二:录入主题介绍信息。

步骤三:梳理部门内业务和信息资源。

步骤四:梳理跨部门业务协同关系。

步骤五:形成主题目录整合结果,在目录组内进行审核。

步骤六:在各参与单位进行主题目录的审核确认。

步骤七:对项目申报信息进行补充、修改、确认。

步骤八:汇总成果。

步骤九:登记目录。

1. **准备。** 由牵头单位统一组织,协同单位参加,成立项目组,确定参与编目的人员;在各单位之间进行工作分工,建立单位之间的沟通机制;根据以前编目情况和业务与信息资源的梳理,确定使用哪些已有的材料;以编目指南中的标准模板为基础,结合本单位的特点,进行必要的补充,形成本项目的模板;确定编目工作方案;准备参考资料和软件工具;进行培训和试点。

2. **录入主题介绍信息。** 每个主题目录安装一个主题目录版编目工具软件,由牵头单位负责安装和维护管理,各参与单位可通过网络使用;牵头单位在工具中选择主题名称和输入主题介绍信息;从已有主题名称中选择,可根据需要修改名称;或输入新的名称;输入主题介绍信息。根据项目(系统)建设或改进需求,确定并录入一级主题和或二级主题的项目(系统)的简单介绍,可以包括系统建设目标、主要功能、涉及的单位和角色、项目的建设周期、应取得的成果和效益等。作为对相关主题的细化,也是对参与该主题的相关业务和资源进行梳理和整合的指导信息。

3. **梳理部门内业务和信息资源。** 各参与单位分别录入自己的业务和信息资源情况,方法有两种:

方法1:直接录入。直接在主题目录版工具中梳理录入该主题所涉及的部门内部的业务与资源,业务与资源均可细化到三级子项。在业务梳理中尽可能录入该项业务的前置业务和前置单位,在资源梳理时尽可能录入该资源的提供单位和使用单位,为业务和资源整合提供参考依据。如果已有的目录资料不够详细或遗漏了主题目录需要的内容,相关单位可组织进行必要的调查,补充完善或深化细化已有目录的内容,然后录入到工具中。

方法2:导入电子表格。充分利用前期部门编目成果,使用工具提供的导入导出功能把业务和资源梳理的电子表格导入到主题目录版中的指定主题下即可。对导入后的业务和资源还可进行二次筛选的修改编辑。部门内的业务要求给出详细的业务流程图,业务流程应细化到环节,并将业务流程图上传到工具软件系统中。

4. 梳理跨部门业务协同关系。由牵头单位负责进行各协同单位的资料汇总,汇总工作通过主题目录版编目工具进行。汇总的过程是业务协同关系的分析梳理过程。工作重点是确定业务和资源的接口信息,形成业务环节的流向和业务与资源的关系。每个业务的前置单位和前置业务要梳理清楚,每个信息资源的提供单位和产生单位要梳理清楚。必要时由牵头单位召集相关协同单位人员讨论确定。对主题业务流程进行整合,生成主题目录下所有的业务汇总表等编目成果。

5. 形成主题目录整合结果,在目录组内进行审核。由牵头单位负责,从编目工具中生成主题目录汇总整合结果。主题目录整合结果先在主题目录工作组内部进行审核,要设定跨部门业务流程中的前置单位和前置业务、确定跨部门的业务协同关系、检查业务和信息资源内容的准确性和规范性、检查业务和信息资源的顺序是否正确。需要修改时,由原录入单位在编目工具中进行修改。

6. 在各参与单位进行主题目录的审核确认。各参与单位分别从编目工具中导出供领导审核确认的材料,要对主题目录整合结果进行审核、确认,并根据领导指示进行相应的修改。对完成审核、确认、修改的主题目录材料进行整理,将整理后的材料重新导入到编目工具中。

7. 对项目申报信息进行补充、修改、确认。补充、修改、完善项目基本信息,对项目业务信息和资源信息进行修改、确认,最终生成本主题应用项目申报相关文档。

8. 汇总成果。政务主题信息资源共享目录编制成果主要包括:主题目录的部门业务列表、主题目录的部门资源列表、主题目录的部门内部业务流程图、主题目录的所有业务汇总表、主题目录的所有资源汇总表、主题目录的可交换资源汇总表、主题目录的采集资源汇总表、主题目录的产生资源汇总表、主题目录的跨部门业务流程图、主题目录的部门内部业务流程图、主题目录的协同单位流程图、项目申报基本信息表、项目申报业务信息表、项目申报数据信息表。

9. 登记目录。登记工作由牵头单位负责,按照目录管理办法的要求,在市共享交换平台上进行登记注册。

由于整合优化较为复杂，请参阅第 10.9 节中的详细论述。

8.5 业务和信息资源的梳理

8.5.1 资料收集和研究

要从多个渠道，采取多种方式，收集梳理资料。如果条件具备，从已建应用系统和数据库入手进行调查，是一种快速启动的好方法。从已建应用系统和数据库入手进行信息资源调查的详细介绍请参考第 7.5 节。

8.5.2 应用需求调研

重点应用需求是重点应用系统建设工作的基础与指导，只有目录编制与应用需求相结合，才能梳理出有针对性的目录成果。这就需要前期对主题相关业务进行全面的调研，对重点应用建设需求进行全面了解，包括收集该主题的相关资料，深入主要业务处室调查实际应用需求等。同样在政务主题信息资源共享目录编制的过程中，我们将会逐步深入了解到主题应用的需求，对需求进行更深层次的挖掘。

本阶段主要的工作是对重点应用进行需求调研，并在此基础上进行分析、梳理；确定应用所涉及的部门及处室。

调研中要收集大量与主题应用相关的材料，对资料进行充分的分析。通过分析研究，掌握主题应用的相关业务知识并为主题应用范围及需求的确定奠定基础。除了大量的资料收集外，还需要与一线业务人员进行充分的沟通，因为业务人员才是最了解业务的，只有了解了重点应用业务，才能充分地理解和掌握整个主题应用的建设方向，有针对性地开展政务主题信息资源共享目录的编制工作。

在应用需求调研的过程中主要以重点应用牵头部门相关的领导为调研对象，通过访谈等调研方式，了解应用需求、应用系统期望、各部门主要业务职能等信息，并请领导把关。在此基础上，对需求进行汇总，根据需求类型列出具体需求，在此基础上进行应用功能划分，最后形成应用需求目录。

8.5.3 进行分析梳理

主题应用信息资源共享目录下的业务和信息资源的分析梳理与部门目录中的梳理工作

相类似，请参考第 7.5 节。

当进行跨部门的主题目录梳理工作时，在对各部门的信息资源目录初步成果进行汇总时，还要进行一遍业务和信息资源的检查，以发现不同部门之间对业务和信息资源描述的分歧，还要把跨部门的业务流程进行对接，理顺业务流程环节和相关信息资源。

8.6 目录的生成

形成政务主题信息资源共享目录是利用调查研究获得的原始材料，进行分析梳理工作，然后通过分别编制业务事项表、业务流程图、应用需求表、信息资源表、信息共享需求表、业务整合分析报告、资源整合分析报告和系统整合分析报告完成的。

政务主题信息资源共享目录的编制结果可以是书面文件，但提倡使用电子文件，在有条件的地方，建议使用软件工具进行政务主题信息资源共享目录编制和在数据库中保存编目结果。

不管使用哪种形式，对于编目原始资料要妥善保管，以便在目录修订、目录审核和目录深化细化时使用。当使用计算机编目工具保存编目成果的时候，应考虑把编目原始资料加工后录入计算机系统。

目录表的每个指标项都应该填写，表格部分内容的漏填，会造成信息不全，降低了目录表的信息含量和使用价值。当目录表中的漏填项较多时，要分析原因，采取措施，争取将漏填项补上。

8.6.1 生成业务事项表

编制业务事项表与编制部门业务目录基本相同，请参见第 7 章中第 7.6.1 小节。下面以建设项目环保审批业务事项为例，说明如何编制业务事项表。

依据《中华人民共和国环境保护法》，对建设项目要进行环境保护审批。"建设项目的环境影响报告书，必须对建设项目产生的污染和对环境的影响作出评估，规定防治措施，经项目主管部门预审并依照规定的程序报环境保护行政主管部门批准。环境影响报告书经批准后，计划部门方可批准建设项目设计任务书。"

表 8.17 是使用建设项目环保审批业务填写业务事项表的举例（举例仅列出了业务事项表的部分指标项）。

第 8 章 政务主题应用信息资源的梳理与目录编制

表 8.17 业务事项表（以建设项目环保审批业务为例）

表头	填报内容	点评
业务事项名称	建设项目环保审批	
业务事项编码	110029/YA120003	编码规则见《政务信息资源编码方案》
所属主题应用名称	城市环境保护	
业务事项主管单位	环境影响评估管理处	
业务事项实施单位	环境影响评估管理处	
业务事项办理涉及的其他相关单位	1. 市政府与建设项目审批相关的委办局，如市发展改革委等；2. 委办局内处室、直属单位：辐射处，水环境管理处，大气处，噪声处，固体废物管理中心	
服务对象	建设项目单位	
业务事项办理依据	1. 国家相关规定：《中华人民共和国环境保护法》第13条，《中华人民共和国大气污染防治法》第11条第1、2款，《中华人民共和国水污染防治法》第13条第1、2款，《中华人民共和国固体废物污染环境防治法》第13条，《中华人民共和国环境噪声污染防治法》第13条，《中华人民共和国放射性污染防治法》第29条，《中华人民共和国环境影响评估法》第22条第1款，《建设项目环境保护管理条例》第9条，《放射性同位素与射线装置安全和防护条例》第33条、第36条第2款；2. 市委、市政府相关规定：《北京市环境保护局关于转发〈北京市人民政府关于建设项目环境影响评估文件审批权限的批复〉的通知》；3. 国家部委相关规定：《建设项目环境保护分类管理名录》，《建设项目环境影响评估文件分级审批规定》，《关于加强建设项目环境影响评估分级审批的通知》，《关于加强环保审批从严控制新开工项目的通知》；4. 单位相关规定：《北京市环境保护局关于转发〈北京市人民政府关于建设项目环境影响评估文件审批权限的批复〉的通知》，《北京市环境保护局关于开展网上审批有关问题的通知》	
业务办理简述	对建设单位报送的建设项目环境影响报告书及相关文件按照许可条件进行审查，作出准予许可或者不准予许可的决定	
业务事项所需材料	建设项目环境管理申请登记表、建设项目环境保护审批登记表、环境影响报告书、项目建议书、有关主管部门对项目建议书的批复、拟建项目实施地点地形图、行业主管部门的预审意见（需要时）、建设项目环境影响论证会或听证会的结果（需要时）、放射性同位素和射线装置项目的相关材料（需要时）、企业法人营业执照或事业单位法人证正本复印件、退役项目另附污染治理实施方案	当审批材料为《环境影响报告书》、《环境影响报告表》、《环境影响登记表》时，审批时限有所区别

续表

表头	填报内容	点评
业务事项产生材料	市级环保主管部门内部过程控制单、市级环保主管部门对环评文件的批复	
应用系统名称	某市级环保主管部门网上办公系统	
备注	按照市固定资产投资项目审批流程，对于政府投资的审批类项目，需先经市发展改革委预审，再审批环评文件；对于非政府投资的核准类项目，直接审批环评文件；对于非政府投资的备案类项目，需先经市发展改革委备案，再审批环评文件	

8.6.2 生成业务流程图

业务流程图将业务办理单位与业务办理活动连接起来，展示了业务协同关系和工作步骤，是描述业务的好形式。

根据调查材料，在完成业务事项表之后，可着手编制业务流程图。在政务主题信息资源共享目录中编制业务流程图，可分两层进行绘图，第一层是描绘业务事项之间的业务流程，第二层是描绘业务事项内部的业务流程。

图 8.1 是办理施工许可的部分业务流程图，涉及路政部门、公安部门、园林绿化部门、建筑主管部门等。

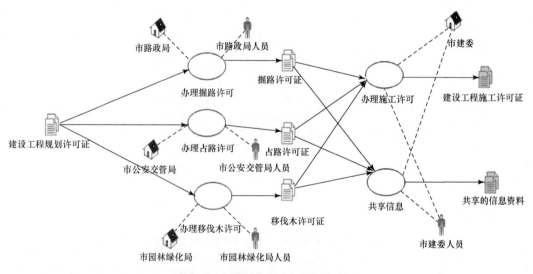

图 8.1 办理施工许可的业务流程图

8.6.3 生成应用需求表

应用需求表以直观的形式描述应用需求信息，并将应用需求信息与业务事项和应用系

第8章 政务主题应用信息资源的梳理与目录编制

统中的应用功能划分关联在一起,引导人们从业务分析过渡到系统功能的分析。

每个应用系统仅与部分业务事项相关联,这些业务事项将列在应用需求表中。应用需求分为总体需求和具体需求,总体需求列出整个应用系统的工作目标和解决的实际问题,具体需求列出每项工作的依据文件和工作内容。下面以房屋管理业务为例,说明应用需求表的填写,如表 8.18 所示。

表 8.18 应用需求表(以房屋管理业务为例)

房屋管理业务应用需求表(举例)				
总体需求	房地产业是国民经济的重要支柱产业,加快房地产市场信息系统,是加强和改善房地产市场宏观调控的重要基础工作。通过房地产市场信息系统,实现全面、及时、准确了解掌握房地产市场信息,加强市场监测,科学判断房地产市场和经济形势,有效地实施宏观调控,促进房地产市场持续健康发展,解决房地产市场信息不全面、有效性不够、透明度不高的实际问题			
序号	具体需求	涉及部门	相关业务事项名称	应用功能定义
1	按照《房地产测量规范》等国家标准和全市政府规定,依法做好房地产测量与房屋面积计算管理工作,对房屋进行实测和预测。测绘机构到市测绘所进行实测成果备案	某市级房地产勘察测绘单位	房产测绘成果备案	测绘成果备案后,市测绘所将测绘成果在系统中转化为测绘楼盘表
2	按照《中华人民共和国城市房地产管理法》,已交付全部土地使用权出让金并取得国有土地使用权证,属于预售经济适用住房的,应当取得城镇建设用地批准书;取得建设工程规划许可证和施工许可证;按提供预售的商品房计算,投入开发的建设资金达到工程建设总投资的 25% 以上;已确定竣工日期,且满足建设主管部门公布的预售最长期限,给予商品房预售许可	房屋交易市场管理处	商品房预售许可	行政相对人提交预售商品房申请表、商品房预售方案和本项目拟预售房屋的楼盘表等文件,进行预售许可网上申请审批
3	按照北京市关于商品房(预售、现房)买卖合同网上认购和签约的有关文件,通过网上认购和签约的手段,提高商品房交易信息的透明度,规范商品房销售行为,维护商品房买卖双方的合法权益,维护房地产市场秩序。出卖人与购房人签订《北京市商品房现房买卖合同》和《商品房认购书》,下载打印《北京市房屋权属转移登记申请表》	房屋交易市场管理处	商品房预售和商品房现房销售合同的网上认购和签约的管理	商品房(预售、现房)合同网上签约

8.6.4 生成信息资源表

编制信息资源表与部门政务信息资源目录中的资源目录基本相同,请参见第 7 章第 7.6.2 小节。下面以建设项目环保审批业务的信息资源为例,说明如何编制信息资源表,如表 8.19 所示(表中仅列出了信息资源表的部分指标项)。

表 8.19 信息资源表(以建设项目环保审批业务的信息资源为例)

资源名称	资源编码	业务事项名称	资源类别	资源责任方	资源摘要
建设项目环境影响报告书	110029/ZA120001	建设项目环保审批	所需材料	环境影响评估管理处	建设单位聘请具备资质的环评单位编写的建设项目环境影响报告书
《建设项目环境影响报告表》	110029/ZA120011	建设项目环保审批	所需材料	环境影响评估管理处	建设单位委托有资质的环评单位编制的建设项目环境影响报告表
《建设项目环境保护审批登记表》	110029/ZA120013	建设项目环保审批	所需材料	环境影响评估管理处	建设单位编写的建设项目有关反映建设项目情况的表格
北京市建设项目环境管理申请登记表	110029/ZA120002	建设项目环保审批	所需材料	环境影响评估管理处	建设单位填写的建设项目基本情况的表格

8.6.5 生成信息共享需求表

共享信息资源经常涉及两个以上的单位,信息可能一次收集不齐,要多次填写才能完成。下面以部分城市环境保护共享信息资源为例,说明信息共享需求表的填报,如表 8.20 所示。

表 8.20 信息共享需求表(以部分城市环境保护共享信息资源为例)

信息共享需求表							
信息资源名称	简要说明	类别	资源需求或资源使用单位名称	资源提供单位名称	相关业务事项名称	资源提供方式	相关应用系统名称	备注
区(县)自然保护区个数、占地面积		提供	某市级统计部门	某市级环保部门		通过前置机共享,通过接口直接共享,邮件,拷盘		
建设项目环境保护的审批情况		提供	某市级建设主管部门	某市级环保部门		共享交换平台,前置机,接口		
环保工程施工信息		提供	某地方税务部门	某市级环保部门				
监测噪声资料		提供	某市级园林绿化主管部门	某市级环保部门		前置机		

8.6.6 生成数据字段表

如表8.21所示,以机动车基本信息[33]为例,说明数据字段表的编制。

表8.21 数据字段表(以机动车基本信息为例)

机动车基本信息									
1	2	3	4	5	6	7	8	9	10
数据字段中文名称	数据字段字母名称	数据字段编号	资源名称	数据字段定义	数据类型	数据格式	父节点	值域	计量单位
车辆牌照号	che-liang-pai-zhao-hao	CL010100001	机动车登记表	公安车管部门核发的机动车牌照号码	字符型	an3..20	机动车		
业户名称	ye-hu-ming-cheng	CL010100002	机动车登记表	从事道路运输业的经济实体名称	字符型	an..100	机动车		
车牌颜色	che-pai-yan-se	CL010100003	机动车登记表	机动车牌照的颜色	字符型	n1	机动车	见 DM_CPYS-DM《车牌颜色代码》,参照JT/T 415《道路运政管理信息系统 编目编码规则》	

8.7 举　　例

由于主题范围的选择,在各个单位各不相同,因此存在多种政务主题信息资源共享目录的样式。下面以城市环境管理政务主题信息资源共享目录为例,说明政务主题信息资源共享目录的编制思路和方法。

市政管理部门是负责城市市政基础设施、公用事业、环境卫生、城市市容环境综合整治和城市管理综合执法工作的政府组成部门,具体管理工作涉及供气、供热、加油(气)站、城市市容市貌、环境卫生、夜景照明工程、户外广告、城市环境综合整治、城市地下管线、输油气地下管线、城市地下检查井井盖设施等方面工作的技术、运行、服务、供应等管理标准和规范、协调、组织和管理工作。

城市环境管理一般划分为市容环境管理和环境卫生设施管理。城市环境管理业务系统一一般包括垃圾渣土运输监控管理系统、环卫设施管理信息系统、扫雪铲冰作业监控系统等应用系统,为了加强政务协同,加强城市环境管理领域的政务信息资源建设,加强业务应用系统的整合,市政管理部门启动了城市环境管理政务主题信息资源共享目录的编制工作。经过业务人员和技术人员的共同努力,初步完成了城市环境管理领域的业务目录和政务信息资源目录。表8.25和表8.26是简化的这一目录的部分内容,供读者参考。

表8.25 城市环境管理的业务目录

序号	业务事项名称	业务一级子项名称	业务事项编码	业务事项主管单位	涉及的其他单位	服务对象	业务事项简述	业务事项办理流程	业务事项所需材料	业务事项产生材料	业务事项应用系统
1	设置建筑垃圾、渣土消纳场所许可		110017/YA070015	市容环境管理处	市容处	1. 企业单位	准运许可按照市政管委《关于印发实施渣土消纳许可等八项行政许可事项程序文书的通知》的规定办理	1. 受理; 2. 审查; 3. 决定; 4. 送达和备案 5. 公开许可	1. 建筑垃圾、渣土消纳场所土地用途证明; 2. 建筑垃圾、渣土消纳场所坐标图、场所布局图; 3. 垃圾渣土管理处置方案; 4. 对废混凝土、金属、木材等回收利用的方案; 5. 工商营业执照(留存复印件)或者预先核准名称通知书(留存复印件); 6. 市政管委统一格式的书面申请	1. 建筑垃圾、渣土消纳场所行政许可受理证明书; 2. 建筑垃圾、渣土消纳场所行政许可不予受理决定书; 3. 建筑垃圾、渣土消纳场所行政许可补齐补正材料告知书; 4. 建筑垃圾、渣土消纳场所行政许可决定书	市建筑垃圾管理信息系统
2	运输垃圾、渣土、砂石、土方、灰浆等流体、散装货物车辆准运许可(简称准运许可)		110017/YA070017	市容环境管理处	市容处	1. 企业单位	准运许可按照市政管委《关于印发实施渣土消纳许可等八项行政许可事项程序文书的通知》的规定办理	1. 受理; 2. 审查; 3. 决定; 4. 送达和备案 5. 公开许可	1. 运输车辆运营、安全、质量、保养、行政管理制度; 2. 安装全密闭运输装置产品合格证(留存复印件); 3. 工商营业执照或者法人机构代码(留存复印件); 4. 市运输车辆准运证申请表; 5. 车辆行驶证(留存复印件); 6. 道路运输证(留存复印件)	1. 垃圾、渣土等车辆准运经营许可证(留存); 2. 垃圾、渣土等车辆准运证; 3. 垃圾、渣土等车辆准运行政许可不予受理决定书; 4. 垃圾、渣土等车辆准运行政许可受理证明书; 5. 垃圾、渣土等车辆准运行政许可补齐补正材料告知书; 6. 垃圾、渣土等车辆准运行政许可补齐补正材料告知书	市建筑垃圾管理信息系统

第8章 政务主题应用信息资源的梳理与目录编制

续表

序号	业务事项名称	业务一级子项名称	业务事项编码	业务事项主管单位	涉及的其他单位	服务对象	业务事项简述	业务事项办理流程	业务事项所需材料	业务事项产生材料	业务事项应用系统
3	环卫设施处行政许可	建设工程配套环境卫生设施竣工验收许可	110017/YA030001	环卫设施处		企业单位	建设工程配套环境卫生设施竣工验收许可	1. 受理; 2. 审查; 3. 决定; 4. 送达和备案; 5. 公开许可	1. 申请人的工商营业执照或者法人机构代码证书(留存复印件); 2. 中标文书或者建设合同(留存复印件); 3. 规划许可证、用地许可证、开工许可证和规划平面图(1:500比例蓝图或复印件); 4. 配套环境卫生设施工程质量的合格文件(留存复印件); 5. 配套环境卫生设施的平立剖图(1:100蓝图或复印件); 6. 配套环境卫生设施的照片	1.《行政许可不予受理决定书》; 2.《行政许可决定书》	市政管委行政许可系统

表8.26 城市环境管理的信息资源目录

序号	资源名称	资源编码	资源信息字段	资源类别	资源描述	资源所属业务事项	资源责任方	资源共享方式	资源共享范围
1	《城区环境卫生作业质量检查考核情况》表	110017/ZA030001	1. 检查日期; 2. 检查人	产生材料	城区环境卫生作业质量检查考核情况	环卫设施运行考评	环卫设施处	电子文档	1. 委(局)内
2	《城市垃圾处理场渗漏液监测结果统计表》	110017/ZA030003	1. 处理场名称; 2. 检测日期; 3. 记录人	产生材料	城市垃圾处理场渗漏液监测结果统计表	环卫设施环境监测	环卫设施处	电子文档	1. 委(局)内
3	《垃圾处理设施运行及某集团环卫作业情况评估的报告》	110017/ZA030004	1. 检查日期; 2. 检查人	产生材料	垃圾处理设施运行及某集团环卫作业情况评估的报告	环卫设施运行考评	环卫设施处	电子文档	1. 委(局)内

第 9 章 政务信息资源目录应用及案例

9.1 概　　述

从 2006 年起,北京市启动了政务信息资源梳理和编目工作。编制了全市政务基础信息资源共享目录。市级机关 61 个部门和部分区(县)进行了政务信息资源目录的编制,形成了一批有深度、实用有效的编目成果。结合重点应用系统建设进行了森林防火、智能交通、地下管线、城市环境保护、综合执法等主题应用信息资源共享目录。

编制政务信息资源目录是一种手段,而不是目的,编制目录的目的是为了应用,应用政务信息资源目录是政务信息资源目录建设中的核心问题。北京市许多部门通过政务信息资源目录建设,加强了业务基础工作,规范和优化了业务流程,推动了信息共享,促进了政务信息资源管理,推动了业务、信息资源和应用系统的整合。

在编目工作中,北京市从国家机关政务工作的实际需要出发,广泛研究和吸收发达国家信息资源建设的有益经验,不断探索、实践,并及时总结经验,形成了一套政务信息资源建设的思路和做法,积累了一定的经验。下面将从政务基础信息资源共享目录的应用、部门政务信息资源目录的应用和政务主题信息资源共享目录的应用几个方面给予简要介绍。

有关政务信息资源整合的内容将在第 10 章做详细论述。

9.2 政务基础信息资源共享目录的应用

9.2.1 规范了政务基础信息采集、共享交换和使用

政务基础信息资源共享目录的应用规范了政务基础信息的采集、共享交换和信息使用。政务基础信息是所有政务信息中比较重要和经常应用的数据内容,具有基础性和标识

性的特征,应该首先通过目录给予规范。通过政务基础信息资源共享目录,使得涉及政务基础信息采集、共享交换和使用有了遵循的数据规范。按照"一数一源"的原则采集和共享数据,避免重复采集,保证基础信息的准确、完整。政务基础信息需求单位可按照目录索取政务基础共享信息,而信息提供单位按照目录提供基础共享信息,信息使用单位和信息提供单位形成了规范的互动关系,建立了基础信息共享交换的长效机制。

9.2.2 加强了政务基础信息管理

政务基础信息资源共享目录的应用加强了政务基础信息管理。目录明确规定了每个政务基础数据项的责任部门和共享需求单位,这样政务基础信息的管理责任就被细化分解到具体的政务部门,使得今后的政务基础信息资源管理工作落实到具体政务机构,这样就保证了政务基础信息资源管理问责制的落实。

9.2.3 推动了基础数据库建设

政务基础信息资源共享目录的应用推动了相关数据库建设。目录不但可以支撑人口、法人、空间、宏观经济四大基础数据库的建设,而且也可以支撑与四大基础数据库进行数据交换的相关数据库的建设。承担这些相关数据库建设的单位,可依据目录统一相关数据库的数据名称、编码、数据类型,为顺利地进行数据交换和信息共享奠定了基础。

9.2.4 政务基础信息资源共享目录的案例

政务基础信息资源共享目录在人口信息共享、法人信息共享和基础地理空间信息共享方面获得广泛的应用,下面以法人信息中的组织机构代码信息共享为例,介绍应用情况。

组织机构代码是重要的法人基础信息,许多政府部门在工作中都要使用。某市质监局拥有组织机构数据65万余条,在做好组织机构代码管理工作的同时,积极向其他政府机构提供组织机构代码信息共享,支撑了相关部门的30多项业务。目前已向24个委办局和区(县)进行了共享,共享数据总量近千万条。通过组织机构代码信息的使用,提高了政府行政工作水平,如在网上审批工作中,通过组织机构代码信息,实现网上申报单位身份比对、认证和信息共享,保证行政许可申请的有效性和多次申报一个事项或多个事项的身份唯一性,简化了网上申报的难度和复杂度,提高网上办事的效率。税务部门通过组织机构代码,加强了对地方税源户的实时监控,减少"漏管户",减少了逃税现象的发生。银行通过将组织机构代码登记信息自动转换为法人单位账户登记信息，规范了法人单位开户编码，提高了法人单位基本信息质量。

9.3 部门政务信息资源目录的应用

部门政务信息资源目录的应用可推动部门内外的信息共享，强化部门基础工作，推动电子政务应用系统建设和应用系统整合，规范部门政务信息资源管理。

9.3.1 推动了政务信息共享

信息共享包括部门内部、跨部门和跨层级的信息共享。

通过部门政务信息资源目录的应用，可理清部门内的信息资源，为本部门、本行业的信息共享奠定了基础。部门内各处室可依据部门政务信息资源目录，发现共享信息的提供单位，展开部门内不同处室之间信息共享的协商工作，并通过多种手段实现信息共享。

通过部门政务信息资源目录，可以明确信息共享需求，在信息提供单位和信息需求单位之间牵线搭桥，开展跨部门和跨层级的信息共享，从而突破了部门和层级的壁垒，使信息资源可以在不同部门、不同层级中流动，提高了信息资源的使用效率，支撑了业务的开展。

如某市的城管部门，从该市的规划部门获得"规划意见书审批"、"建设用地规划许可"、"建设工程规划许可"信息，从园林部门获得"城市树木砍伐许可"信息，从建设部门获得"建设工程施工许可"、"城市房屋拆迁"等信息资源，通过这些共享的信息资源，为对城市规划方面的行政处罚以及擅自砍伐、损毁树木、破坏侵占绿地等违法行为查处提供了支撑。又如某市将法人基础信息共享给其下属的一个区，该区的劳动保障部门利用这些信息，有效地督促企业缴纳员工的养老保险。

下面简要介绍政务信息共享的一般模式及流程。

9.3.1.1 政务信息共享的模式

在信息共享时，存在信息提供方和信息需求方，因此在信息共享中，将信息共享供需双方称作"共享对子"。当一项信息资源提供给多个信息需求单位使用时，会形成多个"共享对子"。

跨部门的信息共享，无论资源的提供方和需求方是否属于同一层级，都需要信息提供单位与需求单位进行协商，签署信息共享协议，结成信息共享对子。政务信息资源跨部门

第9章 政务信息资源目录应用及案例

共享协议是指政务信息资源提供、使用双方签署的协议,该协议规定了共享信息的内容、信息提供的初始时间、共享频率、双方的责任、信息的使用范围、共享政务信息资源的交换方式以及使用方定期反馈使用效果等内容。政务信息资源共享协议的签署是跨部门政务信息共享的初步成果,政务信息资源共享的各方,将根据签订的政务信息资源共享协议来开展具体的共享工作;政务信息资源共享的管理部门,也将依据政务信息资源共享协议进行监督、管理。在跨部门信息共享时,应特别注意使用协议作为依据,从而确保共享的持久性和信息的安全性(有关信息共享协议范本,请参见本书附录2)。

9.3.1.2 政务信息共享的流程

跨部门政务信息共享流程图如图9.1所示。

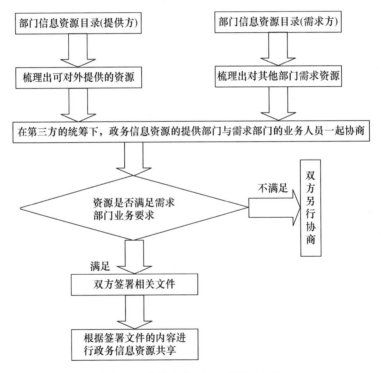

图9.1 跨部门政务信息共享流程图

跨部门信息共享工作步骤是:

第一,摸清跨部门信息共享需求。由需求部门提出信息共享需求,将信息共享需求记录在政务信息共享需求目录中。

第二,摸清跨部门可提供信息的内容。由提供部门提出可提供其他部门使用的信息,把可跨部门提供的信息记录在政务信息共享需求目录中。

第三,结成跨部门信息共享对子。如果某个政务信息既有信息提供方,也有信息需求方，那么信息提供方和信息需求方就可以形成信息供需合作关系。这种信息共享的匹配工作可以通过查询分析政务信息共享需求目录实现。

第四，签订跨部门信息共享协议。在信息化主管部门的统筹下，政务共享信息的提供部门与需求部门的人员一起共同协商，确定共享信息是否满足需求部门业务的要求，若满足需求，则可以正式结成信息共享对子，签署信息共享协议。在信息共享协议中，要具体说明信息名称、存储方式，需求部门将资源用到哪项具体业务中，资源的提供方以何种方式提供资源，资源的更新频率是多少。在双方业务人员达成共识后，在上级的组织下，信息的提供方和需求方可签署相关文件，确认共享承诺。

第五，签署信息保护协议。若共享的信息涉及保密信息、工作敏感信息、企业秘密、个人隐私信息等，使用信息的单位要承担信息保护的责任。在签订共享承诺协议之后，政务信息提供、需求双方再自行签署信息保护协议。

第六，安排共享信息提供和使用的具体工作。达成信息共享协议之后，共享信息双方应着手研究将信息资源共享工作纳入日常工作流程，安排人员、时间、物资等资源从事信息资源共享工作。

第七，信息资源使用方，按照规定，定期将使用共享信息的情况，报给信息资源的提供方及同级的信息化主管部门。

第八，信息化主管部门，通过对使用方的反馈情况，对跨部门政务信息资源的共享情况进行监督。

在上述跨部门政务信息共享工作步骤中，政务信息共享需求目录扮演了重要的角色，其作用是共享信息沟通的途径，供需双方协商的依托，共享协议起草的根据。

9.3.2 强化了部门政务基础工作

通过部门政务信息资源目录的应用，理清了业务职责，完成了对政府机构业务现状和信息资源的系统性的描述，掌握了部门基础工作的第一手资料。编目过程是发现问题、提出问题、规范工作、优化业务流程的过程，通过部门政务信息资源目录的应用，明确了业务工作的牵头单位和执行单位的责任和工作步骤，明确了业务工作文档内容和工作文档流转的方式，明确了信息资源的责任单位。经过流程改进和优化，解决了目前存在的部分业务流程不明确、不合理和不顺畅的问题。在此基础上，编制业务流程图和说明文件，并建立业务流程公开化、透明化的制度和实现方式，实现模糊工作清晰化、交叉工作流畅化，通过对业务流程的管理和监督，强化了部门基础工作。通过目录工作，理清了部门信息化资产（设备、网络、系统、数据）等情况，为信息资源资产化管理奠定了基础，也为政府信息公开提供了基础数据。

9.3.3 推动了业务、资源和应用系统整合

通过部门政务信息资源目录的应用，推动了电子政务应用系统建设和应用系统整合。部门政务信息资源目录通过丰富的业务和信息资源材料，补充完善了业务应用系统的需求调研和需求分析，明确了业务数据是什么和业务数据在哪里的问题，加强了新的应用系统建设和老的应用系统整合中薄弱环节的工作，用业务驱动的思想，解决信息孤岛问题，有效地提高了应用系统建设质量。

运用部门政务信息资源目录，完善了电子政务项目立项工作。部门政务信息资源目录作为业务和信息资源整体情况的说明材料，为电子政务项目立项和项目审批提供了有价值的背景材料，从而提高了立项和项目审批工作的质量，保证了应用系统建设和应用系统整合目标的实现。

9.3.4 规范了部门政务信息资源管理

通过部门政务信息资源目录应用，规范了部门政务信息资源管理。部门政务信息资源目录在政务信息资源全流程管理中，发挥了工作基础的作用，对规范后续的管理工作至关重要。依托部门政务信息资源目录，可展开信息采集、存储、公开、共享、使用、归档、安全等方面的工作，使各单位的政务信息资源管理工作有了统一规范的组织形式和工作载体。在部门政务信息资源目录编制过程中，同时完成了数据标准的制定工作，这些数据标准在政务信息资源管理当中，也发挥着重要的支撑作用。

9.3.5 部门政务信息资源目录案例

9.3.5.1 财政信息资源管理的案例

为了推进政府财政改革，进一步落实"金财工程"建设规划，推进应用系统资源整合，某市级财政主管部门决定将政务信息资源目录建设作为财政信息化建设的一项重要的基础性工作。

按照工作推进计划，该部门将政务信息资源编目工作划分为"财政业务流程和信息资源的梳理"、"标准化提炼与地方标准制定"和"财政信息资源系统建设"三个阶段。

1. 用信息资源目录工作推动业务流程优化

该部门从财政最基本的核心业务单元入手，以财政资金管理业务为主线，沿着财政资

金从计划→执行→调整→检查的脉络，结合全市财政系统其他重要业务职能，采用科学的方法，理清财政各基本业务单元内容和不同业务单元之间的关系，完成了财政核心业务事项及业务流程的梳理。

财政政务信息资源目录将财政核心业务划分为16组业务单元、60个业务流程，涉及120个输入输出数据表单，汇总了45个公共码表，形成了本部门业务流程总图。在业务分析的基础上，提炼出信息资源数据项2450个。上述工作为后续的标准化工作和应用系统建设奠定了基础。

在政务信息资源目录建设进程中，该部门同时推进现有业务流程和应用系统的优化，提出了优化建议九十余条，这些优化建议得到相关领导和责任单位的高度重视，目前其中的95％已经采纳并付诸实施。

2. 用财政数据标准提升部门信息资源管理

在对财政业务进行深入梳理与优化的基础之上，该部门经过深入探讨，反复征求标准化专家意见，形成了《财政基础数据规范》、《财政业务流程指导规范》两个地方标准。

在标准编制过程中，该部门遵循"四个坚持、四个确保"的原则，即：坚持面向全市财政信息化建设，确保地方标准在全市范围内的一致性和可推广性；坚持现实与将来相结合，确保地方标准的可行性和可持续性；坚持业务覆盖面与标准化程度相结合，确保地方标准的完整性、准确性和严肃性；坚持业务模型与系统实现模型相结合，确保地方标准在不同区(县)、不同业务管理、不同厂商研发业务系统时的实用性与灵活性。

该部门用规范化和标准化的框架，指导全市各级财政业务流程管理工作，在全市范围内，统一业务流程，统一数据口径。上述两个标准文件形成了一整套适合财政信息化管理模式的业务、技术标准规范，它们规范了财政业务中关键业务流程，统一了财政业务关键术语和代码集，使不同业务、不同管理处（科）室、不同层级财政部门，统一了业务计算口径，使全市范围内业务数据的统计、汇总、对比、分析、共享、交换成为可能。为工作流再造、应用系统和数据库的整合与交互、数据信息共享提供有力支撑。

3. 用财政信息资源系统实现全面的应用系统集成

该部门遵循"信息建设制度化、业务流程规范化、应用平台一体化、资源整合集约化、服务管理人性化"的财政信息化建设宗旨，依据"一个信息门户，一套应用系统，一个中央数据库，一个网络平台，一套支撑体系"的"五个一"系统架构设计，通过财政信息资源系统建设，整合财政业务应用系统。

到2007年底，财政信息资源系统初步建成，在此基础上，进行了财政预算管理、项目库管理、指标管理、指标执行、政府采购、集中支付、集中财务、总预算会计业务系统的开发和集成，并实现了与综合办公系统的无缝衔接。

财政信息资源系统联通了部门内所有业务处室、20个区(县)财政局、全市5000多家预算单位以及众多银行、税务、会议、印刷定点供应商、保险公司、加油站、维修厂及招标服务机构等业务协作部门，总用户数达20 000多个，有力地保障了部门预算、国库集中支付、政府采购、车辆和人员管理、会议印刷等财政改革和日常业务工作任务的完成，实现了对全市财政资金"横向到边，纵向到底"的监控目标。

9.3.5.2 城市建设管理信息资源管理的案例

城市建设管理部门拥有大量的城市建设和房地产行业的管理信息。以前，没有进行统一的政务信息资源管理，信息数据分散在各个机关处室和下属单位中，各单位自行管理，自己使用，形成了封闭的"信息孤岛"。由于未整合的数据无法查询和分析，各个行政管理环节的业务数据相对独立，而使用这种数据进行业务工作，就造成了监管缺位的情况。

为了加强宏观调控和房地产行业管理，政府迫切需要了解掌握行业内的各种信息资源，了解房地产和建筑行业的真实现状，为制定正确的管理政策提供依据。在此背景下，某市级城市建设主管部门启动了部门政务信息资源目录建设。

1. 整体规划信息资源建设

为了完成部门政务信息资源目录的建设任务，部门制订了信息资源建设的整体规划，这一规划立足现状，着眼发展，将信息资源目录和应用系统整合建设划分为四个阶段、十二个步骤，具体如下：

第一阶段：信息资源规划阶段

(1) 编制信息资源目录

(2) 制定数据标准与操作规范

(3) 编制应用系统开发技术白皮书

第二阶段：基础数据库建设阶段

(4) 搭建基础数据库

(5) 开发部署数据接口服务与访问控制系统

(6) 开发部署运行维护管理系统

(7) 开发数据查询服务系统

第三阶段：数据中心与交换中心建设阶段

(8) 开发部署数据交换系统并搭建数据交换中心

(9) 开发部署数据抽取系统并搭建数据中心

(10) 部署数据查询服务系统

第四阶段：数据仓库与商业智能建设阶段

(11) 搭建数据仓库

(12) 部署商业智能

2. 通过部门目录掌握信息资源现状

在进行业务和信息资源梳理时，部门主管领导亲自带队走访主要职能部门，对核心业务进行调研。在各单位领导的积极支持下，工作组深入了解了各部门的职能、业务事项，全面收集了各项业务中的各类信息资源进行了。专家组对收集到的资料进行整理、分析，建立了部门政务信息资源目录体系数据模型、信息资源分级标准、信息资源元数据分类体系。

部门政务信息资源目录包含了机关处室24个，事业单位35个，业务事项535项，信息资源表509个，元数据项13619个。通过部门政务信息资源目录，建立了部门分类结构、业务分类结构、信息分类结构和元数据分类结构。

为了保持目录的持续更新，部门制定了目录管理制度，在每个处室和事业单位设立了信息员。部门信息中心定期对信息员进行培训，督促其对目录进行更新，以确保目录数据的时效性和准确性。

3. 行业基础数据是信息资源管理的突破口

通过对政务信息资源目录的分析，发现许多部门对同一信息进行了多次采集并分别存储，造成了数据的严重不一致，同时还给企业和社会公众带来了很多不便。这些问题在没有进行信息资源梳理之前就已经引起了注意，但是由于无法获取信息重复采集的程度和内容，信息资源管理行动难以付诸实践。

解决问题的突破口是进行行业基础数据的管理，借助政务信息资源目录管理系统的展现和分析功能，可从大量的业务数据中筛选出行业基础数据，然后通过数据字典和数据操作规范的形式进行管理，在行业基础数据的范围内，解决数据重复采集和数据不一致的问题。

数据字典是信息资源管理的工具，通过数据字典统一了数据定义、属性和格式，反映了不同科目数据之间的关系、数据读写改删的访问权限，其实质是一种表格形式的数据模型。数据字典的内容来源于信息资源目录，包含了工程信息表、工程单体关系表、规划许可证表、施工许可证表、中标通知书表、施工合同表、质量监督备案表、安全监督备案表、安全事故表、竣工验收备案表中的基础数据。建立数据字典的步骤是：计算筛选、内容复核、专家评定，即先对信息资源目录中的数据字段进行统计与分析，初步选出数据字典的候选内容，然后对初选后的数据字段再进行人工复核与优化，形成数据字典初稿，最后由专家评审认定。目前，已经完成了基础数据库数据字典，并立即应用到基础数据库的开发中。

数据操作规范是另一个信息资源管理工具，通过数据操作规范，明确行业基础数据的提供者与使用者，明确数据修改权限归属的责任单位，明确数据变动可能产生的影响和相应的行动。通过数据操作规范，统一了对行业基础数据的操作，建立了数据管理的责任体系。数据存取操作规范定义了业务、应用系统、数据表、数据字段之间的操作关系。操作规范包含了5个层次、4个权限和3个表格。5个层次是部门、业务、应用系统、数据表、数据属性。4个权限是读、写、改、删。3个表格是业务部门所辖业务及系统关系表、业务系统与主题数据操作权限矩阵表、业务系统与主题数据字段操作权限矩阵表。目前，已经完成了《基础数据库数据标准与操作规范》2.0版，涵盖了工程单体、企业、人员、房屋、行政许可等数据内容。

在部门政务信息资源目录、数据字典、数据操作规范的基础上，还编制了技术白皮书，提出今后整合已有系统，进行数据共享交换的技术规范。

4. 依托基础库实现"1+7"系统整合

政务信息资源目录在应用阶段的一个重要目标就是信息应用系统整合。该市级城市建设主管部门应用系统整合的思路是：以"单体监管模式"为核心进行业务、信息和系统的全面整合。"单体监管模式"是指在建筑与房地产市场监管过程中，以单体建筑为核心的，信息紧密关联的精细化管理模式。单体建筑作为监管单位，它的特点是具备物理实体性，可描述、可定义、可丈量。从工程规划、工程招投标、工程质量安全备案、施工许可、工程质量安全监督、工程竣工验收备案等环节，都可以精确地将业务操作落实在某个或某些单体建筑上。这样一来业务是连续的、关联的，真实全面地反映出建筑与房地产市场的形态。

按照这一业务和应用系统整合思路，该部门开发了建筑工程基础数据库，将工程许可、工程招投标、合同备案、质量监督、安全监督、工程监理、竣工验收备案7个应用系统中的基础数据抽取出来，存储在工程基础数据库中。7个应用系统对基础数据库数据的存储和操作，遵循数据字典和数据操作规范的要求，这样就统一了工程基础数据，从而实现了7个应用系统的整合。"1+7"应用系统的整合，形成了全市工程项目监管平台，实现了政府对工程项目全过程、全方位的动态监管，减少了因现有业务管理体制产生的监管交叉或监管缺位现象。

9.3.5.3 农业政务信息资源管理的案例

某市级农业主管部门将部门政务信息资源目录建设作为业务工作的推手，通过加强部门政务信息资源目录与内部协同办公门户的集成，用目录统领全局信息资源管理，变政务信息资源的静态管理为动态应用，显著提高了农业信息资源科学管理水平，初步形成了目录指导业务，目录无处不在的电子政务工作局面。

1. 梳理信息资源，为信息资源管理打好基础

信息资源管理的第一步是搞清楚本单位有什么信息资源，这些信息资源的来源在哪里，这些信息资源的管理者、维护者、使用者是谁等基本情况。该部门按照电子政务"四清两统一"（业务流程和协同工作清、网上服务清、信息资源清、实现路径清，统一平台、统一网络）的工作要求，从2006年开始，举全部门之力对业务和信息资源进行了梳理，建立了相对完善的政务信息资源目录系统，为科学统筹，实现全部门信息资源系统管理奠定了良好的基础。

通过业务和信息资源梳理，掌握了该部门现有各类信息资源8079项，它们产生于15个机关处室和20个下属单位的1640项业务。其中机关处室共有各类资源3292项，下属单位共有4787项。通过对资源目录的梳理，该部门摸清了资源"底牌"，为信息资源管理奠定了基础。

2. 政务信息资源目录是业务工作的推手

该部门的部门政务信息资源目录，具有三种目录展示方式，它们是按部门展示、按分类展示和按主题应用展示。分类展示目录将所有业务分为行政执法、非行政执法两个大类和若干小类，使各类业务展示更加清晰；主题应用展示目录将该局的部分业务按照特定的业务功能细分为农业生产、能源生态、质量安全、市场服务、科技推广等主题。目录的多元化展示使跨部门的业务得到了更好的梳理，明确了一项业务或一项资源所涉及的机构，明确了业务之间的关联关系，再通过业务流程图，以图形化的形式直观、准确地展现业务的各个流程环节以及各流程环节的负责单位，使业务工作怎么做、谁来做变得一目了然。例如，结合奥运期间承担的重要保障任务，该部门完成了对全市高致病性禽流感应急预案、奥运农产品供应生产基地驻点监管、奥运期间农产品质量安全突发事件应急预案等核心业务的流程梳理，为奥运期间应对突发事件提供了科学的决策指导。

政务信息资源目录为部门之间协同工作提供了参考。该部门根据信息共享需求目录，

主动提供面向其他委办局共享的市农业生产行业统计数据、市农业行业业务分析、市农产品市场行情数据三大类资源，实现了通过资源目录导航，直接访问资源数据库的功能，促进了信息共享和业务协同。

3. 政务信息资源目录是电子政务规划的基础

政务信息资源目录是规划电子政务的一个基础，通过对全部门业务和资源的目录梳理，明确了哪些业务有应用系统，哪些资源有数据库支持，哪些业务还需要建系统，哪些资源还需要建数据库。根据这些信息化现状，结合业务单位的需求，制定了《部门核心业务信息化工作计划》。按照这个计划，将各业务系统整合到一个平台，建立了面向内部电子政务管理的农业协同办公门户。

4. 加强目录与内部协同办公门户的集成，变资源静态管理为动态应用

政务信息资源目录是信息资源管理的有效工具，协同门户是电子政务的重要平台。为了真正充分发挥资源管理对电子政务的基础性支持作用，该部门将政务信息资源目录系统与协同办公门户集成，所有的业务系统和所有的信息数据都归属到了一个统一的平台。用户登录到这个平台后，既可以进入业务系统，也可以进入资源目录；既可以根据业务需要直接寻找信息资源，也可以根据资源应用直接寻找应用系统；在很大程度上便利了业务开展和资源利用。平台实现了业务系统有资源可依，信息资源有业务可用的融合效果，得到了部门领导和业务单位的广泛认可。

协同办公平台以目录作为导航工具，提供了按照部门、分类、主题、业务检索和资源检索五种目录导航形式，用户登录协同门户后就可以了解到与本部门相关的所有业务和资源，指导其利用资源开展业务工作。通过实施资源目录与协同门户的整合项目，做到了资源目录伴随业务工作无处不在。

5. 推动目录的日常使用，用目录统领全局信息资源管理

政务信息资源目录对信息资源管理的强大支撑作用只有在应用过程中才能完美体现出来，该农业主管部门认识到，只有全部门各单位都应用信息资源目录加强信息资源管理，全局的信息资源才能真正实现共建共享，电子政务才能真正实现又好又快发展。

目前，该农业部门各业务处室在日常业务工作中做到了：维护政务信息资源，管理政务信息资源，更新政务信息资源目录，把政务信息资源目录当做日常业务工作的辅助工具，取得了很好的效果。随着政务信息资源目录系统的普及应用，将彻底改变各单位就资源建资源、就业务系统建业务系统的问题，全面提升系统信息资源管理水平。

9.4 政务主题信息资源共享目录的应用

政务主题信息资源共享目录在政务信息共享和应用系统建设、跨部门业务协同和业务优化、应用系统项目中的信息资源管理等方面发挥了重要作用。

9.4.1 支持了政务信息资源共享和应用系统建设

政务主题信息资源共享目录的应用，支持了围绕主题应用的跨部门信息资源梳理。目录提出了用户业务描述和数据描述的规范格式，从业务内在的逻辑关系出发，依据相关标准进行业务和信息资源的梳理，通过目录，部门之间明确了信息提供的责任和信息需求的内容，为跨部门政务信息共享奠定了基础。

政务主题信息资源共享目录的应用，显著地提高了应用系统功能设计的完整性和综合性。从跨部门业务流程连续性的角度，进行政务主题应用信息资源的梳理和目录编制，加快了实现不同部门之间的业务事项和业务流程的汇总和连接，以及信息数据的汇总和融合，较好地保证了业务与信息资源分析的一致性，保证了跨部门应用系统整合和集成的实现。

9.4.2 支持了跨部门业务协同和业务优化

大多数政务主题信息资源共享目录涉及多个部门或单位，因此项目管理也必然涉及跨部门或跨单位的协调组织。在大多数情况下，跨部门或跨单位的项目协调和沟通是一个难题，成为影响项目进度和质量的重要因素。

当政务主题信息资源共享目录编制伴随重点应用系统建设时，我们可把政务主题信息资源共享目录作为跨部门协同的载体，作为不同委办局之间、不同单位之间协调重点应用项目工作的手段。

9.4.3 支撑了在应用系统项目中加强信息资源管理

通过政务主题信息资源共享目录的应用，加强了数据责任管理、数据指标体系管理、数据更新维护管理、数据存储管理和数据的应用。

主题目录明确了应用系统中数据提供单位，因此将使数据采集、数据质量保障、数据提供和数据更新维护责任明确下来，督促数据责任单位投入资源，建立制度，保证应用系统中数据的提供。如果在数据提供中发生问题或分歧,也完全可以依据主题目录进行协商解决。

数据指标体系以及基础数据集具有基础性、统一性、通用性的特点,它们的形成和完善对于实现应用系统和信息资源的互操作性和共享交换具有重要的意义。目前有些行业已有行业数据标准,有些行业还没有。现有的行业数据标准往往还不太全面,内容有的也比较陈旧。因此,如何进行行业基础数据集(数据指标体系)建设是大多数行业主管部门迫切需要解决的问题。运用政务主题信息资源共享目录的方法,可为建立和维护数据指标体系和基础数据集,形成一个切实可行的途径。

应用系统和数据库开发完成之后,要通过系统使用和数据更新保持信息资源的鲜活性和准确性。而要进行数据更新,必需对数据的来源、数据采集和提供的责任单位与责任人、数据更新的周期和频率有清楚的了解。数据维护管理部门可充分利用政务主题信息资源共享目录,制订数据更新维护计划,分配数据共享工作任务,联系相关数据提供单位,实现主题数据的定时或实时更新。

政务主题信息资源共享目录包含了应用业务的全面信息,是数据库存储规划和数据需求描述与分析的重要参考依据,它的内容将成为数据存储任务陈述和任务目标定义的来源,成为定义数据存储范围和边界、估计工作量、使用的资源和需要的经费等的依据。

主题目录系统本身可成为应用系统中的核心组件。主题目录提供了系统数据组织、分类、搜索、索引所必需的基础,主题目录软件子系统可成为在应用系统建立索引、建立分类、数据综合查询中可直接使用的软件子系统或软件模块。

9.4.4 政务主题信息资源共享目录案例

下面介绍城市环境保护政务主题信息资源共享目录的编制和应用情况。

城市环境保护信息涉及范围很广,相关信息分布在环保主管部门、规划主管部门、建设主管部门、园林绿化主管部门、交通主管部门、水务主管部门。为了推进和规范环保主管部门以及企业公开环境信息,维护公民、法人和其他组织获取环境信息的权益,推动公众参与环保,迫切需要利用信息技术,实现环保相关信息的跨部门共享和整合,形成数字化环保信息资源,为城市环保管理宏观决策和环保信息公开提供支持。

1. 跨部门编制环保政务主题信息资源共享目录

"环境保护,信息资源先行"成为环保主管部门推进环保行业信息化的基本思路。

环境保护核心数据共有 8 类,这 8 类数据是:水、空气、噪声、固体废物、污染源、生态、辐射、应急。在相关部门的大力配合下,环保主管部门进行了广泛的环保相关信息资源的调查和梳理，调查梳理的信息包括水质信息、供水信息、补水信息、道路积水信息、中水再生水信息、污水处理信息、建筑装修施工噪声信息、工地扬尘信息、垃圾处理信息、建筑渣土管理信息、垃圾运输车辆管理信息、环卫清扫车辆管理信息、机动车废气管理信息、威胁废物运输管理信息、园林/绿地/生态林信息、野生动植物保护信息。经过信息资源梳理，明确了跨部门环保信息的种类、来源、范围、数据状态等情况，为环保政务主题信息资源共享目录编制奠定了基础。表 9.1 为城市环境保护信息资源表的指标项。

表 9.1 城市环境保护信息资源表的指标项

环境业务	业务事项名称	一级子项名称	二级子项名称	三级子项名称	环境应用主题信息资源名称	信息资源描述（资源类型、内容、介质）	信息交换频度	信息资源共享范围	信息资源安全等级	相关应用系统或数据库名称	信息资源提供单位

经过环保主管部门和相关部门的共同努力，初步完成编制环保主题信息资源共享目录的任务，包含了环境保护主题相关的信息资源 311 项。环保主题应用信息共享目录不但提供了来自 6 个部门的全市环保数据，而且还进一步对环保信息资源进行了分类，形成了 4 个分类子目录，这 4 个子目录是：环境要素分类目录、环境业务分类目录、区域分类目录和学科分类目录。环境保护主题应用信息共享目录的编制，为应用系统建设进行充分的数据准备，使环境保护综合管理信息系统具有坚实的数据支撑，从而摆脱了过去某些电子政务失败项目"无数据可用"的尴尬局面。

2. 推动城市环境保护综合管理系统建设

城市环境保护综合管理系统的建设目标是以市政务信息资源共享交换体系为基础，对城市环境保护相关的信息资源进行跨部门的分析、加工、整合，形成环境保护信息的宏观展现，为市政府领导、各委办局领导提供环境保护信息的数据呈现、结果分析、决策支持，为各部门的环境管理人员提供综合管理、查询统计、趋势分析等成果性数据产品。

在城市环境保护综合管理系统当中，环保政务主题信息资源共享目录成为应用系统中不可分割的组成部分。在系统设计阶段，城市环保综合管理系统就形成了包含政务信息资源目录的总体架构，这个总体架构的层级包括基础软硬件系统、数据采集传输、环境政务信息资源目录、环境主题数据库、数据分析和信息服务。系统尤其强调了元数据功能的开发，在元数据管理功能中设计了元数据采集平台、元数据管理平台和元数据发布平台，使系统数据的管理走上了规范化道路。

环境保护综合管理信息系统将对 15 个已有的应用系统进行数据整合和归一化处理，

第 9 章 政务信息资源目录应用及案例

归一化处理后的数据将装入环保主题数据库。这 15 个应用系统是:空气质量发布系统、污染源数据仓库、机动车保有量系统、水资源管理系统、监察管理系统、机动车检测系统、固体废物管理系统、工地台账、12 369 投诉系统、建设项目管理系统、施工许可台账、环境地理信息系统、环境自动监测系统、垃圾处理系统、环境应急管理系统。所谓归一化处理,就是在环境信息标准规范的指导下,通过数据清洗和校验,消除重复记录,在数据元层次对数据进行规范统一,从而为信息共享打下基础。在上述应用系统进行数据整合和归一化处理当中,环保主题信息资源共享目录发挥着关键的支撑作用。表 9.2 为环保主管部门主题信息资源表。

表 9.2 环保主管部门主题信息资源表(部分样例)

环境业务	业务事项名称	一级子项名称	二级子项名称	三级子项名称	环境应用主题信息资源名称	信息资源描述(资源类型、内容、介质)	信息交换频度	信息资源共享范围	信息资源安全等级	相关应用系统或数据库名称	信息资源提供单位
环境质量管理	水环境质量管理	水库、河道、城市河湖的水质检测			水质检测数据、河道水质类别专题图		每月	跨部门共享使用		水质数据整合系统	某水务部门信息中心
环境质量管理	水环境质量管理	地下水水质管理	地下水水质监测		水质自动监测站信息、检测数据、分布图		每周	跨部门共享使用		水质数据整合系统	某水务部门信息中心
污染源监管	工地扬尘管理	工地扬尘管理	施工现场扬尘		天气指标	书面文件方式	每天	跨部门共享使用		无	某建设主管部门施工安全管理处
污染源监管	噪声管理	建筑噪声	装修噪声扰民投诉管理		装修噪声扰民信息	书面文件方式	每年	跨部门共享使用		无	某建设主管部门施工安全管理处

第 10 章 政务信息资源整合框架

各地、各级政务部门从政务工作的实际需要出发,学习和吸收发达国家的有关研究成果,并结合自身在信息资源建设实践中积累的经验,形成了一些很有价值的信息资源建设思路和做法。在近年来政务信息资源目录体系建设工作中被热议的政务信息资源整合,就是为探索解决复杂问题而提出的一种途径。对此,有必要给予认真探讨和总结。

我们认为:所谓整合,从一般意义上讲,就是指选用一种方法对事物的内部结构及其外部环境进行组织和优化,使该事物整体性能更加趋近于既定目标的一种活动。

政务信息资源整合,就是指选择并运用有效的方法,对政务信息资源各要素(政务业务、数据、服务功能和技术)内部结构以及各要素之间的相互关系进行组织和优化,使其整体效能有利于达到政务信息资源管理目标的活动。

本章从政务信息资源整合必要性分析入手,概述国外有关政务信息资源整合的理论,重点阐述运用 FEA 进行政务信息资源整合的方法和案例,进而结合实际论述政务信息资源整合思路和应用框架。

10.1 政务信息资源整合的必要性分析

10.1.1 整合符合政府和社会各方面的迫切愿望

当前,我国电子政务建设正在进入新阶段,而进行政务信息资源整合是这一新阶段的主要任务,它反映了政府和社会各方面的普遍愿望。

作为政务信息的最大需求者和受益者,社会群体和广大公众希望政府加大政务系统的整合力度,改变单一部门提供政府服务的状况,为他们提供全方位、"一站式"服务;同时,作为政府信息的重要源泉,他们希望能够回馈以更全面、更完整的信息。

各级政府领导或信息化主管部门,希望通过当前进行信息资源整合的良好契机改变目前电子政务建设过程中出现的重复建设、应用绩效不够令人满意的状况,从根本上解决存在的问题,更好地运用信息化手段为人民服务,实现政府职能的历史性转变,更好地履行政府的使命和职责。

各级政府业务部门是政务信息资源的直接使用者和提供者,他们迫切希望实现跨部门信息共享,解决业务流程优化问题,改变系统建设纵横交错、效率不高的现状,对原有系统在保留的前提下予以改造,或对原有系统进行分析评估后予以废弃,重新进行开发以适应新技术、新需求、新情况的变化。

10.1.2 整合是构建服务型政府的需要

全心全意为人民服务是我党、我国政府执政的根本宗旨,构建服务型政府的核心问题,就是解决政府向人民和社会提供什么样的服务产品和以怎样的方式提供这些服务产品。随着社会的进步和人民生活水平的日益提高,人民群众和社会各方面需要政府提供包括政务信息在内的全面、有效、高质量的服务产品,也需要政府以方便、简捷、及时、有效的方式提供这种服务。

实现传统的"管理型"政府向"服务型"政府的转变,需要以公众服务为主要目标,对政府的整个工作流程进行优化,按照优化的流程的要求进行组织结构的设计,通过优化的组织结构的运转,最终把服务产品输出给用户。政府的信息服务是利用信息技术来完成政府转型的途径之一,政务信息资源整合的目的就是为了使这种服务途径效率更高,服务更加便捷。

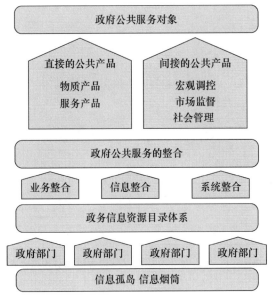

图 10.1 政务信息资源整合示意图

如图10.1所示,当前,进行政务信息资源整合,比较现实的办法是在前一段时间业务梳理的基础上,适时进行"业务整合"、"信息整合"和应用"系统整合"。通过整合,在政府内部很好地解决业务规范化和业务协同化问题,解决与此相关的各种利益、体制、机制问题,打破"信息孤岛"和"信息烟筒"。

10.1.3 整合是解决当前困难的重要途径

当前,我国政务信息资源建设取得重大进步,但仍然面临一些困难。主要有:

系统建设缺乏统筹,系统建设仍然存在重复现象,各系统之间不能很好地进行互联互通;

政府信息资源开发利用标准化程度不高,应用效果不理想;

数据库建设不规范,重复采集、记录重复、数据冗余现象严重,数据描述口径不统一,信息共享困难;

政务信息资源管理滞后,难以有效地为公众提供信息服务。

分析这些困难的产生根源,重要原因是缺乏一个统筹全局和各个方面的顶层设计。其原理如图10.2所示,当"组织"把"需求"以"任务"形式下达给"系统"开发者的时候,并没有把"体系框架"传达给"系统"开发者,因而使系统开发者自发地脱离了"组织"的协调和控制,其开发结果必然产生"信息孤岛"。该图启示我们:在电子政务进入新阶段时,作为系统建设的主导者,各级政府应当从业务、技术、数据、服务整体多个视角重新审视以前系统建设所走过的历程,寻找解决和避免问题的方法。整合,就是解决和避免问题的重要思路。

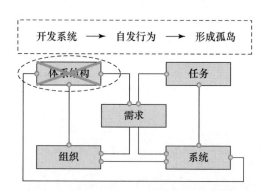

图10.2 信息孤岛等问题产生根源原理分析示意图

10.1.4 目录体系建设为整合奠定了良好基础

各地、各级政府近年来开展的政务信息资源目录体系建设，为信息资源整合奠定了良好基础。体现在：

1. 整合目标更加明确。各地、各级政府进行业务梳理和编制目录的过程，也是认识整合必要性和明确整合目标的过程。普遍认为，当前存在的问题需要通过整合去解决，而经过整合，又可以推进服务型政府建设。因此，构建服务型政府才是整合的最终目标。

2. 为建立业务体系框架积累了资料。各地、各级政府经过前一时期的业务梳理，理清了业务，熟悉了业务部门、业务环节之间的关系，发现了业务建设中存在的问题，积累了宝贵资料，这就为整合时建立业务体系框架奠定了基础。

3. 为建立数据体系框架准备了资料。通过信息资源编目，掌握了信息资源现状以及本级政府部门数字化程度，特别是了解了政府部门的信息产生、提供和共享需求的基本情况，了解了数据库建设的问题和方向，从而也就比较明确了数据整合的方向。

4. 为建立服务功能框架做了前期准备。通过信息资源编目和业务梳理，电子政务应用系统建设的大体思路逐渐明晰起来，比如，要开发具有哪些功能的应用系统，这些系统由原来的哪些系统合并、改造或重建，它们的数据从何而来，这些功能分别部署在哪些部门，能够为公众提供怎样的服务等等，这些问题的思考和资料的积累非常有利于进行服务功能框架的建立。

总之，各地、各级政府通过信息资源编目和业务梳理，为开展信息资源整合奠定了良好基础，它进一步表明，开展信息资源整合不仅是必要的也是可行的。

10.2 国外信息资源整合理论简介

10.2.1 背景

20世纪80年代以后，信息技术在世界各国得到广泛应用，这种应用的突出表现是在电子政务领域，各类政务数据库、各类政府信息管理系统大量建立起来，促进了政府业务由传统工作方式向电子化方式的转变。同时，也悄悄推动着人们的思维方法和政府服务模式发生变革。不过，人们很快发现，伴随着这种成果和可喜现象的出现，问题和忧虑也接踵而至，其焦点是数据不能够共享和应用系统不能够兼容，而且使业务链条人为地发生断裂，给业务管理带来不少麻烦和困难。

在这种形势下，解决数据共享、系统兼容和业务流程优化问题成为信息技术工作者关注的重心，一些带有朴素整合思想的理论、方法和技术便逐渐涌现出来。在数据库开发方面，BO 即业务挖掘技术通过对各类不同格式数据的收集、转换，实现对数据的挖掘；BI 即商业智能技术同样通过对各类不同格式数据的收集、转换、分析，实现对数据的知识提炼和智能化应用；以 SAS 软件为代表的一批数据仓库技术出现后，将数据的收集、转换、分类，与不同类型的应用和统计分析结合起来。在应用系统开发语言方面，JAVA 等面向对象的程序设计语言把程序描述对象由纯数据引申到具有属性和服务两类特点的具体事物，软件成果能够部署在多种硬件平台上；XML 语言具有较强的数据格式转换功能。在软件工程方面，OO 技术即面向对象的系统分析和设计技术被广泛采用；UML 语言成为需求分析的通用标准。以后，为了提高系统的整体效能，人们的目光转向软件开发过程的规范化，CMM 即软件成熟度过程改进理论得到推广，通过改善和加强软件开发过程的控制能力提高软件质量，增强软件的通用性和复用程度。

随着网络技术的出现和应用，各种高层次的整合理论和方法先后问世。WWW 技术利用 HTML 语言将各种网页集成一体，实现了信息资源在形式和视觉层面的整合。软件开发人员的目光也从强化应用系统功能移向软件体系结构设计，寻求一种"随需而变"的结构模式，于是，系统架构师应运而生。但是，这些理论或方法多是在技术层面进行应用系统的整合，无法从根本上解决问题。近年来，诞生了一种崭新的理论，将人们的视野拉向更高更远，它就是发源于美国的 EA 即体系框架理论。

10.2.2　EA 理论简介

10.2.2.1　EA 的宗旨

近年来，EA 理论在美国及其他发达国家发展迅猛。1999 年至今，美国政府以 EA 理论为基础基本建成了以评测、业务、数据、服务构件和技术五个参考模型为核心的美国联邦政府体系框架，即 FEA（Federal Enterprise Architecture）。在 FEA 理论的影响下，从 2000 年至今，美国财政部围绕信息、功能、组织和基础设施四个视图，基本建成了财政部实体体系结构。美军围绕作战、系统和技术三大视图，发布了涵盖 27 项产品的 C4ISR

体系结构。挪威、澳大利亚、英国相继提出自己的政府信息体系框架。HL7 是美国卫生领域以 EA 为框架开发的为交换、整合、共享和检索电子健康信息提供完整的框架和相关标准，HL7 含义是健康第七层模型。

EA 发展得这样快，是因为它的宗旨与信息资源整合目标极其吻合。其宗旨是：

快速勾画信息系统结构，适应不断变化的环境；

反映各级各部门的战略计划，促进信息资源共享；

提供标准的业务过程和通用的操作环境；

减少数据采集负担、简化数据存储方式、提高数据访问能力；

控制技术的多样性；

提供统一的测评手段和方法；

提高组织业务绩效、提高跨越多级多部门的业务绩效。

10.2.2.2　EA 的理论基础

国际通行的 Zachman 实体体系结构方法论是 EA 的理论基础。Zachman 理论横向针对数据（What）、功能（How）、网络（Where）、人（Who）、时间（When）、动机（Why）六大要素；纵向考虑计划者（即各级领导）、拥有者（即业务专家或人员）、设计者、建设者和转包商（子承包方）五类人员的观点，勾画了矩阵式的信息体系框架轮廓，见图 10.3。各类人员的工作职责是：

业务视图到设计视图		实体 what	行为 how	地点 where	人 who	时间 when	动机 why	
	计划者							范围
	拥有者							实体模型
	设计者							系统模型
	建设者							技术模型
	转包商							构件
		数据	功能	网络	组织	进度	战略	

图 10.3　Zachman 框架示例

计划者负责实体范围描述，勾画实体（如企业、政府）的总体构想图，描述实体的规模、工作模式、局部关系以及宗旨和目标，以明确实体的工作范围和边界、与现有环境的关系等。

拥有者负责实体模型描述，描述满足实体日常业务（工作）需要的"目标大厦"，包括业务设计、业务部门和过程、及它们之间关系等。

设计者负责进行系统分析，将图示的内容转换为详细需求，确定展现业务部门和流程的数据元、逻辑流程和模型、功能等。

建设者负责建立技术模型，依托选定的工具、方法和技术（如程序语言、输入/输出装置或其他支撑技术）设计实体所需的系统。

转包商负责详细规范，依据各个局部详细要求，研制与各种关系或系统结构无关的独立构件（模块），或遴选现有的模块化构件。

10.2.2.3 FEA 理论体系

FEA 是美国政府依据 EA 理论开发的美国联邦政府组织体系框架。FEA 内容非常丰富，从纵切面分析，其框架可以简示为如图 10.4 所示的结构：

```
          ┌──────────┐
          │   法规   │
          ├──────────┤
          │   框架   │
          ├──┬───────┤
          │  │业务模型│
          │模├───────┤
          │  │数据模型│
          │  ├───────┤
          │  │服务模型│
          │型├───────┤
          │  │技术模型│
          │  ├───────┤
          │  │评测模型│
          ├──┴───────┤
          │   指南   │
          └──────────┘
```

图 10.4 FEA 框架纵切面结构简图

从横切面分析，FEA 的核心内容是业务、数据、服务、技术、评测五大体系框架（模型）。五大体系框架（模型）概括了信息资源建设中互相依存互相作用的五个最重要方面，而每一个体系框架都包括一套相应的规范、参考模型、指南，特别是参考模型的设立极有创意，既具体，切合实际，又统一，符合规范，体现了统而不同的效果。五大体系框架（模型）的内容各有侧重，择其要者而言：

业务框架是一个涉及政府使命和宗旨的、建立当前和未来目标体系结构的一个构件。包括描述业务参考模型的内容、面向业务领域和管理驱动的过程响应，描述政府的业务过程、业务功能、信息流。其中，业务参考模型是一个功能驱动的框架，用于统一确立、界定、描述各部门、各级的业务。

数据框架是业务和技术驱动的一个构件。主要包括数据参考模型和数据标准（如信息分类编码标准等）。描述数据本体、属性和与其他数据本体的关系，用来定义支持业务的主要数据类型、含义和格式。

服务（应用）框架是政府应用系统的基础，将描述满足政府的系统、系统的各组成部分，以及系统互联的关系和他们的功能；主要包括：服务构件参考模型、流程模型、互操作模型。

技术框架是对技术环境的物理描述，用来呈现节点和网络（线路）上的硬件和系统软件，并包括操作系统和中间件；主要包括：技术参考模型、技术模型和标准体系。

测评框架主要由测评指南、方法和参考模型组成。测评参考模型是一个标准的框架，由权威、全面、可扩展的系列测评指标组成，用来测评主要信息技术投资及其计划执行的成效。适用于跨部门和特殊部门的信息技术方案。应用指南包括：组织结构转型规划、组织体系结构转型过程、投资计划与控制三者能够并行的组织生存周期管理思路；对组织体系结构管理控制的组织模式；组织体系结构应用指南。

10.3　FEA 应用方法及案例分析

经过多年来对 EA 和 FEA 理论的学习和研究，我们认为，如果要把 FEA 理论用高度概括的语言来表述，那就是：FEA 是分析政府业务、数据、服务等重大要素的内部结构，建立这些要素之间关系的理论。基于这种认识，下面主要从建模、创建范例、建立关系三个方面，并结合 HL7 和美军的实例，对 FEA 应用方法进行分析。

10.3.1　建模

本处所说的建模主要指建立业务、数据和功能参考模型。因为这些模型对于各相关组织起到的作用是参考而不是全部照搬，故称参考模型。建模的目的是分析政府业务、数据、服务等重大要素的内部结构。

10.3.1.1　业务参考模型

FEA 业务参考模型的建立，通俗地说是采取"画表打钩"的办法，该表纵向划分若干业务项,横向列出若干部门,在部门与业务关联的格子中打钩,如图10.5所示。

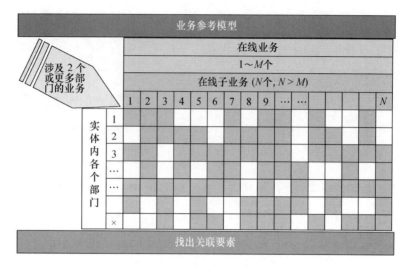

图 10.5　FEA 业务参考模型的建立

经过上面的反复打钩,找到关系最密切的业务项若干,然后建立它们的层次结构并进行定义。FEA 最高层是 4 个领域,其次层是 39 个在线业务,第三层是 153 个功能,如图 10.6 所示。

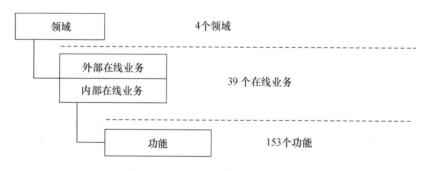

图 10.6　FEA 业务模型层次结构图

此处将 FEA 业务参考模型的列表展示如下,其中图 10.7 是"为公众服务"业务领域结构图。

美军对应 FEA 五大模型,以三大领域即作战、情报、后勤作为顶层建立系统顶层设计,后勤体系是第二层框架。2004 年,美军先后编制出后勤业务流程,作为业务模型,建立美军人员可视数据模型,提出美军后勤应用(系统)目标。第二层的设计成果是包括财、人、设施、武器、物、计划和预算六大要素划分为 68 个相互关联的系统的体系框架。

图 10.7 "为公众服务"业务领域结构图

美军的业务建模主要是进行业务分类，逐层将其细化为构件，再勾画业务流程，在这一过程中对构件、线、图的画法提出统一标准。美军的业务体系结构可以用一个公式表示，就是体系结构＝各构件结构＋构件结构之间的关系＋架构原则和方法。

10.3.1.2　数据参考模型

美国的公共卫生概念数据模型（PHCDM）提出了信息模型层级结构，将信息模型划分为主题域模型、类关系模型、概念数据模型、逻辑数据模型、数据库设计模型和物理数据库模型，分别处于上、中、下三个层级。其中：

主题域模型只包含了主题域和它们的关系，通常作为一个大型域（例如一个主要功能域）的模型。它可以被用于工程范围内的高层次计划和设计。

类关系模型只包含主题域、类和关系，通常描述一个有限的领域（例如单个项目领域）。它被用于项目层次的高层面分析与评估。

概念数据模型包含主题域、类、属性、数据类型、关系和一个计划项目领域（如公共卫生、财政、物资管理）的通常模型。它是由相对细节层面的分析组成，而且经常是一个首先交付的项目。

逻辑数据模型包含主题域、规格化类、极小属性、关系和候选/主键。经常作为项目领域中的企业详细执行的内容。它表示了最详细层次数据分析的完成和数据库设计的启动。

数据库设计模型包括表空间、表、列、数据类型和主/外键，通常表示一个计算机信息系统现存或者正在设计的数据库。它表示了数据库构建的开始和数据库设计的开始。

物理数据库模型包含生成表和索引所需的数据定义语言，还包括数据库管理系统强迫的约束。它是一个计算机信息系统现存的或者计划的数据库处理规范，对应于数据库设计和构建的最终步骤。

这六种模型如图10.8所示排列。

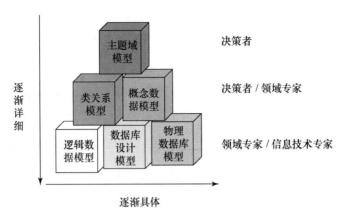

图 10.8　美国公共卫生概念数据模型层级结构

美国卫生信息传输标准 Health Level Seven（以下简称 HL7）的参考概念信息模型如图 10.9 所示。

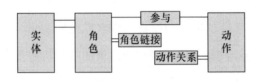

图 10.9　HL7 的参考概念信息模型主结构

在 HL7 的参考概念信息模型中，主题域包括实体、角色、角色链接、参与、动作和动作关（联）系。其中"动作"是这个主题域的核心部分。主题域是一个聚合类模型划分出来的、具有一定意义的部分，是在允许范围内用子集的方式把一个模型划分为若干更容易理解的区块。

10.3.1.3　功能参考模型

HL7 开发的电子病历系统功能框架由直接医疗功能、支持信息功能和基础架构功能三个部分组成，用来概括所有可能用到的电子病历系统功能。功能列表最多有 4 级目录，直接医疗的一级目录，表示医疗管理功能；二级目录表示医疗管理功能中的记录管理；三级目录表示医疗管理功能→记录管理→标识和维护患者记录；四级目录表示医疗管理功能→记录管理→来自外部的数据和文档→从外部临床来源获取数据和文件。最底层的目录为功能构件名称。

10.3.2　创建范例

参考模型的具体应用要通过创建模型范例来实现。模型范例是为了适应特定目的、特定用户、特定区域等而选择的一套功能,用来管理业务主列表,每个单独的业务系统只用到整个业务框架包含的部分内容。所以,业务系统不直接遵从业务模型,而是遵从模型范例。创建范例的步骤是:

(1) 提供一般的范例信息。所有范例都需要有一个唯一的标识来说明该范例的一般信息,包括标识该范例和该范例拟应用场合的描述和定义。

(2) 创建一致性条款。一致性等级表达方式有三种:必须,应该,可以。所有应用都被设置了三个优先程度,即目前必须、将来必须或可选。

(3) 选择构件。从模型中选择满足所要创建的范例的构件;尽量使用与业务构件一样的 ID 号和名称、陈述。

以 HL7 功能范例来说明:急诊部信息系统功能范例是 HL7 急诊医疗兴趣小组的项目,目的是按照 HL7 电子病历系统功能模型,为急诊部的信息系统提出标准的功能范例。通过产生一个稳定的、可用的功能范例,勾勒出信息系统的基本功能,包括对其评价的一致性标准,以期为急诊部门建设、优化和评价其信息系统制定出一个开放的、客观的标准。EDIS-FP 是目前 HL7 电子病历功能模型包中提供的唯一功能范例。EDIS-FP 功能范例列举的功能 103 个直接来自电子病历系统的功能构件,其中直接医疗层次有 50 个,支持信息层次有 30 个,基础架构层次有 23 个,在功能框架下自定义的功能 37 个。

10.3.3 建立关系和组装

10.3.3.1 关系

EA 定义了各要素之间以下几种关系:

(1) 一般与特殊关系

这种关系是一般元素和具体元素之间的一种分类关系。在层次结构中,下层元素具备了上层元素的所有特性,并包含有将其区别于上层和同层元素特性的表述。

(2) 整体与部分结构关系

在层次关系中,整体与部分关系就是下层元素是上层元素的组成部分,上层元素包含了全部下层元素。

(3) 实例连接关系

用于表达对象之间的静态联系。即通过数据来表达的一个对象对另一个对象的依赖关系。在具有实例关系的两个实体之间画一条线把它们连接起来,连接线的旁边给出表明其意义的连接名。

(4)消息连接关系

消息连接表示对象之间在行为上的依赖关系。对象之间通过消息连接,使各模型最终成为一个有机的整体。

10.3.3.2 组装

服务系统是利用关系将各个构件连接起来,组装为实现特定目标的系统。

FEA 选用构件来组建体系框架非常适合于信息资源整合。以业务框架和应用框架为例来说明这一技术路线,是指把"业务"作为一个个复合的逻辑来对待,它可以被粒度更小的构件描述出来。虽然复合后的业务不断地变化,但那些粒度更小的构件却是很稳定的。这时候,那些描述"业务功能点"的构件可以被更灵活地调用、重置和复用。这样就避免了传统大型应用系统的周期长、代价高等种种缺憾,降低了应用闲置的概率,最大限度地消除了容易出现的信息孤岛和 IT 黑洞,如图 10.10 所示。

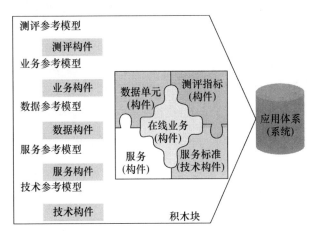

图 10.10　FEA 各构件组装的体系框架

美军后勤系统的各种关系主要以数据为中心进行分析,体现在:

数据自身的范围和定义,包括全部要素的定义,如数据实体和属性、业务和活动、系统及其功能、接口等;

数据与单位(含人员)的关系;

数据与业务的关系,包括数据与业务节点、数据与业务流程、数据与业务活动关系;

数据与应用的关系,包括数据模型与系统接口关联、系统之间交换什么信息等;

数据与(标准)技术的关系。

美军的整合方案于 2004 年形成,2008 年开始执行。美军后勤系统将原有 3717 个系统经过重建,将最终转型为一个复杂系统,实现由部门后勤向整体后勤的整合。

10.4　政务信息资源整合思路

1. 充分认识政务信息资源整合的复杂性和艰巨性，牢固树立长期、艰苦、连续"作战"的思想

一方面，政务信息资源整合的对象十分复杂，这个对象涉及信息化建设的技术、业务、数据和服务等方方面面。既要了解各方面内部的结构，又要了解各方面之间的结构。这且不论，单是一个方面例如业务一项，就包含各层次、各个领域，既需要弄清各个环节，同时需要弄清各个环节之间的联系和转换；既需要弄清业务的现状和历史沿革，又需要掌握对业务起着影响作用的政策走向；如果进行业务分类，更要弄清分类的标准和粒度。而这一切，既有理论问题又有实际问题，甚至牵扯到人事关系、财政经费和各有关方面的切身利益。

另一方面，政务信息资源整合的复杂性又决定了它必须是一个长期的过程。因为，建立一个或若干系统已经花费了不短的时间，而把若干系统"转型"为一个整体将花费更长时间，不可能一蹴而就，大量事例证明了这一点。美国国防部体系结构从2002年着手建立，用了7年时间，也才仅仅进展到开始执行这个体系结构的程度。我们说它必须是一个长期的过程，还有一个原因是，随着客观形势的发展与变化，政府业务本身也要不断发展不断变化，变化是绝对的，不变化是相对的。一旦业务发生了变化，服务功能紧跟着也要变化，应用系统就要进行改造或完善，产生的数据无论是数量还是质量也就随之发生变化，于是，整合的事情也就发生了。政府信息资源建设的经历也证明了这一点。由于这种变化是不以人的意志为转移的，那么，整合就将是一个永无止境的过程，或者说整合是一个永恒的课题。

2. 政务信息资源整合不能只从技术方面解决问题，一定要多管齐下

近年来，世界各国都遇到整合这一难题，国内外政府和企业都进行了不同程度的探索，但是，实践表明，要解决信息资源建设方面的问题，要进行信息资源整合不能只从技术角度去解决问题，从技术角度去解决问题往往只解决个别的或局部的问题，于全局无补，甚至是失败的，国外和我国的实践都启发我们要多管齐下。原因很简单，因为信息资源建设中暴露的问题，不仅仅是技术问题，还有其他多种多样的问题，甚至更重要的是业务管理问题。在国内外的探索中，发达国家的一些做法，特别是FEA理论值得我们借鉴。其目标是建立政务信息资源体系框架，要点是对涉及政务信息资源的业务、数据、服务、

技术等重大要素的内部结构及这些要素之间的关系进行组织和优化，并一以贯之地进行效能评测，直至接近于最终目标。

首先要做的是把前几年进行业务梳理的资料进行整理。其做法是参照 Zachman 实体体系结构要求对号入座，将资料系统化，并进行电子化管理。

要建立业务体系框架，它是整个体系框架的重点，也是基础和出发点。从职能和顶层业务出发，把业务、业务产生的信息资源、业务涉及的服务功能、业务流程梳理清楚。当然，从业务着手不能理解为只简单地局限于对业务的分析和描述，通过梳理发现业务断点，还要在不触及业务大调整的有限范围内进行局部的业务优化或改良，或提出业务改造建议。因此，要建立业务参考模型，建立业务参考模型可以采用 FEA 中简单而实用的办法，就是以部门（可以细化到业务小组）和业务（可以细化到事项）两类资源组织一个二维表，然后进行交叉式地识别它们之间的关联关系，保留那些跨部门并多次被关联的业务，取消那些不涉及多部门或没有关联关系的业务，这样反复进行多遍之后最终保留一个表头，再将这个表头的信息按层级关系区分开，就是参照 FEA 方法确立它们之间的关系，形成的这个框架即初步的业务参考模型。最后参照 FEA 的做法和前面所提供的资料建立业务体系框架。业务项目的确立的做法还可以参考财政部门的预算科目进行文字转换。

要建立数据参考模型。数据参考模型的建立方法，是反复研究、分析决策层、专家、业务人员的意见，筛选出几个最稳定的信息实体，例如人、机构、设施、财物、事件、环境六个信息实体，然后进行逐级分类，并参照 FEA 理论进行分析、建立它们之间的关系，并进行标准化描述，建立起数据参考模型。最后，参照 FEA 的做法和前面所提供的资料建立数据体系框架。

也要建立服务模型。服务参考模型的建立方法，是反复研究、分析决策层、专家、业务人员的意见，筛选出若干个最稳定的功能实体，例如市政、交通、社保、医疗、教育、住房、国防、司法、环保、应急十个服务功能领域，然后进行逐级分类，并参照 FEA 理论进行分析、建立它们之间的关系，并对其进行标准化描述，建立起服务参考模型。最后，参照 FEA 的做法和前面所提供的资料建立服务体系框架。其做法可以从原有系统提炼，或根据形势的要求进行补充。

绩效评价模型是首先要考虑的模型。因为整合的过程自始至终都要顾及其实施效果，因此要一以贯之。例如，要建设一个应用系统，首先是要评价系统要实现的功能，也要评价公众使用的方便和建设的低成本，还要评价是否重复建设，等等。这些评价项即是指标，把若干指标进行归类和描述，就产生评测体系框架的原型。

在建立上述几个框架之后，还要进行一项重要工作就是建立这些框架之间的关联，从而形成本级政府整合体系框架。

技术模型相对来说，可以缓建，因为在有了前面的这些模型之后，政府可以委托外包或组织开发公司去做技术实现。

3. 政务信息资源整合应以政府部门为主导，组成专业技术人员和业务人员相结合的队伍，以项目或工程形式，按计划、有序、不间断地实施下去

前面已经做过分析，政务信息资源整合涉及方方面面，不能简单化地看待和对待它，同理，在实施的组织形式上也必须按照系统工程方法进行科学筹划。以往开发软件应用系统的经验教训应当总结。主要的问题是组织各类人员相结合的实施队伍，最为要紧的是充分发挥业务管理人员的作用，当然，其他各类人员也要分工负责，各尽其能。一般地说，在整合初期，在研究提出战略需求时应以各级业务领导为主体；在建立业务模型阶段应以业务办事人员为主体；在建立数据模型阶段应以专家和信息技术人员为主体，业务人员给予充分配合；在建立服务模型阶段应以业务人员和技术人员相结合来进行分析和研究；在建立评测模型时，应主要由业务领导提出评测要求；在建立技术模型时，应以技术人员为主去实现。当然，这些分工只是一般的考虑和安排，具体到每个项目和阶段则要根据实际情况作出因时、因地制宜地调整。但是，不管怎么说，组成专业技术人员和业务人员相结合的队伍，以项目或工程形式，按计划、有序、不间断地实施下去是基本思考和基本要求。

4. 政务信息资源整合运用国外理论一定要结合国情，从实际出发，具体问题具体分析，具体情况具体对待，整合才能持续下去也才有生命力

EA 理论对于政务信息资源整合具有很大的指导和借鉴意义，这一点已经成为共识。例如，FEA 确实是一个具有重要价值的理论体系，FEA 的理念、做法、案例非常值得我们参考、学习和借鉴。但是，并不能说把 EA 或 FEA 拿来照抄照搬就可以了。经验证明，有些国外的好东西拿到国内来照搬肯定行不通，但结合我国实际进行参考、消化、学习和应用，就能产生很好的效果，就有了生命力。

其理由是，美国的国情与我国不同，西方国家政府的管理体制与我国的更是有所区别。在美国，只有国防、外交等领域是垂直管理模式，这一点与我国的类似，但是，其他的如教育、卫生等领域，美国联邦政府和州政府之间并不发生垂直业务关系，而我国的情

况是条块分割、犬牙交错。因而，运用 FEA 理论解决我国的具体问题要有一个长期研究、磨合的过程。

运用 FEA 理论的事实也说明了这一点。1999 年至今，美国政府基本建成了以评测、业务、数据、服务构件和技术五个参考模型为核心的联邦体系结构，而挪威国防部提出的是基于"目标、信息、过程、技术和组织"5 个要素的体系结构架构观点，澳大利亚则提出了基于"构想和作战、业务流程、功能和应用、基础设施"的体系结构的架构观点，英国更是在电子政府实体体系结构中还规定了电子邮件的结构、数据元和代码标准。不仅国家之间不完全相同，即使在美国国内也不完全一致：美军体系框架是围绕作战、系统和技术三大视图，发布了涵盖 27 项产品的 C4ISR 体系结构，美国财政部则是围绕信息、功能、组织和基础设施四个视图，基本建成了财政部实体体系结构。

我国近年来以 EA 的理论和方法指导电子政务工作，结合国情和当前政府重点工作，在《国家电子政务总体框架》等一系列文件指导下，政务信息资源目录体系建设发展迅速，信息共享、信息整合和应用系统整合成为电子政务的重点工作。我们提出的基于政务信息资源目录的政务信息资源整合框架，基本内容就是在这一整合框架下，开发与信息和数据密切相关的模型和标准规范，如核心业务模型、基础数据集、应用系统业务功能规范、XML 共享数据集等，并运用这些模型和标准规范直接指导信息共享整合。当前，我们所期望的政务信息资源整合框架仍然是初级层次的 EA 框架体系，通过开发和运用政务信息资源整合框架，可以在开发 EA 体系框架和参考模型方面积累经验，为今后继续利用 EA 体系框架奠定基础。

5. 政务信息资源整合的实施应先从业务部门和应用主题入手

既然政务信息资源整合势在必行，那么，从哪儿入手去实施呢？我们认为：

（1）目前，各地、各级政府从其全局的角度来看，上述四个模型的实施并不现实，条件不够成熟，确有很大难度。因此，可以先从业务部门或应用主题入手，也就是说，从一个业务部门整体出发去做，或从跨部门的应用主题如交通、卫生等领域的整合去做，以解决部门内部或跨部门的信息资源整合。

（2）在进行部门或主题应用整合时，要选题准确，使被选择的部门处于跨部门的主题应用范围之中为最佳。但是，在理解先从部门入手时，也要把这一部门看做是本地或本级政府的一个领域去认识。例如，北京市财务部门，整合财务部门内部业务时，要站在北京市全局角度去理解对财务部门的业务整合，把它看做是北京市的财务领域，而不是一个孤悬无依的财务部门。

（3）在实施时，先从部门的顶层设计做起，按照自顶向下的思路再逐步细化。同时，既要提出原则性要求，也要编制范例和指南给予具体指导。

10.5 政务信息资源整合的设计原则

政务信息资源整合中最大的问题是业务应用和业务协调问题，而解决业务应用和业务协调问题必须由业务部门领导出面，联合业务人员、技术人员共同行动，因此，政务信息资源整合不是一个纯技术问题，不是技术部门一个单位能办的事情。

在推动政务信息资源整合时，要始终坚持如下的原则：

1. 公共服务驱动的原则

服务型政府包括三层含义，即：一是"为谁服务"，二是"提供了什么服务产品"，三是"能否有效地服务"。政府信息资源既是公共服务产品，又是一种提高政府服务效率与服务质量的手段和工具，而开发利用政务信息资源所带来的各个方面新的制度和新的管理，又提供了保障有效服务的措施。

政务信息资源整合就是要利用信息技术，完善办事程序，提高办事效率，提供完成公共服务比较迅捷和经济的途径。因此建设服务型政府是政务信息资源整合的方向，要把为了提高公共服务水平作为推动政务信息资源整合的根本驱动力。

2. 政务管理驱动的原则

在政务领域，是政务管理水平的提高与方式的变更，为信息技术的运用提供了广阔的空间。政务管理的不同领域（如国土、工商、卫生等）和政务管理的不同层次（如政务的宏观管理、政务的中观管理、政务的微观管理）都可能对政务信息资源整合提出需求。政务信息资源整合是服务于政务管理的手段和工具，而政务信息资源整合的效益是从业务和管理的效益中体现出来。因此，牵头进行政务信息资源整合工作的应该是业务部门和业务领导，而不是信息技术部门。

3. 应用需求驱动的原则

在有些部门或领域，即使存在大量的政务信息资源整合的潜在需求，但是还没有被业务部门的管理层认识到，还没有转化为明确的业务工作内容。对于这些部门和领域的政务信息资源整合工作，没有必要急着动手。只有当这些潜在需求浮出水面的时候，信息技术部门从中选择整合需求特别迫切的部门和领域入手，从有实实在在业务需求的地方入手。

只有在这种情况下,才可能形成政务信息资源整合的效益,形成业务管理层和信息技术管理层,业务人员和信息技术人员的良好协同工作的局面。

4. 强化信息资源基础标准的原则

经过政务信息资源整合,要切实改变信息资源的状况,提高信息资源管理的水平。对于信息资源要强调进行梳理和组织,要编制政务信息资源目录,逐步实现在物理颗粒的数据之上,增加数据逻辑颗粒的描述,把没有说明的数据转变为有说明的数据;把无层次的数据转变为有层次的数据;把分散的孤立的信息整合为综合关联的信息;把直接利用的数据转变为可再利用的数据,改变信息的可展示性、可获取性、可理解性、可保护性和再利用性。

10.6 政务信息资源整合的技术路线

在利用信息共享交换平台进行政务信息资源整合的技术路线上,存在"按点共享"还是"按单共享"的不同技术路线。

"按点共享"指的是在数据交换中,如果没有进行政务信息资源梳理,仅仅按照具体的数据需求,逐个开发相应的数据接口,以数据复制的方式实现数据交换。所以说它是"按点共享",就是采用软件编程的办法,一个需求点一个需求点地去实现信息共享。当存在成百上千甚至更多的信息共享需求时,"按点共享"将形成密如蛛网似的数据接口的连接关系,不但开发成本高,难于维护,而且技术架构僵化,无法适应需求方的快速变化。

"按单共享"指的是按照规定的标准规范,数据提供方将数据放置在安全保护下的数据共享空间,并在信息共享环境进行数据登记,并通过信息资源目录的形式发布共享数据。数据需求方自行查阅信息资源目录,访问数据共享空间,发现所需信息并将其下载到自己的数据库和应用系统中。"按单共享"的"单"指的是信息资源目录,"按单共享"是采用标准化的思路,分别对共享数据格式、数据传输协议、共享数据软件系统进行规范,在不同单位和不同应用系统之间,采取 XML 信息交换包的形式发送和传输数据,形成了一套柔性的信息交换流程和技术系统,以适应大规模信息共享环境中信息共享和数据交换的需要。

就一个具体业务应用项目讲,"按点共享"与"按单共享"都可以实现信息共享的目的,但是从规模效果和长期发展来讲,两种技术路线存在巨大的分歧,并将产生完全不同的应用效果。除了满足信息共享需求程度和成本投入方面的巨大差异,更为基本的分歧在于是否要对信息资源进行管理。"按点共享"可以完全不进行共享信息资源的规范化和标准化工作,可以在完全不懂信息资源管理的情况下进行信息交换,"按点共享"之后形成的数据与"按点共享"之前的数据,其形态和管理水平是一样的,在信息的可展示性、可获取性、可理解性、可保护性和再利用性方面没有丝毫的提高,这样将直接影响今后信息资源的开发与利用工作。而"按单共享"将按照统一的标准规范,集中提供共享信息资源的目录,使信息使用方有了一个更加丰富、完善、规范的选择空间,不但统一了信息提供方的数据提供标准,而且方便了信息使用方的信息发现和获取,使得信息使用方不需"预约"等待,即时就可满足获取共享信息的要求,这对于应对紧急政务工作和突发公共事件具有重要的意义。

"按单共享"只是政务信息资源整合的一个阶段目标,未来还要发展到"按服务共享"。在共享效果上,"按服务共享"可以让信息使用方获得更大的选择空间,使信息使用方可以按照自己的需要,在线选择和组装所需的数据服务内容。为了做的这一点,要建立全面完整的架构体系。要以业务模型和数据模型为指导,区分各种颗粒度的数据服务块,并提供数据服务块的规格说明,同时为查询和抽取各种粒度的数据服务块提供系统功能和服务契约。

本书在下面说明政务信息资源整合建设任务的时候,将说明如何实现"按单共享"的技术路线。

10.7 政务信息资源整合的建设任务

政务信息资源整合是电子政务发展的新阶段,无论是部门内部的整合、跨部门的整合、行业内部的整合、区域的整合,先后都会提出政务信息资源整合需求,进入政务信息资源整合阶段,并开始进行政务信息资源整合阶段所特有的信息化建设任务。

下面先说明政务信息资源整合的一般性建设任务,然后再根据业务职责和业务层级的不同,以及信息化基础、管理机制、经费人员等投入的差异,说明政务信息资源整合的路径选择的多样性。

一般来讲,政务信息资源整合工作大致可划分为三个部分,它们是:编制架构体系和标准规范、搭建信息共享环境和基础设施、改进应用系统的开发和部署,如图10.11所示。

第 10 章　政务信息资源整合框架

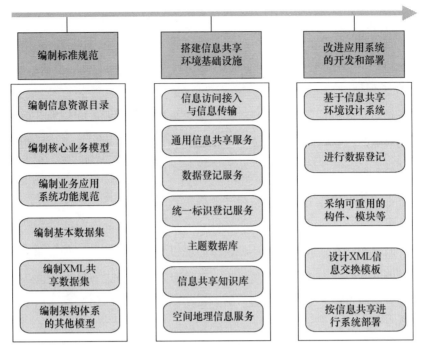

图 10.11　政务信息资源整合建设任务

10.7.1　编制架构体系和标准规范

政务信息资源整合工作是大规模、大范围的协同工作，没有架构体系和标准规范是不可想象的。由于信息工程和软件工程本身就是很复杂的，再加上政务信息资源整合的因素，编制架构体系和标准规范就更加复杂。

编制开发架构体系需要较高的业务管理水平，需要专门的知识，需要比较多的时间、人力和资金投入。根据目前大多数单位业务管理水平较低，信息化人才比较缺乏，信息化资金投入较少的现状，可以先进行与政务信息资源整合直接相关的标准规范方面的工作，待到条件具备时，再进行架构体系的开发。对于条件较好的单位，可以选择开发部分架构体系，而不做全套架构体系的开发。

这里的标准规范范围比过去传统意义的标准规范扩大了很多，包括了各种各样的规划和设计工作，如业务模型、数据模型、数据集等方面的内容。之所以要扩大标准规范的内涵，是因为在政务信息资源整合的背景下，这些模型和数据集是必不可少的，事实上发挥着标准规范的作用。

在政务信息资源整合项目具体实施中，需要许多种标准规范，本书不可能一一列举出来,下面以常见的几种标准规范,说明编制标准规范的工作思路。

1. 编制信息资源目录

有关编制信息资源目录的内容请参见本书的其他部分。

2. 核心业务模型

核心业务是与履行机构职责密切相关的业务。在充分掌握业务知识和了解用户需求的基础上编制核心业务模型。编制核心业务模型是为了解决业务和应用系统"两张皮"的问题,不能为了整合而整合,要保证政务信息资源整合取得实际的工作效益。核心业务模型将用于后续政务信息资源整合的决策,以及应用系统和共享数据的设计。

核心业务模型的输入是各种法律法规文件、信息资源目录、业务实际运作产生的材料以及业务调查梳理的结果,其输出是业务模型的说明文档和图件。在核心业务模型中,要以业务对象为中心,说明业务的远景和目标,要说明指导与约束业务运作的各种要素,要说明参与业务活动的机构和岗位,说明业务流程和业务活动,说明业务运用和产生的资源(包括信息资源、人力资源、资金资源等),并绘制业务模型图。

3. 业务应用系统功能规范

业务应用系统功能规范是在核心业务模型的基础上,针对业务需求,统一定义业务应用系统的功能规范。这一规范主要是解决应用系统重复建设,功能定义没有标准,系统整合难以实施的问题。业务应用系统功能规范将指导业务应用系统的设计,合并和重组。

业务应用系统功能规范的输入是核心业务模型和用户需求,输出是功能规范的说明。要求明确每个功能完成的任务,要包括基本功能和可选功能,要以统一的形式,说明系统功能的功能名称、编号代码、目标用户、具体内容。在有条件的地方,应该采用面向服务的方法,以服务组件的形式,说明系统功能。

4. 基本数据集

基本数据是业务数据中常用的和重要的部分,基本数据集是从范围、格式、含义等方面对数据内容的统一规范。编制基本数据集是针对过去数据内容标准缺位的情况,是实现政务信息资源整合的基本措施。基本数据集将用于设计数据库、数据输出、人机界面、信息交换包、数据应用模板、数据传输和数据分析。

基本数据集将遵循 GB/T 18391《数据元的规范与标准化》,说明信息概念模型、信息分类方法与分类框架、基本数据集元数据、数据元集、数据元代码集等。形成统一的、完整的基本数据集是一个过程,条件成熟的地方,可编制综合、全覆盖的基本数据集,条件不成熟或不具备的地方,可编制局部业务、单一业务的基本数据集。

5. XML 共享数据集

共享数据是跨业务、跨地区、跨行业需要共享的数据，XML 共享数据集是由定义了 XML 元素、类型、命名空间等内容的数据元形成的数据集。XML 是数据交换的国际标准，编制 XML 共享数据集是为了解决用于信息共享交换的数据元不标准的问题，使参与信息共享交换的各方在 XML 标准之上，使用同样格式的数据元。XML 共享数据集将用于信息共享交换平台设计、信息交换包设计、信息交换模板设计等应用中。

政务信息资源整合必须要有独立于厂商，独立于技术产品的通用的规范。为了编制 XML 共享数据集，要定义统一的 XML 标识与命名规范，要基于信息共享交换的业务模型和数据模型，选择用于信息共享交换的数据元，然后按照相关的 XML 国际标准和 XML 数据处理优化原则，定义共享交换数据元的 XML 元素、类型、命名空间等内容，形成 XML 共享数据集。

10.7.2 搭建信息共享环境和基础设施

当考虑到参与政务信息资源整合的机构数量和应用系统数量时，当考虑到政务信息资源整合的整体技术架构时，当考虑到政务信息资源整合系统的强壮性、稳定性和可扩展性时，当考虑到各种一体化和统一化功能设计时，就必须建设一个统一的信息共享环境和基础设施。

信息共享环境的设计采用了面向服务的体系架构，基于信息资源目录体系，基于重构的信息数据管理和服务方式。信息共享环境不但要适应现存应用系统的接入，同时为未来新一代应用系统的设计和运行提供基础平台。

与信息共享环境相连接的是政府各部门的信息共享空间，信息共享空间按照统一的标准规范由各政府机构分别建设的。

下面简单介绍几个常用的信息共享环境设施，以帮助读者理解我们政务信息资源整合的思路。

1. 信息访问接入与信息传输

在政务信息资源整合环境下，各个应用系统之间的互相连接，应用系统与信息共享环境基础设施之间的互相连接，个人用户直接访问应用系统，都需要由信息共享环境提供信息访问接入服务。这一服务将支持各种信息访问手段，如个人电脑、移动信息终端（手机、PDA 等）、系统接口等。

信息共享环境是建立在企业服务总线之上，通过事件驱动和基于 XML 的消息引擎，为更复杂的面向服务的信息共享架构提供支撑，信息共享环境提供可靠消息传输，服务接入，协议转换，数据格式转换，基于内容的消息路由等功能，信息共享环境屏蔽了服务的物理位置，服务终端的协议和数据格式。

2. 通用信息共享服务

将所有进行信息共享交换工作时所需的通用服务功能，从信息共享交换系统中剥离出来，单独组装在通用信息共享服务当中。通用信息共享服务将集中投资，统一建设，共同使用，这样不但可以优化部署，降低成本，方便维护，而且可以更好地按照统一标准规范进行建设。

通用信息共享服务包括消息服务、协同服务、XML数据解析服务、安全服务、隐私保护服务、数据索引服务、数据搜索服务、数据存储服务、门户服务、用户支持服务、通用管理服务等。

3. 数据登记服务

进行数据登记是进行信息资源管理的一个标志，是一种信息资源管理的制度，是一种工作协调和数据标准化的手段，是政府机构推动信息共享的途径。数据登记管理系统是一种用于数据登记工作的信息系统。进行数据登记的目的是打破数据被封闭、被孤立的局面，已登记的数据将用于信息资源管理的全过程，并成为面向服务的体系架构的组成部分。

数据登记的内容包括政务信息资源目录登记、数据标准登记、元数据标准登记、XML元素、类型和命名空间的登记、数据元登记、数据编码登记、数据分类体系登记、数据模板的登记、数据模型的登记、数据集登记等，总之是对用于信息资源管理的数据内容的登记。

4. 统一标识登记服务

在政务信息资源整合中应该统一的标识类信息将由信息共享环境提供，如个人标识、机构标识、地名标识等，在分散建设的应用系统中，这些标识是分别定义、分散管理的，已不能适应政务信息资源整合的需要。

首先要编制统一标识的标准规范，定义统一标识登记的管理流程。然后在人口（自然人）基础库、法人基础库、空间地理基础库的基础上，按照统一标识进行定义，设立专门的标识查询、比对、引用、更新等服务功能，使统一标识成为政务信息资源整合环境的基本要素，并支持基于统一标识登记的业务应用系统的开发。

5. 主题数据库

主题数据库是围绕业务主题或应用主题，采用数据仓库技术而搭建的 ODS（操作数据存储）类型的数据库。建设主题数据库是一种数据整合的方式，整合与主题数据库的数据可用于数据的查询统计，并像一个数据源一样对外提供共享数据。

编制主题数据库的步骤是：编制主题信息资源目录、编制信息资源模型、编制数据字典、编制数据操作规范、设计主题库的元数据库、设计主题数据库、进行主题数据库的开发、准备数据并上传加载。

6. 信息共享知识库

信息共享环境与非信息共享环境的真正区别是它的知识管理，为了形成虚拟的联合团队共同进行信息共享环境的设计、开发、维护，需要建设信息共享知识库，以进行有效的知识传递。

信息共享知识库是面向系统建设者的。信息共享知识包括所有指导政务信息资源整合工作的文件、规划、标准、模型等资料和进行政务信息资源整合项目所创建的工作成果（如需求分析、系统功能设计、项目进度计划等）。

另外，还可以把可重复利用的构件、模块、代码、数据集等放置在知识库中共享。对于重用的构件、模块、代码、数据集要明确界定知识产权，采取知识产权保护的相应措施。对于需要多次迭代开发和扩展完善的知识内容，要设置相应的版本管理，并鼓励对重用的构件、模块、代码、数据集进行扩展和完善。

7. 空间地理信息服务

许多政务信息资源与地理信息相关，信息共享环境将提供统一的空间地理信息共享服务。基础地理信息服务部门提供基础地理信息服务共享平台，以 Web 服务的方式，发布各种基础地理信息。其他使用单位可从信息共享环境实时地在线获取遥感影像、政务电子地图、政务信息图层等基础共享资源，以及其他诸如地址匹配等共享服务，并可快速搭建各自的基于 GIS 的业务应用系统。

10.7.3 改进应用系统的开发与部署

仅有标准规范和信息共享环境还是不够的，还应该改进应用系统的开发和部署。传统的应用系统开发套路中形成于非信息共享环境，许多方法和规则带有"信息孤岛"的烙印，沿用传统习惯必然走不出"信息孤岛"的怪圈。

改进应用系统开发与部署的方式方法的基本原因是外在环境变了，信息共享环境的诞生将催生应用系统开发与部署的方式方法的变革。这些变革包括许多方面，本书仅就基于信息共享环境设计应用系统、进行数据登记、采纳可重用的构件、模块、代码、数据集、设计 XML 信息交换模板、按信息共享进行系统部署展开讨论，其他方面的内容将忽略不提。

这里的应用系统既包括改造升级现有的应用系统，也包括采用新的模式和思路设计新的应用系统。

1. 基于信息共享环境设计应用系统

信息共享环境既提供了应用系统直接利用的资源，也对应用系统的功能性能提出了约束条件。信息共享环境中的架构体系，公用的共享数据（数据仓库、主题库、领域数据库、专业数据库、数据登记库等），大量的标准规范，统一标识要求，共用的访问接入系统，通用的服务功能等，所有这些都是非信息共享环境下没有的，是其系统设计不曾考虑的。应用系统与信息共享环境是互动的关系，一方面，应用系统从信息共享环境获取设计、共享数据、标准规范、标识、访问通道、通用服务等资源，另一方面，应用系统要输出自己的设计、共享数据、标准规范扩展补充、标识数据给信息共享环境的数据库和知识库，因此，这些系统互动相关的功能和数据也应该包括在系统设计中。

因此，基于信息共享环境设计应用系统，是实现信息共享的基本要求，要在系统设计和开发的过程中始终贯彻信息共享的宗旨，使设计开发的应用系统具有内在的信息共享品质。在信息共享环境尚不成熟或完善的地方，可在项目范围内进行部分信息共享功能的设计。

在应用系统的招标、合同签订、项目验收当中，都要明确基于信息共享环境设计应用系统的要求，并按此要求拨付资金和进行工作验收。

2. 进行数据登记

数据登记是促进信息共享的管理制度，应该纳入应用系统开发当中。一般数据登记应当包括数据模型、数据标准、数据集（数据指标集）、数据字典、数据模板以及其他元数据。进行数据登记的前提是按照信息资源管理的理论和方法，对数据进行分析和整理。

在建立数据登记中心的地方，按照数据登记中心的要求进行登记。在没有建立数据登记中心的地方，按照信息资源目录的要求，对信息资源目录进行补充更新。

数据登记是信息资源管理机构的日常工作，其应当建立一套完善的数据登记的制度、岗位、工具、数据库。在每个应用系统项目当中，由数据提供单位完成与项目相关的数据登记工作，并将工作成果与信息资源管理机构的历史数据汇总，在每个单位形成单一的数据登记综合成果。

3. 采纳可重用的构件、模块、代码和数据集

为了提高统一性和规范性，在条件成熟的地方，要提倡多重用，少开发。大幅度提高构件、模块、代码、数据集的重用率，可形成规模化的市场需求，推动信息产业的发展；采纳可重用的构件、模块、代码、数据集，可减少错误率，降低开发维护成本。

可重用的构件、模块、代码、数据集来源于信息共享知识库。

4. 开发 XML 信息交换模板

在信息共享环境下，信息交换模板是机构之间、用户之间、系统之间沟通协调，统一信息交换格式的手段。定义 XML 信息交换模板是实现信息共享交换的关键环节，是一项实现信息互操作的措施。

开发 XML 信息交换模板的前提条件是具有核心业务模型和 XML 共享数据集。信息交换包包括信息交换标识信息和信息交换模板，信息交换模板定义了信息交换内容，XML 信息交换模板是 XML 格式的信息交换内容定义，是一套 XML 的模式。信息交换包配合消息传输，形成了信息共享环境的数据传输设计。信息交换包是统一定义的，但是信息交换模板是由各个应用系统和应用项目单独设计的。设计完成后进行数据登记，并在信息共享知识库中进行共享。需要使用这些共享数据的机构和应用系统，可从知识库中获取。

5. 按信息共享进行系统部署

接入信息共享环境的应用系统，要有对应的信息共享空间，在信息共享空间部署应用系统功能和共享与交换的数据，同时在信息共享环境中进行初始的数据登记和统一标识符登记。

信息共享空间并不是没有安全和隐私保护，相反，它应完全遵循统一信息安全架构所要求的安全和隐私保护标准，采取严密可信的管理措施和技术措施。

10.8 政务信息资源整合的路径选择

10.8.1 不同层级、职能机构的整合路径分析

由于各个政府机构业务职责和业务层级的不同，以及信息化基础、管理机制、经费人员等投入的差异，在具体选择政务信息资源整合建设任务，和在什么时间启动这些建设任务，各单位会有不同的考虑。

政务信息资源整合是通过政府机构之间的协作来完成的，因此不同层级和职能的机构，在进行政务信息资源整合时要根据自身的情况选择合适的路径。

用于政务信息资源整合的标准规范和信息共享环境是逐步建设和完善的，因此担负开发编制政务信息资源整合标准规范和信息共享环境的机构与其他机构在建设任务的选择上是不同的。承担开发编制政务信息资源整合标准规范和牵头建设信息共享环境的机构一般应该是在政府层级中处在较高层级的单位，或者在行业中处于领导地位的单位，或者在标准规范制定中处于权威部门的单位，或者在业务上具有很大独立性的单位，或者在业务规模和机构规模比较庞大的单位。这些单位在建设任务选择上，可以依次进行三个阶段（即编制政务信息资源整合标准规范，建设信息共享环境，改进应用系统的开发和部署）。

对于其他机构，在信息共享环境不具备的时候，可以先进行局部的政务信息资源整合工作，可以在编制信息资源目录的基础上，采取整合基础数据或建立集中的主题数据库的模式，以满足当前的应用需求。当信息共享环境具备时，再按照规划和标准，启动相关的建设任务。

10.8.2 数据大集中的整合路径分析

这种整合路径是用新建的、集中的应用系统和数据库，代替旧的、分散的应用系统和数据库，从物理层面上实现了应用系统和数据库的整合。在金融、财政等行业已经这样做了，并取得了不错的应用效益。

数据大集中的整合，是一定条件下的优选路线，它具有以下特点，在这些特点中包含了它的局限性。

1. 数据大集中要基于大集中的业务战略

数据大集中要求在业务体制和业务管理方面，已经实现了集中化，或有集中的管理要求，如银行和财政通过集中化管理，加强了业务控制力度，节约了资金，减少了风险。正是因为集中化管理本身，就是一种提升管理水平，获取经济利益的手段，因此，信息化战略要与业务战略保持一致，进行数据大集中。在非垂直管理行业和属地管理单位中，或在其他大多数单位中，一般没有这种管理上的要求，因此实行数据大集中就显得根据不足，可有可无了。

2. 数据大集中要求较高的资金投入

由于要用新系统代替旧系统，用比较大型的信息设备代替原来比较小的设备，IT建设的投资将大幅度增加。因此，有资格选择数据大集中整合路径的单位，一定是财力雄厚，有大笔资金支撑的单位，这些资金包括当期建设资金、后续工程资金和系统运行维护资金。因此，没有雄厚资金实力的单位，要选择充分利用现有系统和数据库，以基础（主数据）数据集中、共享数据集中代替数据大集中。

3. 数据大集中要求比较长期复杂的 IT 建设

数据大集中的建设任务多，建设周期较长，在建设期内要保持其信息化战略、信息化工程项目计划、信息化建设团队的稳定。如果由于战略、计划和团队的不稳定，可能带来数据大集中项目的风险，最终影响到政务信息资源的整合。因此，没有这种条件的地方，要选择比较稳妥的有限集中，逐步集中的思路，保证把风险放置在可控的范围内。

10.8.3 信息资源规划、建设主题数据库的整合路径分析

这种整合路径是在进行政务和信息资源梳理分析之后，编制业务模型和数据模型，然后进行数据元、数据视图方面的规范化，统一设计主题数据库，实现重构数据环境，对原来分散在其他应用系统的数据进行整合。

在传统守旧的应用系统和数据库开发套路占据国内业界主流地位的年代，这一技术路线异军突起，旗帜鲜明地提出了以信息资源为主线的电子政务应用系统开发思路，形成了较大的影响，开创了新的研究方向。

从政务信息资源整合的角度讲，这一整合路径有一定的适用范围，尤其是在单位内部的信息共享和整合，或在新建应用系统和数据库时，可在一定程度上实现信息共享整合。

这一整合路径有一定的局限性，主要表现在：

1. 缺乏对跨部门业务的分析。由于职能域、业务流程、业务活动分析都是按照一个企业、一个机构去进行的，重点是企业与机构内部的业务活动，它弱化了跨部门、跨层级、跨单位的业务分析，即使有单位之间的业务流、数据流的描述，但在分析的潜意识中，是把它放在企业内和机构内这个大背景下的。一般说来，部门内的业务模型与跨部门的业务模型，是有明显区别的两类模型，因此，我们不能期望以部门内业务模型为基础的信息资源规划，解决跨部门的政务信息资源整合。

2. 数据逻辑层次的分析不完整。当存在大量的、分散、异构的物理数据库和数据文件时，整合的设计和规划是在逻辑层完成的。但是目前流行的信息资源规划在完成数据元的规范定义之后，就转向了定义基本表和主题数据库。这种方法省略了大量的逻辑层次的数据分析，在信息共享整合要求比较简单时，也可以使用。但在信息共享整合背景比较复杂，要求较高时，就显得力不从心了，因此，它无法胜任较高端复杂的政务信息资源整合。

3. 仅给出了建立新的主题数据库一条出路。现存的应用系统、数据库往往不能废弃

不用，而建设新的主题数据库往往时机不够成熟，是否可以不建立主题数据库，而实现政务信息共享和整合？在这个问题上，这一整合方案遇到了挑战。在现实的生活中，业务情况和信息化情况都很复杂，应该把是否建设主题数据库与是否可以实现信息共享整合分开考虑，并提供不建设主题数据库也可以实现信息共享整合的方法。

10.9 基于政务主题目录的政务信息资源整合分析

在编制主题目录当中，要根据需要，编制业务整合分析报告、信息资源整合分析报告和应用系统整合分析报告，这些分析报告将有助于提高与主题目录相关的应用系统开发的信息共享水平。

10.9.1 编制业务整合分析报告

1. 业务整合的理念

为了更好地提供公共服务和进行行政管理，现行政府管理体制和方式要向服务型政府的方向转变，按照服务型政府的要求，组织运作政务业务。

服务型政府要尽量减少企业和公众的办事负担，以精简一致的形式，提供政府服务。为了达到这个目标，政府自身要逐渐打破内部部门分割形成的壁垒，形成跨部门协同和信息共享的工作局面。要以政府重点业务工作为中心，连接来自各部门与此相关的业务事项，把独立的业务活动，连接成业务流程。通过这种工作流程化的努力，理顺工作步骤和工作接口，删减冗余，提高工作效率，发挥信息技术的威力，进行工作流程优化。

进行业务整合分析，就是通过整理业务事项表中的业务事项和业务子项，对这些业务事项和业务子项进行梳理和串接，形成有序的业务流程结构，在条件允许的情况下，还要进行必要的调整、增删和优化。

业务整合分析工作要采取集体工作方式，各相关单位组织联合工作组或召开联席会议，进行业务整合分析工作。

业务整合分析的过程也是对业务事项表的整理加工过程，这里要强调的是整理加工业务目录，不但包括形式上的合并，更重要的是进行内容上的加工（如名称的一致、去重合并、流程的理顺和连接、理清业务接口等），以形成比较符合服务型政府理念的业务流程。这个理念，不但适应于业务整合分析工作，同样适用于资源整合分析和系统整合分析。

在编制主题目录时进行业务整合分析，一般按照如下步骤进行：

第一,汇总各部门的编目初步成果,检查纠正各种不规范和不一致的目录内容。

第二,与主题应用相关的各个部门,围绕主题应用,连接各部门的业务事项(对于复杂的主题应用,可以先在业务事项中划分业务类别),形成跨部门的业务流程。

第三,对于复杂的主题应用,涉及的业务事项较多,就需要对业务事项划分类别,每个类别包括业务相近的业务事项,这样就比较容易进行业务整合分析。

第四,按照业务流程的顺序,为业务事项表、业务流程表和应用需求表排序。

第五,排序之后,如果某些业务目录内容发生重复,要对重复的内容进行合并,在合并的过程当中,删除繁琐无用的文字,使文字表达精简顺畅。

第六,合并之后,要理清跨单位的业务接口。业务接口是业务流程中跨单位的业务环节,业务接口内容涉及业务办理人员、办理工作内容、相关的信息资源,以及启动这个业务环节的触发条件。业务接口的描述应包括在业务事项表中。可将业务接口作为一个业务子项,在业务事项表中填写一行记录,并在备注栏中注明是业务接口,还要记录触发条件。

第七,通过分析业务事项和业务流程,理解业务的内在关系和规律,分析主题应用是否可以进行业务功能优化和业务流程优化,如果可以进行优化,记录整理下来作为优化建议。

2. 业务整合分析报告的编制要求

业务整合分析报告的内容要求如下:

列出重点应用业务的业务事项,必要时,对业务事项进行分类,说明各类业务之间的关系;

列出重点应用业务的业务流程,业务流程可以是简单流程,也可以是复杂流程;

列出重点应用工作在部门之间(或单位之间)的业务接口;

提出重点应用业务功能优化和流程优化的建议。

10.9.2 编制资源整合分析报告

1. 资源整合的理念

信息资源整合的基础是建立政务信息资源目录,政务信息资源目录的作用相当于财务管理中的账目,它是信息化应用的"底账",通过政务信息资源目录,理清信息资源的现状,理清信息资源采集和提供的责任,理清信息共享的需求和服务能力。

信息资源管理要先抓住基础数据,从基础数据入手,就抓住了重点,有可能在较少的成本下,取得较大的成果。基础数据不但要进行数据规范化、数据共享,还要采取措施提高数据质量,提高信息资源的有效使用。

在编制主题目录时进行资源整合分析，一般遵循如下的步骤进行：

第一，对各部门的信息资源初步编目成果，进行名称和术语的检查和统一，进行信息资源颗粒度的检查和统一。一般情况下，信息资源项的颗粒度是报表、文件、图件，对于结构化数据，以数据字段表的形式，列出数据字段。

第二，要基于汇总的业务流程顺序，汇总相关部门的信息资源项。

第三，检查信息资源项的责任单位，如果填写错误请及时改正，如果有分歧或含糊不清的地方，联合工作组应采取措施，消除分歧和混乱。

第四，对信息共享需求表进行补充完善。把本主题应用可向政府其他单位提供的共享信息填写在信息共享需求表中。

第五，从信息资源表和数据字段表中抽取基础数据，基础数据是主题应用常用和基本的数据，基础数据集由基础数据所组成。

第六，当主题应用项目还没有设计系统数据库时，对系统数据库进行初步的设计。

2. 资源整合分析报告编制要求

资源整合分析报告内容要求如下：

列出主题业务中的信息资源，必要时进行分类；

列出相关信息资源的提供单位，这些信息资源的可用状态，以及相关的管理责任；

列出主题业务对其他政府部门的信息资源需求；

列出主题业务可对其他政府部门提供的共享信息资源；

说明基础数据的范围、格式和主要内容；

说明主题应用系统进行数据整合的方式方法；

说明相关的应用系统数据库的设计思路。

10.9.3 编制应用系统整合分析报告

1. 系统整合的理念

"信息孤岛"和"信息烟筒"造成了电子政务应用系统建设的效能低下，信息无法共享，妨碍了充分发挥信息化投资的潜力。在应用系统使用当中，经常要重复录入相同的数据，加重了用户工作负担，降低了工作效率。

系统整合指的是通过基础数据共享、应用系统之间的业务数据交换、应用系统之间的业务流程整合、系统门户界面整合等方式，实现应用系统的互操作。整合的目的是治理应用系统的"信息孤岛"和"信息烟筒"的问题。

在编制主题目录时进行系统整合分析，一般可遵循如下的步骤：

第一，由跨部门联合工作组汇总相关部门填报的应用需求表，对相关内容补充完善。

第二，分析相关部门现有系统中有哪些系统涉及了主题应用以及这些系统涉及主题应用中的哪些业务事项，把分析结果填写在系统整合表中。

第三，如果主题应用系统还没有进行整体框架设计，根据政务主题信息资源共享目录，研究主题应用系统的整体框架，将研究结果写入系统整合分析报告。

第四，研究主题应用系统与涉及主题应用项目各部门的已有系统是否存在系统整合的需求，若有整合需求，则分析研究系统整合的类型是什么，系统整合的途径是什么，将研究结果写入系统整合分析报告。

第五，如果主题应用系统还没有形成系统整合计划，编制系统整合计划。

2. 系统整合分析报告编制要求

系统整合分析报告的内容要求如下：

说明已有应用系统中有哪些涉及主题应用，及这些系统涉及主题应用中的哪些业务事项；

说明是否具有系统整合的可能性；

说明系统整合的类型和特点是什么；

说明系统整合的内容；

说明系统整合计划；

10.10 结　　语

从整体上讲，我国政务信息资源整合框架的理论和方法依然处在初期阶段，还没有形成全面完整的理论与方法体系，上述政务信息资源整合框架的说明是一种比较宏观和整体的描述。在与实际工作相结合的时候，仍然要结合实际需求，对框架内容进行扩展，开发出更为详尽的具体内容来。因此，各单位在进行政务信息资源整合项目时，除了借鉴上述思路与方法外，更多的是依赖于本部门业务人员和这一领域资深的技术专家，针对具体整合项目进行整合方案的设计。

第 11 章　政务信息资源目录的管理与评估

政务信息资源目录管理体制是政务信息资源目录建设的重要组成部分，各部门、各单位根据履行职责的需要和规范的要求，明确政务信息目录管理的工作环节、方式和责任，建立管理机构，制定管理制度，进行目录工作的评估，推动政务信息资源目录工作持续发展。

11.1　目录管理体制

政务信息资源目录工作是政务管理业务和电子政务的基础工作，为了保证其顺利推进，需要明确政务信息资源目录工作的管理体制，明确相应的管理责任分工和管理任务。

各地、各级政府的政务信息资源目录管理，应遵照国家标准《政务信息资源目录体系 第 6 部分　技术管理要求》中的相关规定，根据实际情况统筹规划，建立政务信息资源目录管理机构，确定管理机构及管理者、使用者、提供者的管理职责，分配管理任务，规范其管理活动。关于政务信息资源目录体系管理结构，在本书第 3.2 节中已有所论述，本节仅就管理机构的设置及管理者、使用者和提供者的管理职责补充叙述如下。

根据北京市的工作经验，可建立两层管理体制，一级是市级政务信息资源目录管理，另一级是区（县）和委办局政务信息资源目录管理。

市级信息化主管部门承担市级政务信息资源目录的管理责任，指定特定机构（如信息资源管理中心）行使市级目录中心的管理职能，具体负责政务信息资源目录体系的规划、编目、注册、发布、维护等管理任务，推动政务信息资源目录的应用，提供基于政务信息资源目录的信息共享和应用技术支持服务。

区（县）信息化主管部门承担区（县）内的政务信息资源目录管理责任，指定特定机构（如信息中心或信息资源管理中心）行使区（县）目录中心的管理职能，具体负责区（县）范围内的政务信息资源目录体系的规划、编目、注册、发布、维护等管理任务，推动政务信息资源目录的应用项目，提供基于政务信息资源目录的信息共享和应用系统整合的技术支持服务。

部门政务信息资源目录管理机构由部门领导根据实际工作需要指定某个单位负责本部门范围内的政务信息资源目录体系的规划、编目、注册、发布、维护等管理任务，以及政务信息资源目录的应用项目、基于政务信息资源目录的信息共享和应用系统整合。

11.2 目录管理责任分工

明确政务信息资源目录管理职责就是要依据建设政务信息资源目录体系的客观要求和科学规律，根据政务信息资源目录的管理工作环节，将政务信息资源目录的管理责任分解，设置管理角色，进行工作分工。目录管理责任分工适用于区（县）或委办局领导安排本单位的政务信息资源目录管理工作。

政务信息资源目录管理责任可分解为目录的规划责任、目录文件的编制和维护更新责任、目录内容的批准与发布责任、目录注册及相关管理责任。

政务信息资源目录要依据国家电子政务标准规划建设。政务信息资源目录规划一般由信息化管理部门负责。规划的内容包括目录建设的目标与计划、基本目录指标项的设计、目录编制指南、政务信息资源代码规范、共享平台设计、目录管理的规范等。

政务信息资源目录文件编制可由政务信息资源目录设立单位自行组织进行，或由政务信息资源目录设立单位的上级单位统一组织进行。牵头政务信息资源目录编制与更新的单位称为目录编制与更新者，目录编制与更新者可由一个处室承担，也可由多个处室共同承担。目录编制与更新者应具有相应的跨处室协调职能，并参与或直接管理单位的公文、档案、网站内容、统计和信息应用系统。

目录编制与更新者负有政务信息资源目录编制与更新责任，其工作范围包括制订目录编制方案与计划、成立项目组织、进行信息资源调查研究、整理政务信息资源目录文档、提交和组织政务信息资源目录的审批、更新周期的制定、更新计划制订、更新内容的收集整理和政务信息资源目录的更新和版本管理等。

政务信息资源目录内容的选择、确定、提交、解释、勘误由业务事项主管单位负责，业务主管部门要保证政务信息资源目录内容的准确性、实时性、可理解性和可用性。

政务信息资源目录发布内容、发布范围和发布时间由政务部门行政领导决定。按照工作需要，政务信息资源目录可分别面向不同的信息使用者发布，如政府领导、机关公务员、社会公众等。

目录内容注册及相关管理责任由各级政府的信息化管理部门承担。信息化管理部门应建立统一、层级互联的政务信息资源目录发布与信息共享平台，并负责政务信息资源目录的注册等工作。

根据上述政务信息资源目录管理责任，各单位领导要从科学合理、流程顺畅、方便工作的精神出发，将上述管理责任分配给合适的机构和个人。

11.3 目录管理工作环节

政务信息资源目录的管理流程包括统筹规划、系统建设、目录编制、保密审查、目录登记、目录发布与使用、目录维护、目录归档、制度建设等工作环节。

目录统筹规划对政务信息资源目录是很重要的，政务信息资源目录建设往往牵涉多个机构、多层组织，是比较复杂的工作，如果没有统筹规划，很难设想可以顺利展开，取得预想的良好成果。一般来讲，可以将政务信息资源目录规划包含在电子政务规划当中，在做电子政务规划的时候，同时做信息资源目录规划。也可以根据实际情况，分别编制电子政务规划和政务信息资源目录规划。规划中应注意的四个问题是：政务信息资源目录的应用；政务信息资源目录的覆盖范围；政务信息资源目录的内容构成；政务信息资源目录管理系统的建设。

目录管理系统建设。政务信息资源目录管理系统是存储目录内容，提供查询、浏览、统计政务信息资源目录情况的软件系统。是否使用软件系统来管理政务信息资源目录，取决于目录内容的复杂程度和使用要求。有关软件系统的详细情况，请参见本书5.4节。

目录编制。各单位可参照本书前面各章所述的目录编制思路和方法，制定政务信息资源目录编制指南，开展目录编制工作。还应按照《政务信息资源标识符编码方案》的要求，对政务信息资源进行编码。

目录保密审查。各单位要按照《政府信息公开条例》、《中华人民共和国保守国家秘密法》、《计算机信息系统保密管理暂行规定》、《计算机信息网络国际联网保密管理规定》等法律法规，做好目录保密审查。

目录登记。目录登记指的是各单位将目录内容提交给目录登记机构（如信息化主管部门，或指导政务信息资源目录工作的管理机构，如目录管理中心），由该机构按照政务信息资源目录管理办法，进行登记备案。不宜登记的政务信息资源目录须向同级信息化主管部门予以说明。各级国家机关应当在目录登记之前，将已有的各种形式的目录进行整合，形成综合性的部门政务信息资源目录。各级信息化主管部门指定本级政务信息资源目录登记受理单位进行技术标准和格式的检查，并将检查结果反馈给信息资源目录申请登记单位。

目录发布与使用。各单位应当通过同级政务信息资源共享交换平台或其他规定的形式发布政务信息资源目录。各单位负责确定本单位政务信息资源目录的使用范围和使用者，并对使用者授权，使用者应当在授权范围内使用。

目录维护。各单位负责对本单位发布的政务信息资源目录定期（如每半年）进行一次目录内容更新、维护和整合，根据信息化主管部门的要求调整目录的细化程度，对重要政务信息资源目录内容要做到及时更新。

目录归档。政务信息资源目录的归档参照档案部门的归档要求执行，其中电子文档依据国家或地方关于电子文件归档的规定或规范的要求执行。

制度建设。各单位应当建立政务信息资源目录管理制度，使政务信息资源目录的更新维护和补充完善工作制度化、经常化。

11.4　目录的统筹管理

11.4.1　目录统筹管理的目的和意义

经过几年的发展，部分单位内部形成了部门政务信息资源目录和政府信息公开目录，有的单位还有政务主题信息资源共享目录，这些目录存在整理合并的需求。

目录统筹管理的目的是形成对政务信息资源的一致性的认识，保证信息资源开发利用和共享整合的完整性，实现不同编目工作之间的良好衔接。

编制政务信息资源目录的实质是对政务信息资源进行描述，由于政务信息资源种类繁多，十分复杂，不可能仅通过一次编目就搞清楚。在任何一个政务机关，其政务信息资源是一个客观存在的、完整的整体，我们对这个客观客体的认识，是逐步完成的。在这个过程中，我们编制的政务信息资源目录不可能一步到位，要把每一次编目，都看做是对政务信息资源加深认识的一个过程。特定用途的政务信息资源目录，只包括特定范围和深度的政务信息，如政府信息公开目录将只包含主动公开和依申请公开的信息，而信息共享需求目录将只包括跨部门提供和需求的信息。通用的政务信息资源目录，如部门政务信息资源目录，虽然可能对政务信息资源进行全面的描述，但是由于认识的角度不同，掌握材料的不同，分析的经验不同，使目录内容不够全面和完整。因此，要对各种政务信息资源目录进行统筹管理，汇总归纳在各次编目中形成的政务信息资源知识。

进行政务信息资源目录统筹管理，就是要把部门政务信息资源目录、政务主题信息资源共享目录、政府信息公开目录的内容按照政务信息的属性汇总到一起，形成一个综合性的政务信息资源目录。

目录统筹管理分为编目过程的整合和编制结果的整合。

11.4.2 编目过程的整合

由于各单位是在不同的时间分别启动政务信息资源目录、政务主题信息资源共享目录编目，并不是一次完成所有目录的编制，因此，实际上编目过程的整合指的是可以在前次编目的基础上，完成当前的编目工作。

编目的前提是对政务业务和信息资源的梳理，只有统筹进行政务信息资源的梳理，才有可能为今后统筹编目过程奠定基础。根据《政务信息资源目录管理办法》，各单位要统筹安排，兼顾政府信息公开、政务信息共享、政务信息资源管理、政府信息再利用的需求，进行综合性的政务信息资源梳理，并将梳理的结果，归纳整理为结构化的信息模型。

在编目工作中，要充分利用以前的工作积累，把已经掌握的业务信息和信息资源信息，再次使用到新的目录编制当中。

11.4.3 编制结果的整合

为了方便管理和使用，应该以组织机构为单位，对各自不同的政务信息资源目录进行整合，形成综合性的目录。

编制结果的整合将形成统一的目录内容。统一的目录内容是通过统一的目录指标项形成的。首先要分析研究目录指标项。目录指标项说明了信息资源的属性，不同的指标项代表了不同的属性，不同的指标项组合代表了不同的属性组。大多数信息资源可用多个属性组进行说明描述，每个属性或属性组都有存在的理由，因此存在多个不同内容、不同格式的政务信息资源表是合理的。

不同的政务信息资源目录中，一般存在内容相同的指标项。目录内容整合中要比较每个目录中的指标项，分析指标项含义的异同，对含义相同的指标项内容进行归一化处理。这里的归一化处理指的是：首先要找出各个目录中相同含义的指标项有哪些（这些指标项的名称可能不同，但是含义是一样的），这些指标项填写内容不一致有哪些，逐个分析这些不一致的原因，并按照最合适的内容统一起来。

政务信息资源的标识信息应保持一致。不管在哪种目录中，其大部分标识类指标项的含义应该是一致的，标识类指标项填写内容应该是一致的。这些标识类的指标项有资源名称（信息名称）、资源编码（信息编码）、资源责任单位（公开责任部门）。

整合的过程是先对每个目录的指标项进行整理，规范指标项名称和代码，根据需求和指标项的含义，进行必要的合并和简化。整理过的政务信息资源目录指标项集，应该形成一个树形的信息结构，它的根部是政务信息的标识类信息，各个枝杈是每个特定的信息属性。然后再把各个目录的相关内容复制到综合政务信息资源目录的相关部分。

当时机成熟时，应建立应用系统，存储和管理综合政务信息资源目录。

11.5 目录工作的评估

为了保证政务信息资源目录建设工作顺利推进，需要建立有效的评估机制，需要研究和制定政务信息资源目录评估指标和评估标准。

评估工作的指导思想是：通过评估工作，推动政务信息资源目录建设工作由粗到细、由浅到深、不断滚动发展；通过评估工作，发现典型，总结经验，提高各单位编目工作质量，激励各单位的编目工作再上新台阶，推动政务信息资源目录的应用。

政务信息资源目录工作评估中要认清"评估什么"和"怎么评估"，在具体操作中克服盲目性，合理选择评估模式，客观分析目录建设现状，认清评估目标和标准。评估标准可以根据目录建设与应用不同阶段来设定。具体评估指标可参考表 11.1。

表 11.1 政务信息资源目录评估指标及其说明

评估指标项	指标项说明
信息资源覆盖范围	是界定收录到信息资源目录中信息资源的广度的指标项。 信息资源覆盖范围有三层含义： 第一层含义是指有哪些单位参加了信息资源编目，并将其编目结果包含在信息资源目录中； 第二层含义是指目录包含了多少业务事项，包含了多少与这些业务事项相关的信息资源； 第三层含义指的是信息资源目录中包含了哪些类型的信息资源

续表

评估指标项	指标项说明
信息资源颗粒度	是界定收录到信息资源目录中信息资源的深度的指标项。 信息资源颗粒度指的是信息资源的详细程度，大颗粒度的信息资源项指的是包含大量、宏观、集合的信息资源内容，小颗粒度的信息资源项指的是包含少量、微观、单个的信息资源内容。大颗粒度信息资源项的上限没有明确的规定，小颗粒度信息资源项的下限到数据元。 颗粒度划分为三个层次： 一、目录内容颗粒度到文件和表单； 二、目录内容颗粒度到数据字段； 三、目录内容颗粒度，向上包括了信息集，向下包括了数据字段
目录内容	是界定收录到信息资源目录中信息资源梳理质量的指标项。从目录内容的完整性、一致性、有序性三个方面进行评估。 完整性指的是填报完整，应该填写的内容都填写了，没有遗漏或遗漏较少；引用完整，按照书面格式写入完整名称； 一致性指的是目录中包含的各种名称要前后一致，按照统一的约定填写； 有序性指的是按照实际工作中形成的习惯进行内容排序，使排序体现了业务工作内在的逻辑性
工作程序	是界定信息资源目录编制过程组织管理规范性的指标项。 工作程序的评估从项目管理组织、工作过程控制和工作文档三个方面进行； 项目管理组织指的是建立项目组织，进行合理分工，建立项目沟通协调机制、按计划进行项目活动等内容； 工作过程控制指的是划分项目阶段，建立项目里程碑，在里程碑处进行检查等活动； 工作文档指的是编目工作中形成的项目计划、项目方案、培训教材、项目模板、会议记录、项目简报、工作报告等文档，格式规范、保存完整、质量满意
长效机制	是界定信息资源目录管理制度建设的指标项。 从责任制度、目录内容更新制度和信息内容定级制度三个方面进行长效机制的评估。 责任制度指的是领导责任到人，组织管理责任到具体的单位，工作协调和支持服务的责任明确； 信息资源目录内容更新制度指的是按照《政务信息资源目录建设管理办法》，对信息资源目录内容进行补充完善，更新的方式分为定期更新和随项目更新两种； 信息内容定级制度指的是由相关机构或相关人员从保密与公开、共享范围、隐私与商业秘密三个方面对信息定级， 保密与公开包括涉密信息、敏感信息、可公开信息； 共享范围包括共享的具体单位、共享的层级等； 隐私与商业秘密包括个人隐私、商业秘密； 根据上述信息定级进行相应的登记

第 11 章　政务信息资源目录的管理与评估

续表

评估指标项	指标项说明
目录应用	是界定信息资源目录应用情况的指标项。 从改进业务工作、总体规划和设计、信息化项目立项、业务、信息资源、应用系统的整合等四个方面进行目录应用的评估； 改进业务工作指的是利用信息资源目录，加强业务基础工作，促进职责清、情况明、数字准方针的落实；促进业务流程化管理；促进业务沟通和协调；促进政府信息公开工作等； 总体规划和设计指的是电子政务的总体规划和设计；信息资源建设的总体规划和设计；信息应用系统的总体规划和设计；建立各单位的架构体系； 信息化项目立项指的是电子政务建设项目的策划、申报、审批等工作中使用信息资源目录； 业务、信息资源、应用系统的整合指的是在业务方面，按照服务型政府的要求，整合优化业务流程；改善扩大政府的公共服务；在信息资源方面，提高信息的规范化水平，提高共享和复用的程度；在应用系统方面，加强系统的互连和集成，通过系统整合的途径，扩大系统服务功能，改善系统运行性能。

第 12 章　政务信息资源梳理与编目工具概述

12.1　引　　言

前面各章介绍了政务信息资源编目的相关理论和方法，以下各章将介绍政务信息资源梳理与编目工具。从国内外以往的经验看，政务信息资源梳理与编目工具在政务信息资源的开发利用的一系列活动中起到了重要的作用，为政务信息资源目录的建立和实施提供了有力的保障。

政务信息资源梳理与编目工具已在北京市四十多个委办局和区(县)进行了应用。近3年的实践证明，定位于政务信息资源的范畴，以业务为核心，将政务信息资源的管理贯穿始终是政务信息资源共享成功的关键。政务信息资源共享的前提是政务信息资源目录的共享；政务信息资源目录共享的前提是政务信息资源的编目；政务信息资源的编目的前提是业务和政务信息资源的梳理。

需求牵引、流程领先、职能定位、业务驱动是实现政务信息资源梳理与编目的关键技术和方法，以下各章重点介绍的工具正是依据这样的理论和方法开发的，这些工具已经不同程度地应用于相关部门和单位，并取得了很好的效果。

以下各章是在前述理论和方法指导下的具体应用，将给出经过实践证实了的政务信息资源梳理与编目工具的不同应用版本和大量应用实例，以飨读者。

12.2　国内外政务信息资源梳理与编目工具现状

12.2.1　国外现状

从当前国际上发达国家的发展形势看，电子政务建设的重点已经由网络建设、系统应用转移到系统的整合，信息资源如何整合与深化应用成为核心问题。在电子政务最初实施的过程中，各个国家都出现了"信息孤岛"、"信息荒岛"和"信息关系混乱"等现象。为了改进政府工作效率，消除这些现象，各国政府效仿企业信息集成的观念，开始对政府中的信息资源和系统功能进行有效的集成和整合。在集成和整合过程中，对电子政务的顶层设计和业务与信息资源的梳理都给予了前所未有的重视，先后推出了一系列框架、标准、方法和工具，为消除"信息孤岛"和政务信息资源的共享起到了积极的作用。

美国的 FEA[34]方法是"自上而下"的模式，主要思想就是在从现行架构到目标架构转换过程中采用参考模型的模式。这个参考模型的最大特点是以业务和绩效为驱动；也就是说电子政务的"电子化"过程不是单纯的以技术为中心，而是以业务需求为中心，同时以绩效评估为导向。

英国的 e-GIF[35]方法主要是基于政府资源的信息管理，是典型的"自下而上"模式。在模型建立方面主要强调系统底层的设计和标准化，强调电子服务提供者（政府）与服务接受者（公民用户）之间的沟通。利用元数据技术可以加强数据之间的互通性和互释性。

德国的 SAGA[36]方法介于这二者之间，不仅包括数据模型、标准和技术、基础设施以及模块和接口，同时还包括对过程模型的建模描述。

信息资源编目是随着网络化技术的飞速发展、数字图书馆的建设而兴起的，各国政府和相关组织都研究发布了规范信息资源开发和利用的一系列标准，为政务信息资源的开发和利用起到了积极的推动作用。

都柏林核心元数据（DC）[37]是为网络信息资源、文献资料标识、检索而制定的一种元数据格式，已得到国际的广泛认同，在图书馆界得到了广泛的应用。

美国的合作联机资源目录 CORC（Cooperative Online Resource Catalog）[38]是一个以 Web 为界面的编目工具，它主要是针对网络信息资源利用元数据为其创建记录、提供编目服务，为网络信息资源的有序组织、高效检索提供了便利条件，并为数字化虚拟图书馆的建设奠定了基础。

由美国联邦文书委员会倡议的政府信息定位服务 GILS[39]是美国联邦政府负责建立的政府信息基础设施的重要组成部分，目的是整合政府公共信息资源，为公众提供单一窗口的政府信息导航、检索与定位服务。

12.2.2 国内现状

从我国电子政务发展的阶段看，建设的重点也正从网络建设向应用系统建设和资源的整合的方向转移，发达地区已经开始研究如何实现各部门内部的信息资源整合和跨部门之间信息资源的共享,这是进一步深入信息化建设要解决的重要问题。

如何解决这一问题,国内外通常的做法就是采用建模工具建立不同需要的模型,通过梳理、优化来进化模型。通过对模型数据的抽取,形成所需的数据的集合,完成信息资源的应用和共享。其中业务模型是核心的模型,信息系统的规划和建设正在由业务驱动的方法逐步取代数据驱动的方法。

为了在更大的范围和更深的层次上研究跨部门信息资源的共享,迫切需要总结已有经验,形成具有指导意义的理论与方法,并提供符合我国特点的以业务为先导的信息资源梳理与编目工具,为系统建设和实现基于模型的业务分析提供有效的可操作的工具,为电子政务的应用做好基础性工作。

从公开发表的文献上看,目前国内常用的建模、梳理工具有 EPMS、PlayCase、IRP 等。这些工具具有不同的特点,适合于不同领域、不同应用。

企事业过程建模系统 EPMS (Enterprise Process Modeling System)[40,41]是由过程模型建造环境(PMBE)和过程模型模拟环境(PMSE)两部分组成,支持各级组织的业务建模(业务梳理)和业务模拟(流程运行),辅助组织的业务分析、改进和优化。

PlayCase 是一种 Case 工具,其建模方法是基于面向对象的集成化分析与设计方法——I2DEF (Integrated IDEF)方法。PlayCase 是面向对象的集成化的软件工程辅助工具,它以可视化的方式,全面支持各种规模与类型的软件系统的分析与设计。

信息资源规划工具 IRP2000 (Information Resource Planning)[42]是用于支持企业信息资源规划的需求分析、系统建模和信息资源管理基础标准的建立,进行信息资源网络规划建设的工具。

在信息资源编目工具方面目前检索到的主要是围绕数字图书馆资源编目、网络教育资源编目和专业门户网络资源编目工具和系统,上述这些资源编目工具的元数据项的定义无疑为政务信息资源编目的元数据定义起到了借鉴作用。

上述一系列工具都在不同程度上缺乏信息资源管理层面的内容,缺乏业务事项到信息资源的细化过程,缺乏业务和信息资源的梳理与调查的过程,缺乏业务和信息资源的确认过程。北京市信息化工作办公室根据当前信息资源整合和共享的需要,指导引入并开发了一套基于此方法的自主知识产权的政务信息资源梳理与编目工具 (Government Information Resource Catalogue System,简称 GIRCS) 和政务业务建模系统 (Government Business Modeling System,简称 GBMS),该方法和工具在实践中取得了很好的效果。

信息资源目录编制是政府各部门的一项重要基础工作,是一个涉及内容繁杂、需要各级领导及业务人员共同参与实施的工作。在资源梳理与编目的实践过程中，通过手工报表或录入 Excel 表的方式存在着效率差、格式不统一、收集整理困难等问题，特别是在基础数据的汇总和整理过程中，发现与修改错误的代价将随数据量的增加而成倍增加。通过工具的应用可以强化理解编目思路与方法，降低实施难度，由于编目工作技术性较强，许多编目名词对于业务人员较生疏，编目工具起到很好的引导作用；使用工具可以提高梳理业务、填报数据的效率，提高数据的规范性，由于业务与资源的数据量大，通过手工收集汇总工作量大且易出错，不利于后续信息资源的分析与整理，利用工具采用规范的统一的格式进行数据的填报，提高整体工作效率；使用工具便于数据的分析整合，在数据采集之后，可以通过查询检索功能分析观察数据，为数据的整合提供依据；利用工具可以和政务信息资源共享交换平台直接对接，整理出的目录共享数据可以根据需要分批次、随时注册到平台；使用工具有利于与委办局内部应用结合，使用业务目录和资源目录将部门内部已有系统进行整合，应用于领导决策平台，为领导决策提供支持；利用工具有利于规范业务及业务流程，将编目的成果进一步整理形成部门工作的指南、培训教材，作为部门工作考核的标准；使用工具有利于编目成果的展示，将业务流程、每个业务事项相关的资源以可视化的方式展示，便于不同岗位、不同层次人员的沟通，并对业务流程的理解达成一致。

12.3　政务信息资源梳理与编目工具简介

12.3.1　政务信息资源梳理与编目工具的开发思路

政务信息资源目录编制对信息资源共享和提升电子政务水平具有十分重要的意义。政务信息资源目录编制是政府各部门的一项重要的基础性工作。根据各部门的实际情况，以编制信息资源目录为切入点，实现基础工作的信息化，即利用信息化的手段和信息化的工具加强政府各部门的基础工作，达到工作职能的具体化、工作依据的法制化、业务信息的数量化、信息资源采集的规范化。同时以扎实的信息资源编目工作成果支持电子政务重点应用的推进，为信息化建设提供有力的支撑。

在开发政务信息资源部门目录工具时是按照以各部门的机构职能为依据，将机构职能分解成业务事项，再梳理出业务事项对应的政务信息资源，最后细化出每个信息资源所包含的数据字段，根据"机构职能→业务事项→信息资源→数据字段"这样的思路进行的。

在开发政务信息资源主题目录工具时是按照以需求为基础，以应用为导向，通过对跨部门或跨处室的业务和资源的梳理与整合为系统的建设和改造提供科学的依据的思路，根据"建设需求→选择主题→设定权限→业务和资源的梳理→业务和资源的整合→形成编目的成果"这样的思路进行的。

12.3.2 政务信息资源梳理与编目工具简介

政务信息资源梳理与编目系统是一套工具集，主要包括政务信息资源梳理与编目工具部门目录版、政务信息资源梳理与编目工具区（县）目录版、政务信息资源梳理与编目工具主题应用版（统称政务信息资源梳理编目工具）和政务业务建模系统。政务信息资源梳理与编目工具是按照需求牵引、流程领先、职能定位、业务驱动的思想方法开发完成的。

政务信息资源编目工具部门目录版主要用于各委办局，梳理部门内部的业务和信息资源等。政务信息资源编目工具区（县）版主要用于各区（县）和与区（县）类似的经济开发区，梳理区（县）下各分局的业务和资源，并关注跨分局的信息资源共享。政务信息资源编目工具主题应用版主要用于跨部门的重大主题应用，由一个主要部门牵头负责，其他部门协同配合，利用部门目录或区（县）目录的梳理结果进行重大应用的业务流程整合和信息资源共享目录抽取和分析，为重大应用的信息化建设提供支撑。以上系统均为B/S结构，用.net开发，支持SQL server数据库和ORACLE数据库。工具主要使用对象是业务人员、部门领导和系统管理人员，界面友好，简单易学。以下各章主要对政务信息资源编目工具部门目录版和主题目录版进行较详细的介绍。

政务业务建模系统应用到政务信息资源的梳理与编目工作中，通过可视化业务模型的建立，将业务事项与信息资源、角色人员、责任单位等有机结合形成了可视化的多层次的纲目并举的业务模型全景图。通过业务模型的完整性、正确性检查，模型的仿真模拟运行，将优化了的业务模型运用于日常管理和系统建设中，取得了很好的应用效果。政务业务建模系统可以将业务梳理的结果上传到政务信息资源编目工具中，使得过程相关业务、资源等信息可以共用，业务人员不必重新录入相关系统直接浏览编辑这些信息。各单位可根据本单位业务梳理的广度和深度选用该工具。

12.4　政务信息资源梳理与编目工具的特点和作用

12.4.1　充分利用已有成果

由于各省市、各部门信息化程度不同，业务规范程度也不同，有的部门或单位已经从不同角度梳理过业务事项、行政许可事项等，有的部门已经有一些业务的办事流程、内部的工作规范等，在按照需求牵引、流程领先、职能定位、业务驱动的思想方法实施的过程中，要充分利用这些前期已经取得的成果，对这些数据稍加整理就可以利用，而不是让业务人员重新从头再来。信息资源梳理与编目工具提供了数据导入功能，只要将前期已有的调查表数据按照一定的格式存放到 Excel 表格中，就可以非常便利地导入到系统中，避免了重复梳理工作，减少了数据录入的工作量，大大提高工作效率。

12.4.2　多方位展示成果

政务信息资源编目工具为政务信息资源梳理和编目成果提供了多样式、多层次的展示方式，便于不同层次的业务人员之间的沟通和交流，并以多视角来加深对业务流程的理解。系统主要包括：

1. 科室、处室、委办局的业务事项、信息资源的列表展示；
2. 按分类和主题的列表展示；
3. 按业务流程或可视化图形展示；
4. 按部门业务或主题业务树形结构展示；
5. 按信息资源类型、共享范围展示；
6. 按数据字段共享范围和共享方式展示；
7. 按 Excel 文档方式展示；
8. 按 Word 文档方式展示。

12.4.3　编目工具的灵活性

编目工具在数据字典的定义、梳理方法的选择、浏览或查询方式等方面都具有很大的灵活性。

业务调整：部门业务或所属主题的业务均可按需要随时调整到任意部门或主题，业务所属的信息资源也随之调整到任意部门或主题，极大地适应了政府业务的特点。

数据字典：在组织机构及层次、岗位人员、业务分类、资源采集途径、资源共享范围、资源共享方式等共 15 个方面均纳入数据字典管理，使系统的一般选择项均可由用户自定义。

梳理方法：在机构职能、人员岗位、业务事项、信息资源、数据字段等的梳理过程中，以信息资源为核心，既可以只梳理业务事项和信息资源，也可以只梳理信息资源和数据字段；既可以只梳理人员岗位、业务事项、信息资源，也可以只梳理业务事项、信息资源、数据字段；以此类推，梳理方法非常灵活。

浏览或查询：所有目录的元数据项的浏览或查询均可以按隐藏或显示的开关确定浏览和查询的内容，点击浏览的元数据名称可按该字段内容排序浏览。

12.4.4　编目工具的科学性

政务信息资源部门目录的开发思路是通过部门职能，理清部门的业务事项，通过梳理业务事项、理清政务信息资源现状，从而达到推动跨部门信息共享的目的。

政务信息资源主题目录的开发思路是通过应用需求，理清跨部门业务事项，通过梳理业务事项，理清政务信息资源，从而明确哪些是采集资源、哪些是产生资源、哪些是可交换资源，哪些是共享资源、哪些是可共享数据字段，为系统的建设和改造提供科学的依据。

政务业务建模系统是以可视化的流程图方式通过组织模型、过程模型、资源模型、协同模型、信息模型来全方位地描述组织机构、岗位人员、硬件资源、业务环节、信息资源、数据字段、信息流向等信息。可以通过机构人员、业务环节的执行时间、流程的分支设置、运行的参数设置等来仿真、模拟、优化该业务流程。模拟仿真与优化后的业务流程全景图可以作为系统建设和人员培训以及业务规范的科学依据。

政务信息资源梳理与编目工具、政务业务建模系统两者可以结合使用，利用政务业务建模系统建立可视化的业务过程模型，并对业务过程模型进行分析、验证、改进和优化，还可以将优化后的业务流程导入政务信息资源梳理与编目工具形成业务和资源的基本框架，从而保证了业务模型的正确性和科学性。

12.4.5　编目工具的易用性

编目工具本身就是一本速成教材，它具有良好的交互性和易用性，提供在线帮助和每个编辑项的填写说明。该工具使用者的定位是各部门的业务人员,而不必是精通信息技术的信息部门的人员。政府部门的业务人员和管理人员不需了解系统的技术细节,就可以在编目工具的友好界面的提示和操作手册的指导下很好地完成梳理和编目工作。在数据采集的各个环节都有关于各指标项的填写说明,易学易用,一般的业务人员稍加熟悉就可以很快进入实际应用,不必了解目录编制的理论和整个系统的细节,是一本很好的速成教材。

12.5 编目系统规划

12.5.1 政务信息资源梳理与编目系统规划

政务信息资源梳理与编目系统规划如图 12.1 所示,整个系统包括信息资源的采集、信息资源的建模、信息资源展示和信息资源的运用几大部分。

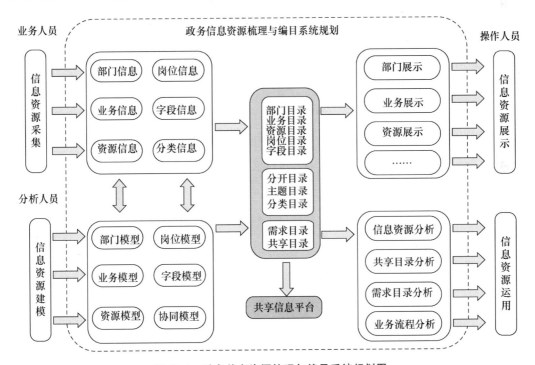

图 12.1 政务信息资源梳理与编目系统规划图

信息资源的采集主要是各部门业务人员在充分利用已有成果的基础上利用信息资源梳理与编目工具梳理部门信息、业务信息、资源信息、岗位信息、字段信息、分类信息以及相关其他信息。

信息资源的建模主要是各部门的分析人员对部门模型、业务模型、资源模型、岗位模型、字段模型等进行分析，优化整合，形成经过部门审核的、确认的、可共享的资源模型和跨部门的协同模型等。

各级操作人员可以通过工具进行目录的展示，包括业务目录、资源目录、岗位目录、字段目录、需求目录、共享目录、主题目录、业务流程等，也可以按多种分类方式进行展示。

梳理的成果可以通过市区两级政务信息资源共享交换平台展现，也可以通过部门内部基本平台展现，还可以根据不同权限展现不同的内容。

通过对于梳理成果进行分析，对模型进一步改进和优化，才能更充分有效地进行信息资源的管理和运用，通过分析、识别，进一步确定信息资源的采集责任方和共享方，为信息资源的有效利用、协同工作和规范管理提供依据。

12.5.2　政务信息资源梳理与编目工具总体关系

政务信息资源梳理与编目工具是一个工具集，主要包括政务业务建模系统、政务信息资源梳理与编目工具部门版（简称部门目录版）、政务信息资源梳理与编目工具区（县）版（简称区（县）目录版）和政务信息资源梳理与编目工具主题应用版（简称主题应用版）四大部分。

利用政务业务建模系统主要完成业务流程和信息资源的可视化梳理，业务流程的改进和优化分析等，通过业务和资源的梳理，可以保证业务、信息资源、岗位角色等的完整性和业务模型的正确性。政务业务建模系统可以将梳理好的业务与信息资源直接导入政务信息资源梳理与编目工具中进行细化。各部门可根据需要选用该工具。

部门目录版编目工具是为市级各委办局提供的政务信息资源梳理与编目工具，该工具以部门为单位主要解决部门内部信息资源的采集、分析、展示与运用。区（县）目录版是为各区（县）提供的政务信息资源梳理与编目工具，该工具也是以部门为单位，根据区（县）的业务特点进行区（县）内所辖单位的信息资源的采集、分析、管理、展示与运用。主题应用版是为跨部门主题应用提供的政务信息资源梳理与编目工具，该工具以主题应用为线索对跨部门的业务与信息资源进行整合，为该主题下的系统建设和改造提供支持。

各部门也可以根据不同需要直接安装使用政务信息资源梳理与编目工具的各个版本。工具集的总体关系如图12.2所示。

第 12 章 政务信息资源梳理与编目工具概述

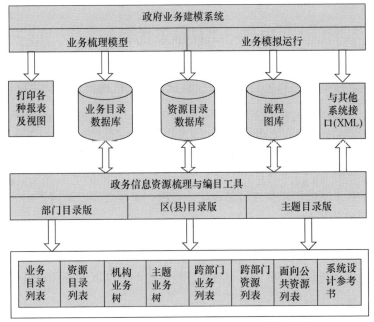

图 12.2 政务信息资源梳理与编目工具总体关系图

12.5.3 部门目录版系统功能模块

现以部门目录版为例说明系统功能模块。系统主要功能分两级功能菜单，一级主要功能有 7 个功能模块，二级主要功能有 28 个功能模块，如图 12.3 所示。

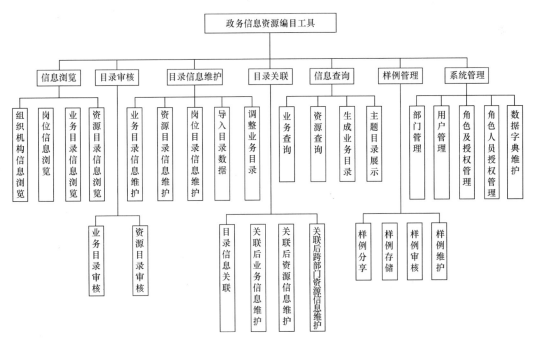

图 12.3 系统主要功能模块图

12.6 工具涉及的目录

政务信息资源梳理与编目工具所涉及的目录有组织机构信息、岗位信息、业务目录、信息资源目录、数据字段目录、需求目录、信息公开目录、地理空间资源目录等，目录所包含的主要元数据或指标项如下：

1. 组织机构信息。组织机构信息的梳理是以政府相关文件为依据，部门职能为中心。政务信息资源编目工具的组织机构信息由单位名称、单位代码、机构类别、主要职能等指标项组成。

2. 岗位信息。岗位信息以岗位职责为中心。政务信息资源编目工具的岗位信息由岗位名称、岗位职责、岗位所属单位及与该岗位相关的业务事项等指标项组成，体现了业务细化到岗位，职责细化到岗位的思想。

3. 业务目录。业务目录是以"三定方案"规定的业务事项为中心。政务信息资源编目工具的业务目录由业务事项名称、业务事项名称填写依据、业务事项一级子项名称、业务事项二级子项名称、业务事项三级子项名称、业务事项编号、业务事项分类、业务事项办理依据、业务事项办理流程、业务事项简述、总时限、收费依据、业务事项主管单位、业务事项实施单位、业务量、业务事项办理涉及的其他相关单位、业务事项所需材料、业务事项产生材料和业务事项应用系统指标项组成。

4. 信息资源目录。资源目录是以信息资源项为中心对其属性进行描述，政务信息资源编目工具中的资源目录由资源名称、一级资源名称、二级资源名称、三级资源名称、所属业务事项名称、资源类别、信息资源编码、资源描述、资源责任方、资源责任方属性、资源责任方联系方式、资源采集途径、更新周期、资源共享范围、资源共享方式、资源安全级别、数据字段和涉及的数据库支撑等指标项组成。

5. 数据字段目录。数据字段是以信息资源项为中心对其属性进行描述，政务信息资源编目工具中的数据字段目录由数据字段名称、数据字段所属资源、数据字段编码、数据字段定义、数据类型、数据格式、共享范围、共享方式和备注等指标项组成。

6. 需求目录。需求目录是主题应用所涉及的目录，主要包括总体需求、具体需求、需求编号、具体需求所涉及的部门、相关业务事项、对应的功能点的描述等。

7. 信息公开目录。信息公开目录以资源共享范围为依据对其公开程度进行描述，政务信息资源编目工具中资源的共享范围可分为国家部委、市领导、委办局、委局内、本部门专用和公众。凡可对公众公开的目录均标记为可公开信息目录。依据市委办公厅文，可公开信息目录主要元数据项为索引号、公开责任部门、公开日期、关键词、公开类别、文号、载体类型、记录形式、信息有效性、公开形式、内容概述、备注等。

8. 地理空间资源目录。地理空间资源目录主要采集了详细的关于反应地理空间信息资源的元数据项，主要包括元数据文件名、资源标识符、资源类型、资源语种、数据名称、生产时间、生产原因及目的、数据用途限制、数据安全限制分级、共享范围、数据说明、数据志说明、分类标准、数据类目名称、数据类目编码、数据要素类型、图层要素记录数、关键字、资源字段、数据词典、数据文件名称、数据文件格式、数据格式版本数据存储介质、数据文件大小、比例尺（分辨率）、坐标系类型、坐标单位、位置精度、数据生产单位、数据生产负责人及联系方式、数据生产组织单位、数据权威来源部门、数据验收监理单位、数据验收时间、验收报告名称、数据质量总体评估等近 60 个元数据项。

在组织机构信息、岗位信息、业务目录、信息资源目录、数据字段目录、可公开目录、地理空间资源目录中，业务目录和资源目录是核心目录，是整个编目工作的关键，也是整个目录体系中承上启下的关键部分，其他目录可以理解为业务目录和资源目录派生的目录。因此，业务目录和资源目录的采集十分重要，是整个目录体系中的基础性工作。

在电子政务领域，需要进行办公自动化的系统建设、各种公共服务项目的建设、各种业务信息系统建设等，都离不开业务流程的描述和信息流向的分析，更离不开信息共享。因此，政务信息资源目录的建设是一项非常重要的基础性工作。

第13章 部门目录版政务信息资源编目工具介绍

13.1 概 述

部门目录版政务信息资源编目工具的开发思路是按"机构职能→业务事项→信息资源→数据字段"这样的思路进行的。首先明确各级部门的职能，根据职能分解出所在部门的业务事项和工作任务，梳理的过程做到职能不遗漏，业务有依据。再根据业务事项梳理出每一项业务或环节的所需信息资源和产生信息资源，明确信息资源从哪里来到哪里去。然后再对每一个信息资源所包含的字段进行细化。利用工具可以对采集的信息资源进行分析，进一步确定信息资源的采集责任方和共享方，找出信息资源的需求目录和共享目录，上传到市级信息资源目录共享平台进行注册登记；还可以利用工具识别出政府信息可公开目录和可空间化目录等。

部门目录版政务信息资源编目工具的主要功能模块有信息浏览、目录信息维护、目录关联、信息查询、成果展示、样例管理和系统管理。

信息浏览模块包含组织机构信息浏览、岗位信息浏览、业务目录信息浏览和资源目录信息浏览四个功能。通过信息浏览功能可以浏览组织机构职能、岗位列表、业务事项和信息资源列表，可以定制业务和资源列表的显示指标项，还可以将业务和资源列表导出到Excel中。

目录信息维护功能包含岗位信息维护、业务目录维护和资源目录维护三个功能，其中业务目录维护包含新建业务目录、调整业务目录和导入业务数据三个功能，资源目录维护包含新建资源目录和导入资源数据两个功能。通过目录信息维护功能可以新建岗位、业务和资源，可以导入前期梳理的业务和资源成果，可以在部门之间调整业务。

第 13 章　部门目录版政务信息资源编目工具介绍

目录关联功能包含目录信息关联、关联后业务信息维护、关联后资源信息维护和关联后跨部门资源信息维护四个功能。通过目录关联可以将部门内部或部门之间的业务进行关联合并处理，同时找出同名的信息资源，确定信息资源的责任方和共享方。可以对关联合并后的业务和资源进行编辑和删除处理，可以对关联后产生的跨部门资源进行编辑和删除。

信息查询功能包含业务查询、资源查询、部门业务展示和主题业务展示四个功能。通过业务查询可以实现业务的单一条件或多条件组合查询，可以对查询结果进行定制显示指标项，可以将结果列表导出到 Excel 中；通过信息查询可以实现资源单一条件或多条件组合查询，可以对查询结果进行定制显示指标项，可以将结果列表导出到 Excel 中。

成果展示功能包含部门业务展示、业务分类展示、主题业务展示、导出主题版业务和导出主题版资源五个功能。通过部门业务展示可以将业务按部门展示，可以选择展示到业务事项名称、一级子项名称、二级子项名称或三级子项名称，可以将展示结果导出到 Excel 中；通过业务分类展示可以将业务按分类展示，可以选择展示到业务事项名称、一级子项名称、二级子项名称或三级子项名称，可以将展示结果导出到 Excel 中；通过主题业务展示可以将业务按主题展示，可以选择展示到业务事项名称、一级子项名称、二级子项名称或三级子项名称，可以将展示结果导出到 Excel 中；导出主题版业务可以将业务以特定格式导出到 Excel 中，导出的 Excel 文件可以直接导入主题应用版中；导出主题版资源可以将资源以特定格式导出到 Excel 中，导出的 Excel 文件可以直接导入主题应用版中。

样例管理功能包含样例分享、样例存储、样例审核和样例维护四个功能。样例分享可以将样例分享到多个部门，为信息资源编目的业务人员提供有效的参考样例；样例存储可以将部门内部的业务提交为样例与别人分享；样例审核负责审核样例存储中提交的业务，通过审核的业务成为样例，未通过审核的业务不能成为样例；样例维护可以新建样例或对样例进行编辑和删除。

系统管理包含部门管理、用户管理、角色及授权管理、角色人员授权管理、信息资源上传和数据字典维护六个功能。在部门管理中可以新建部门、维护部门信息；用户管理中可以按部门新建、编辑或删除人员信息；角色及授权管理包含系统默认角色和自定义角色管理两部分，可以浏览系统默认角色的详细信息，新建、编辑或删除自定义角色；角色人员授权管理可以为人员授予系统默认角色或自定义角色；信息资源上传可以查看系统中的全部资源、可上传资源和不完整资源，对于可上传资源可以进行上传操作；数据字典维护对系统中用到的一些指标项内容进行设置。

13.2 工具的操作步骤

本节将以部门内部业务和资源的梳理过程为主线,详细介绍部门版政务信息资源梳理与编目工具的操作步骤(注:本章节的数据均为虚拟数据)。

13.2.1 登录系统

用户在 IE 中输入 http：//XX.XX.XX.XX/GIRCS，即可进入用户登录界面，登录界面如图 13.1 所示。(注:电子政务平台中的政务信息资源编目工具与本书正文中的政务信息梳理与编目工具是同一种工具的两种称谓,该工具能进行梳理和编目两项工作。)

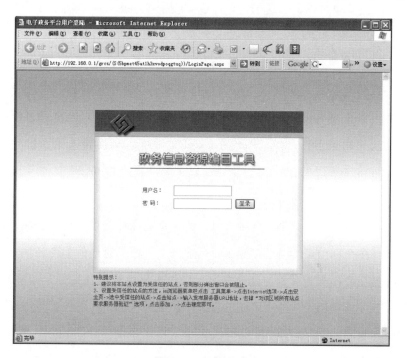

图 13.1　登录界面

在登录页面中，输入管理员分配的用户名和密码，通过系统的身份验证后，点击"登录"就可进入系统主页面，如图 13.2 所示。

第 13 章 部门目录版政务信息资源编目工具介绍

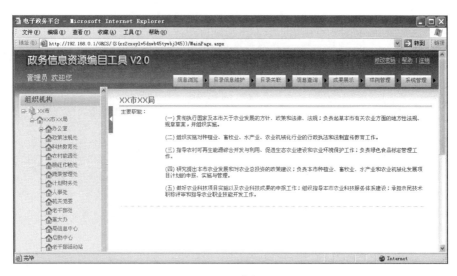

图 13.2 系统主页面

13.2.2 业务目录维护

以部门职能为切入点，先梳理出业务事项。新建业务功能或导入业务数据，将引导业务人员以部门职能为依据梳理出本部门内的所有业务事项。

点击"目录信息维护"→"业务目录维护"菜单，在左侧的组织机构中选中部门，然后点击"新建业务"按钮，进入新建业务页面，如图 13.3 所示。

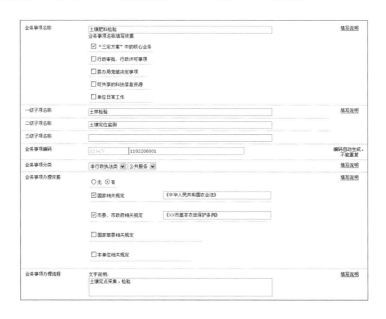

图 13.3 新建业务页面

在填写的过程中如果有不清楚的地方,可以随时查看文本框右侧的提示信息或点击填写说明来获得相关帮助。

如果在使用政务信息资源部门编目工具之前,部门已经对业务进行了梳理,并形成了编目成果。此时可以通过导入业务数据功能,将编目成果以 Excel 形式导入。导入业务数据如图 13.4 所示。

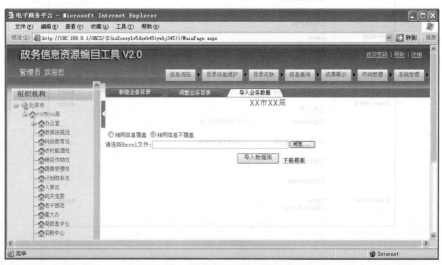

图 13.4 导入业务数据页面

13.2.3 资源目录维护

根据部门内部梳理出的业务目录，进行资源目录梳理。通过政务信息资源梳理和编目工具的新建资源功能，将引导业务人员根据梳理出的业务事项来梳理资源目录。点击"目录信息维护"→"资源目录维护"，从左侧的组织机构树中选择某市级××主管部门，然后点击"新建资源"按钮，则进入新建资源页面，如图13.5所示。如果在梳埋业务时已填写了所需材料、产生材料，则只需通过资源名称后的"编辑"按钮来编辑资源即可。

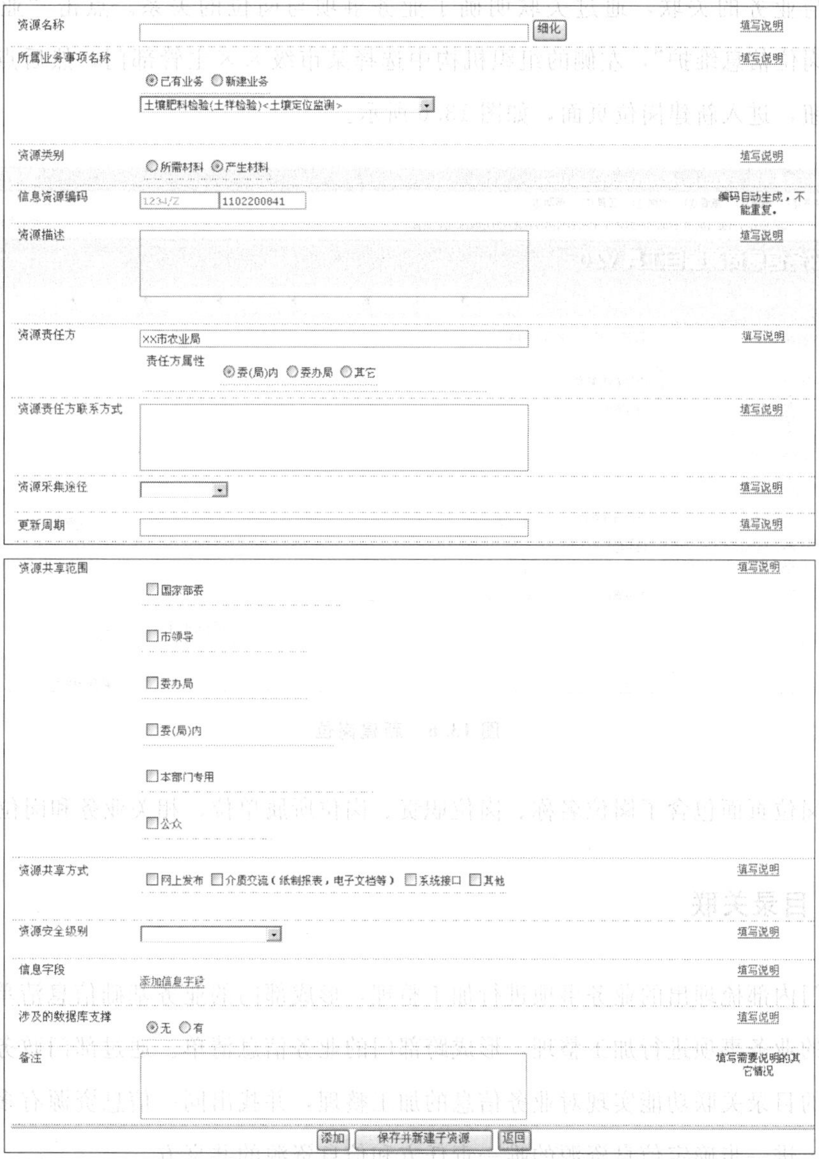

图 13.5 新建资源页面

新建资源页面包含了资源名称、所属业务事项名称、资源类别、信息资源编码、资源描述、资源责任方、资源责任方联系方式、资源采集途径、更新周期、资源共享范围、资源共享方式、资源安全级别、数据字段、涉及的数据库支撑和备注。在填写的过程中如果有不清楚的地方，可以查看文本框右侧的提示信息或点击填写说明来获得相关帮助。

13.2.4 岗位信息维护

岗位与业务的关联，通过关联明确了业务事项与岗位的关系。点击"业务信息维护"→"岗位信息维护"，左侧的组织机构中选择某市级××主管部门，然后点击"新建岗位"按钮，进入新建岗位页面，如图13.6所示。

图13.6　新建岗位

新建岗位页面包含了岗位名称、岗位职责、岗位所属单位、相关业务和岗位属性。

13.2.5 目录关联

对部门内部梳理出的业务事项进行加工整理，形成部门的业务基础信息清单；也可将部门之间的业务事项进行加工整理，形成跨部门的业务信息清单。通过部门政务信息资源编目工具的目录关联功能实现对业务信息的加工整理，并找出同一信息资源有多个负责部门的情况，进一步确定信息资源的唯一责任方和信息资源的共享方。

第 13 章 部门目录版政务信息资源编目工具介绍

点击"目录关联"→"业务信息关联"菜单，首先在主管部门中选择××市农业局，以便进行部门内部的业务关联，如图 13.7 所示。在业务列表中选择业务名称和子业务名称相同或相关的业务，输入业务之间的关系码，然后点击"关联"按钮进入业务关联的业务合并页面和资源合并页面。业务关联主要是将相关或相同的业务进行合并，并找出其所属的同名资源进行合并、去重的过程。如果在选择主管部门时选择多个部门，则进行跨部门的业务事项关联。

图 13.7 业务关联页面

关联过程中的业务合并修改页面中对各指标项中的内容进行合并，去掉重复内容（包括办理依据、业务事项简述等），如图 13.8 所示。用户也可以在提交合并前对各指标项中的内容进行修改。对各项内容修改完毕之后点击页面底部的"提交"按钮，提交合并后的业务并进入资源合并页面，如图 13.9 所示；也可以单击"取消"按钮来放弃此次合并。在资源合并页面中可以编辑和修改资源合并列表中的所有资源内容。用户可以通过关联后业务信息维护、关联后资源信息维护和关联后跨部门资源信息维护功能，对关联后的业务、资源和跨部门的资源进行编辑、删除和 Excel 导出。

图 13.8 关联过程中的业务合并修改页面

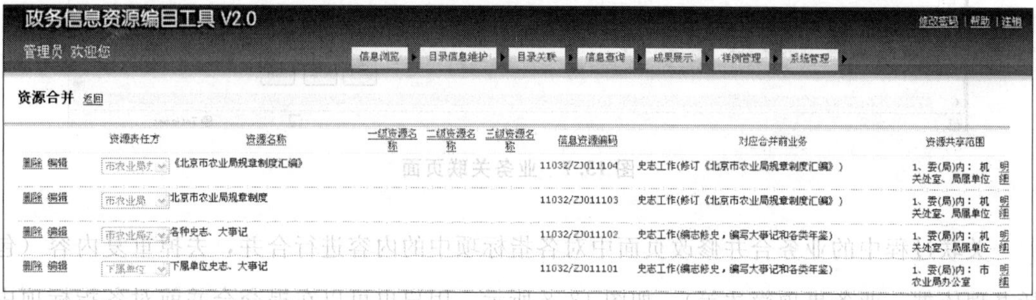

图 13.9 关联过程中的资源合并页面

13.2.6 信息浏览

通过信息浏览功能可以浏览机构职责信息、岗位信息、业务目录、资源目录，便于发现问题并及时进行修改。下面详细介绍机构职责浏览和业务信息浏览。岗位浏览和资源目录浏览的操作方法同业务信息浏览相同。

点击"信息浏览"→"机构职责浏览"，进入机构职责浏览页面，如图 13.10 所示。在左侧的组织机构中选择部门，右侧显示该部门的主要职能。主要职能可以在"系统管理"→"部门管理"中进行修改完善。

图 13.10　机构职责浏览页面

点击"信息浏览"→"业务目录浏览",在左侧组织机构中选择部门,右侧显示该部门的所有业务列表,如图 13.11 所示。可以点击"定制显示表头",然后勾选关注的指标项;点击"隐藏表头"设置将只显示被勾选的指标项。通过"导出到 Excel"功能可以把业务列表以 Excel 形式打开或保存。

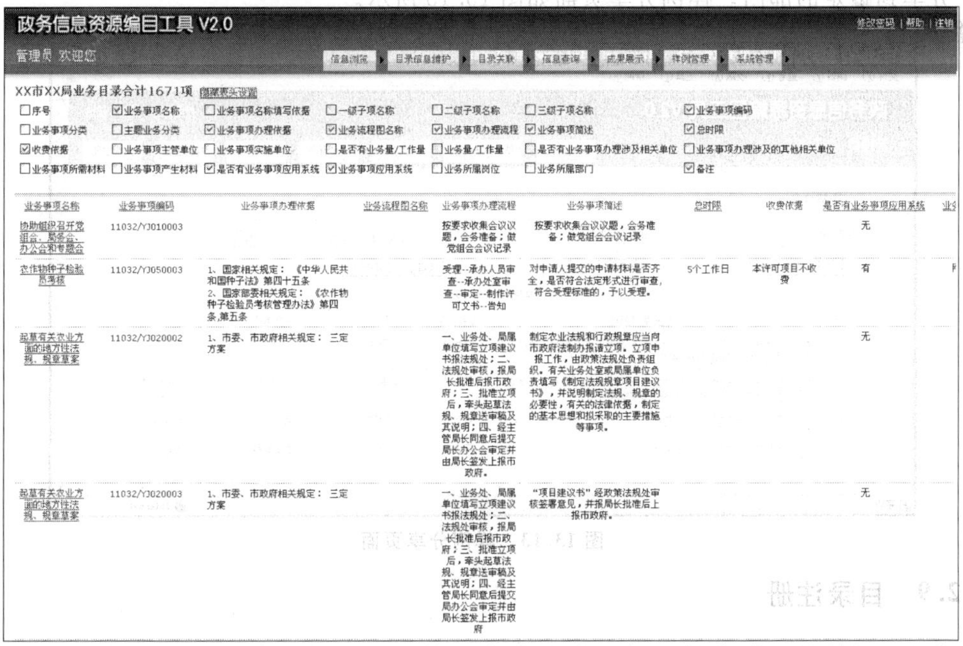

图 13.11　业务目录浏览

13.2.7 信息查询

信息查询中可以通过各种指标项来查询业务和资源，并可以将查询结果以 Excel 形式导出，还可以实现多个条件之间的与或组合查询。业务查询页面如图 13.12 所示。

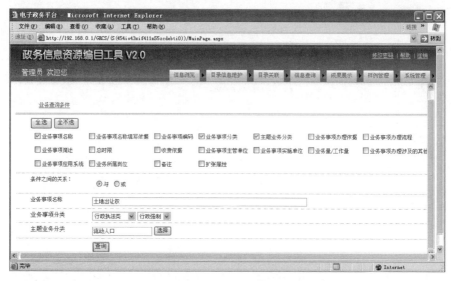

图 13.12　业务组合查询页面

13.2.8 样例管理

可以将业务通过样例管理中的样例存储功能将其存储为样例。样例可以通过样例分享，分享到指定的部门。样例分享页面如图 13.13 所示。

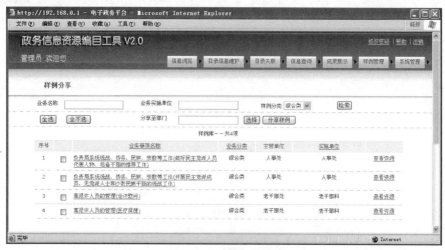

图 13.13　样例分享页面

13.2.9 目录注册

点击"系统管理"菜单下的"资源信息上传"可以进入资源信息上传页面，如图

第 13 章 部门目录版政务信息资源编目工具介绍

13.14 所示。选中"全部"、"可上传"和"不完整"单选按钮，可以分别显示目录信息关联后的全部资源，可上传资源和不完整的资源。不完整资源是上传注册前被检测出的有缺项的信息资源。对于不完整的资源可以对资源进行编辑，将资源信息补充完整。

图 13.14 资源信息上传

选中图 13.14 中的"可上传"单选按钮，然后点击"确定"，即可进入到上传资源页面，如图 13.15 所示。选择需要上传的资源，然后点击"上传资源"按钮，会出现一个弹出框，告知上传是否成功。点击"查看上传结果"和"查看审核结果"可以分别查看资源上传结果信息和资源审核信息。

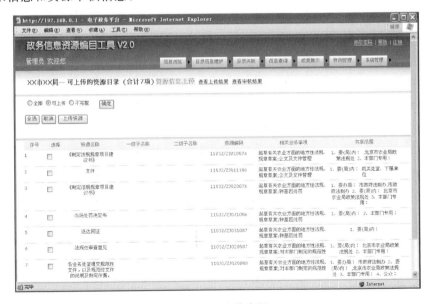

图 13.15 上传资源

13.3 与其他工具的接口

13.3.1 政务信息资源编目工具与市区两级共享信息平台的接口

政务信息资源编目工具将采集的指标项（元数据）经过数据的分析与整理，找出可共享目录，按一定的格式可以上传到市区两级信息资源共享平台，进行信息资源的注册登记。

13.3.2 与 GBMS 的接口

通过 GBMS 建立的业务模型，包含了业务事项的描述、相关的信息资源、业务涉及的部门和岗位等信息，经过模型的完整性和正确性检查后，进行仿真模拟和优化运行，经过确认以后的业务模型可以通过 GBMS 的上传功能，直接对接到政务信息资源编目工具中的指定位置。

13.3.3 与 Excel 的接口

政务信息资源编目工具能够以 Excel 的形式导入前期梳理的业务和资源目录信息，还可以将岗位目录列表、业务目录列表和信息资源目录列表、关联后的业务列表和资源列表、特定查询结果的业务和资源目录列表、部门业务列表和主题业务树等根据需要导出到 Excel 表格中。

13.3.4 与 Word 的接口

政务信息资源编目工具可以将系统相关内容编制 Word 文档，如：系统参考文档、项目申报信息文档等。

13.3.5 与其他工具的接口

政务信息资源编目工具还设计了附件功能，元数据的业务流程图描述项可以任意挂接附件文件作为业务描述的补充说明，如 Word、Excel、ppt、viso、pdf 文件、图形文件等。

13.4 部门目录版编目工具产生的主要成果

1. 相关部门的业务列表（如图 13.16 所示）

XX市XX局业务目录合计1647项　定制显示表头

序号	业务事项名称	业务事项名称填写依据	一级子项名称	业务事项编码	业务事项分类	业务事项办理依据	业务流程图名称	业务量/工作量	业务所属部门
1	协助组织召开党组会、局务会、办公会和专题会	1、“三定方案”中的核心业务		11032/YJ010003	非行政执法类：内部管理			件	办公室
2	起草有关农业方面的地方性法规、规章草案	1、“三定方案”中的核心业务	填写立项建议书报法规处	11032/YJ020002	非行政执法类：法制建设	1、市委、市政府相关规定：三定方案		不固定	政策法规处
3	起草有关农业方面的地方性法规、规章草案	1、“三定方案”中的核心业务	法规处审核，报局长批准后报市政府	11032/YJ020003	非行政执法类：法制建设	1、市委、市政府相关规定：三定方案		不固定	政策法规处
4	起草有关农业方面的地方性法规、规章草案	1、“三定方案”中的核心业务	立项论证	11032/YJ020004	非行政执法类：法制建设	1、市委、市政府相关规定：三定方案		不固定	政策法规处
5	起草有关农业方面的地方性法规、规章草案	1、“三定方案”中的核心业务	牵头起草法规、规章送审稿及其说明	11032/YJ020005	非行政执法类：法制建设	1、市委、市政府相关规定：三定方案		不固定	政策法规处
6	起草有关农业方面的地方性法规、规章草案	1、“三定方案”中的核心业务	提交审定并签发上报	11032/YJ020006	非行政执法类：法制建设	1、市委、市政府相关规定：三定方案		不固定	政策法规处
7	起草有关农业方面的地方性法规、规章草案	1、“三定方案”中的核心业务	报送法规、规章送审稿及其说明	11032/YJ020007	非行政执法类：法制建设	1、市委、市政府相关规定：三定方案		不固定	政策法规处
8	农产品市场信息体系建设	1、“三定方案”中的核心业务	农产品市场信息联网	11032/YS010001	非行政执法类：公共服务	1、市委、市政府相关规定：2001年市政府实事 2、国家部委相关规定：农业部《“十五”农村市场信息服务行动计划》			局信息中心
9	农产品市场信息体系建设	1、“三定方案”中的核心业务 2、单位日常工作	农产品市场信息采集	11032/YS010002	非行政执法类：公共服务	1、市委、市政府相关规定：2001年市政府实事 2、国家部委相关规定：农业部《“十五”农村市场信息服务行动计划》			局信息中心

图 13.16　部门业务列表

2. 相关部门的资源列表（如图 13.17 所示）

XX市XX局资源目录合计8084项　定制显示表头

序号	资源名称	信息资源编码	资源类别	所属业务事项名称	资源采集途径	更新周期	资源共享范围	资源共享方式	资源安全级别
1	会议议题	11032/ZJ010044	所需材料	协助组织召开党组会、局务会、办公会和专题会	综合统计产生	不定	1、委(局)内：党组、领导班子、各处室、局属单位	1、介质交流（纸制报表，电子文档等）	非保密政务部门共享信息
2	《种子检验员证申请表》	11032/ZJ050046	产生材料	农作物种子检验员考核(受理)	流程产生		1、委(局)内：局内	1、介质交流（纸制报表，电子文档等）	
3	《制定法规规章项目建议书》	11032/ZJ020075	产生材料	起草有关农业方面的地方性法规、规章草案(填写立项建议书报法规处)	流程产生	即时	1、本部门专用：	1、介质交流（纸制报表，电子文档等）	依法专用信息
4	《制定法规规章项目建议书》	11032/ZJ020076	所需材料	起草有关农业方面的地方性法规、规章草案(法规处审核，报局长批准后报市政府)	流程产生	即时	1、委办局：市政府法制办 2、本部门专用：	1、介质交流（纸制报表，电子文档等）	依法专用信息
5	《制定法规规章项目建议书》	11032/ZJ020077	产生材料	起草有关农业方面的地方性法规、规章草案(法规处审核，报局长批准后报市政府)	流程产生	即时	1、委办局：市政府法制办 2、本部门专用：	1、介质交流（纸制报表，电子文档等）	
6	有关论证意见	11032/ZJ020078	所需材料	起草有关农业方面的地方性法规、规章草案(立项论证)	流程产生	即时	1、委(局)内：	1、介质交流（纸制报表，电子文档等）	依法专用信息
7	专家论证意见	11032/ZJ020079	产生材料	起草有关农业方面的地方性法规、规章草案(立项论证)	流程产生	即时	1、委办局：市政府法制办 2、委(局)内：	1、介质交流（纸制报表，电子文档等）	依法专用信息
8	法规、规章草案	11032/ZJ020080	所需材料	起草有关农业方面的地方性法规、规章草案(牵头起草法规、规章送审稿及其说明)	流程产生		1、委(局)内：	1、介质交流（纸制报表，电子文档等）	依法专用信息

图 13.17　部门资源列表

3. 相关部门的岗位列表（如图 13.18 所示）

XX市XX局岗位信息共8条

序号	岗位名称/职位	岗位职责	岗位所属单位	岗位属性	相关业务
1	秘书长	负责森林防火安全，保护树木和植被。	XX市XX局	公务员	1、森林防火 2、城市绿化建设
2	主任	办公室日常事务，监督和布置工作。	XX市XX局	公务员	1、文明小区评比 2、城市绿化建设
3	副局长	负责所有局内事务，协助局长工作。	XX市XX局	公务员	1、城市绿化建设
4	消防队长	消防演习，现场救火，安排任务。	XX市XX局	公务员	1、森林防火 2、城市绿化建设
5	处长	分管植树造林工程，防止水土流失。	XX市XX局	公务员	1、植树造林 2、文明小区评比
6	助理	办公室日常事务，收发文件，传达通知。	XX市XX局	公务员	1、文明小区评比
7	处长	主持政策法规处的日常事务，新法规的制定、评审。	政策法规处	公务员	1、组织行政处罚听证工作(受理当事人的听证申请)
8	助理	办公室日常事务的处理。通知的发布，整理文档。	政策法规处	公务员	1、对本部门制定的规范性文件进行合法性审核与备案(将本部门制定的规范性文件报法制办备案)

图 13.18　部门岗位列表

4. 相关部门的业务展示列表（如图 13.19 所示）

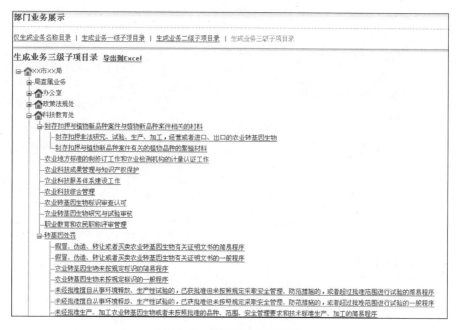

图 13.19　部门业务展示列表

5. 相关主题的业务展示列表（如图 13.20 所示）

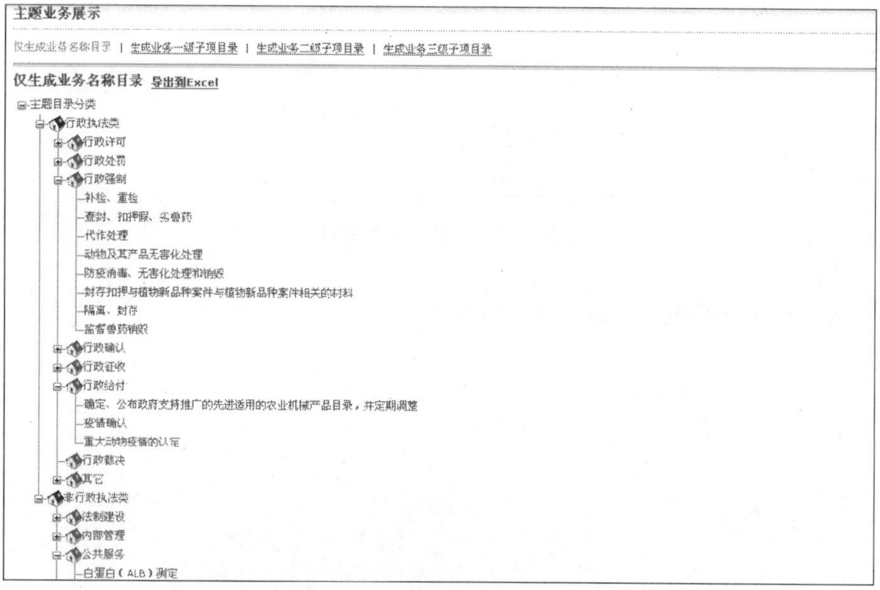

图 13.20　主题业务展示列表

6. 相关部门的关联后业务列表（如图 13.21 所示）

XX市XX局　关联后业务事项列表共计575项

业务事项名称	业务事项编码	主管单位	实施单位		
猪圆环病毒病-ELISA	11032/Y000621	市农业局畜牧兽医处	市兽医实验诊断所病毒室	编辑	☐
猪乙型脑炎抗体检测接样、数据统计分析	11032/Y000509	市农业局畜牧兽医处	市兽医实验诊断所业务科	编辑	☐
猪旋毛虫检测－ELISA试验	11032/Y000691	市农业局畜牧兽医管理处	市兽医实验诊断所细菌室	编辑	☐
猪细小病毒病-PCR	11032/Y000617	市农业局畜牧兽医处	市兽医实验诊断所病毒室	编辑	☐
猪细小病毒病-ELISA	11032/Y000618	市农业局畜牧兽医处	市兽医实验诊断所病毒室	编辑	☐
猪瘟抗原－ELISA	11032/Y000572	市农业局畜牧兽医处	市兽医实验诊断所病毒室	编辑	☐
猪瘟检验样品接收、数据统计	11032/Y000493	市农业局畜牧兽医处	市兽医实验诊断所业务科	编辑	☐
猪瘟RT-PCR	11032/Y000569	市农业局畜牧兽医处	市兽医实验诊断所病毒室	编辑	☐
猪瘟-HA	11032/Y000571	市农业局畜牧兽医处	市兽医实验诊断所病毒室	编辑	☐
猪瘟-FA	11032/Y000568	市农业局畜牧兽医处	市兽医实验诊断所病毒室	编辑	☐
猪萎缩性鼻炎检测－乳胶凝集试验	11032/Y000657	市农业局畜牧兽医管理处	市兽医实验诊断所细菌室	编辑	☐
猪囊虫病检测ELISA试验	11032/Y000685	市农业局畜牧兽医管理处	市兽医实验诊断所细菌室	编辑	☐
猪霉形体肺炎病理组织学诊断技术	11032/Y000707	市农业局畜牧兽医管理处	市兽医试验诊断所理化室	编辑	☐
猪流感-HI	11032/Y000631	市农业局畜牧兽医处	市兽医实验诊断所病毒室	编辑	☐
猪流感-ELISA	11032/Y000633	市农业局畜牧兽医处	市兽医实验诊断所病毒室	编辑	☐
猪链球菌病原检测接样、数据统计分析	11032/Y000514	市农业局畜牧兽医处	市兽医实验诊断所业务科	编辑	☐

图 13.21　关联后业务列表

7. 相关部门下的跨部门资源列表（如图 13.22 所示）

XX市XX局　跨部门资源目录合计9项

序号		资源名称	信息资源编码	资源责任方	资源类别	所属业务事项名称
1	删除 编辑	非北京生源进京审批表	11032/ZJ120006	市人事局	所需材料	负责全局系统干部队伍建设的部署和落实工作;负责全局系统干部队
2	删除 编辑	国家公务员录用考试公共科目笔试合格证书	11032/ZJ120007	市人事局	所需材料	负责全局系统干部队伍建设的部署和落实工作;负责全局系统干部队
3	删除 编辑	本人身份证复印件	11032/ZS170007	公安局	所需材料	交通服务
4	删除 编辑	《北京市国家机关事业单位技术工人升等技术等级审批表》	11032/ZS160003	参加人员所在单位、各区县人事局	所需材料	组织职业技能鉴定及技术工人岗位培训
5	删除 编辑	《国家职业鉴定人员资格审查表》	11032/ZS160001	参加人员所在单位的人事部门	所需材料	组织职业技能鉴定及技术工人岗位培训
6	删除 编辑	农作物种子质量检验机构资质考核申请书	11032/ZS090079	市种子站质量管理科	所需材料	种子产业发展规划
7	删除 编辑	工作目标、领导批示、督察件、会议决定	11032/ZJ011123	上级单位	所需材料	协助组织召开党组会、局务会、办公会和专题会
8	删除 编辑	绿化工作相关文件	11032/ZJ011137	市绿化办	所需材料	协助组织召开党组会、局务会、办公会和专题会
9	删除 编辑	年度献血计划安排	11032/ZJ011140	市献血办公室	所需材料	协助组织召开党组会、局务会、办公会和专题会

图 13.22　跨部门资源列表

第 14 章 主题应用版政务信息资源编目工具介绍

14.1 概　　述

主题应用版编目工具系统为 B/S 结构，采用由牵头单位（系统管理员）统一管理由参与单位按主题分别梳理，然后再集中整合的方法，最后形成主题应用相关的业务和资源梳理的成果。主题应用的梳理方法有两种：一种是在部门目录梳理的基础上将某主题下的业务和资源直接导入主题应用版，在此基础上进行流程的分析和整合；另一种方法是直接使用主题应用版梳理某一主题下业务与资源，然后对其结果进行流程的分析和整合。主题应用版与部门目录版提供了数据导入导出接口功能。

主题应用版编目工具的主要功能模块有信息浏览，目录信息维护、项目信息维护、业务协同关系梳理、资源审核确认、项目申报信息、信息查询和系统管理。

信息浏览与目录信息维护的功能可参见 13.1 的介绍。

项目信息维护包含项目信息维护、需求信息维护和项目功能维护三个功能。项目信息维护可以实现在主题下新建、编辑和删除项目信息；需求信息维护可以实现项目需求分解的增加、修改和删除，还可以将需求分解与实现业务对应起来；项目功能维护可以实现项目功能的增加、修改和删除，还可以将项目功能与需求分解对应起来。

业务协同关系梳理包含主题业务梳理整合、主题业务流程查看和提交整合结果三个功能。主题业务梳理整合可以对主题下的业务设置前置单位和前置业务；主题业务流程查看可以查看业务流程、查看资源汇总和协同单位；提交整合结果可以编制资源审核确认信息和编制项目申报信息。

资源审核确认包含对信息资源汇总表、可交换资源列表、采集资源列表和产生资源列表、项目应用需求表、信息字段汇总表和可共享字段列表的审核、编辑和确认等功能。在信息资源汇总表中可以修改各个项目下所有资源的产生单位和使用单位，可以将资源导出到 Excel 中；可交换资源列表可以修改各个项目下的可交换资源的产生单位和使用单位，可以将资源导出到 Excel 中；采集资源列表可以修改各个项目下的采集资源的产生单位和使用单位，可以将资源导出到 Excel 中；产生资源列表可以修改各个项目下的产生资源的产生单位和使用单位，可以将资源导出到 Excel 中；项目应用需求表列出需求分解列表，列表中包含需求实现的业务、需求涉及单位和需求对应的功能，可以将需求分解列表导出到 Word 中；信息字段汇总表列出各个项目下所有信息字段列表，可以将字段列表导出到 Excel 中；可共享字段列表列出了各个项目下可以共享的信息字段，可以将可共享的信息字段导出到 Excel 中。

项目申报信息包含对项目基本信息、项目业务信息、项目数据信息进行编辑、修改、自动导出等功能，可以为该主题的相关项目申报输出参考信息。上述信息可以以 Word 文档的形式导出，为该主题相关的应用系统建设和改造项目提供设计参考文档。

信息查询功能包含业务查询、资源查询、部门业务展示、主题业务展示和信息字段查询五个功能。通过业务查询可以实现业务的单一条件或多条件组合查询，可以对查询结果进行定制显示指标项，可以将结果列表导出到 Excel 中；通过资源查询可以实现资源单一条件或多条件组合查询，可以对查询结果进行定制显示指标项，可以将结果列表导出到 Excel 中；通过部门业务展示可以将业务按部门展示，可以选择展示到业务名称、一级子名称、二级子名称或三级子名称，可以将展示结果导出到 Excel 中；通过主题业务展示可以显示各主题下的业务名称列表；信息字段查询可以实现信息字段的简单查询和复杂查询，可以对查询结果进行定制显示指标项，可以将结果列表导出到 Excel 中。

系统管理包含部门管理、用户管理、主题目录授权管理、角色及授权管理、角色人员授权管理和数据字典维护六个功能。在部门管理中可以新建部门、维护部门信息；用户管理中可以按部门新建、编辑或删除人员信息；主题目录授权管理可以将主题授权给部门；角色及授权管理包含系统默认角色和自定义角色管理两部分，可以浏览系统默认角色的详细信息，新建、编辑或删除自定义角色；角色人员授权管理可以为人员授予系统默认角色或自定义角色；数据字典维护对系统中用到的一些指标项内容进行设置。

14.2 工具的操作步骤

本节将以某主题应用为主线,详细介绍主题应用版工具的操作步骤(注:本章中出现的示例均为虚拟数据)。

14.2.1 登录系统

在 IE 中输入 http://XX.XX.XX.XX/GIRCS_SUBJ,即可进入用户登录界面,如图 14.1 所示。

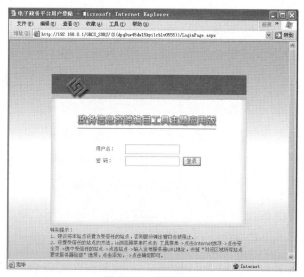

图 14.1 登录界面

在登录页面中,输入管理员分配的用户名和密码,通过系统的身份验证后,点击"登录"就可进入系统主页面,如图 14.2 所示。

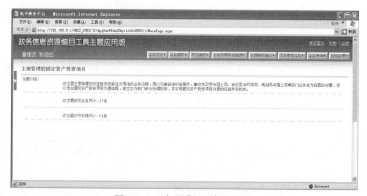

图 14.2 主题版系统主页面

第 14 章 主题应用版政务信息资源编目工具介绍

14.2.2 选择主题

首先根据项目（系统）建设或改进的需求在工具中选择主题，目前工具预设了执法信息共享、个人信用信息、企业信用信息、城市环境保护、智能交通、流动人口出租房屋管理、城市运行与管理、地下管线、食品安全追溯及监控、房屋管理、土地管理、商业运行指挥、规划管理等 14 个主题，选择相关一级主题或以及主题下的二级主题即可进入业务与资源梳理的界面。如果上述主题未涵盖项目（系统）建设所需要的主题也可以在工具系统管理中自行设定。

"信息浏览"→"目录信息浏览"菜单下，点击页面左侧的主题应用树下的某一主题即选择了该主题，页面右侧将显示主题介绍和业务、资源总数目信息，如图 14.3 所示。在选定了主题以后对该工具的操作都默认为在该主题下进行，也可以通过更换主题来进行其他主题下的操作。

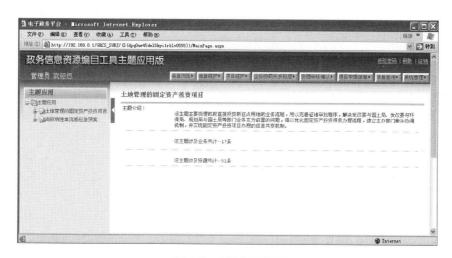

图 14.3 主题展示页面

14.2.3 业务、资源和信息字段的梳理

主题应用版编目工具的新建业务目录功能，将引导业务人员以主题分类为依据梳理出与主题相关的各部门的业务事项。各部门业务的梳理请参见 13.2.2 节操作。主题应用版编目工具的新建业务页面，如图 14.4 所示。

图 14.4 新建业务页面

新建业务页面中包含了办理该项业务所涉及的前置业务单位和前置业务，业务事项办理依据、办理流程、涉及的单位、所需材料和产生材料等内容；其中前置业务单位和前置业务是主题版编目工具特有的指标项。

第 14 章　主题应用版政务信息资源编目工具介绍

根据部门内部梳理出的业务目录，进行资源目录梳理，详情参见 13.2.3 节操作。主题应用版编目工具的新建资源页面如图 14.5 所示。

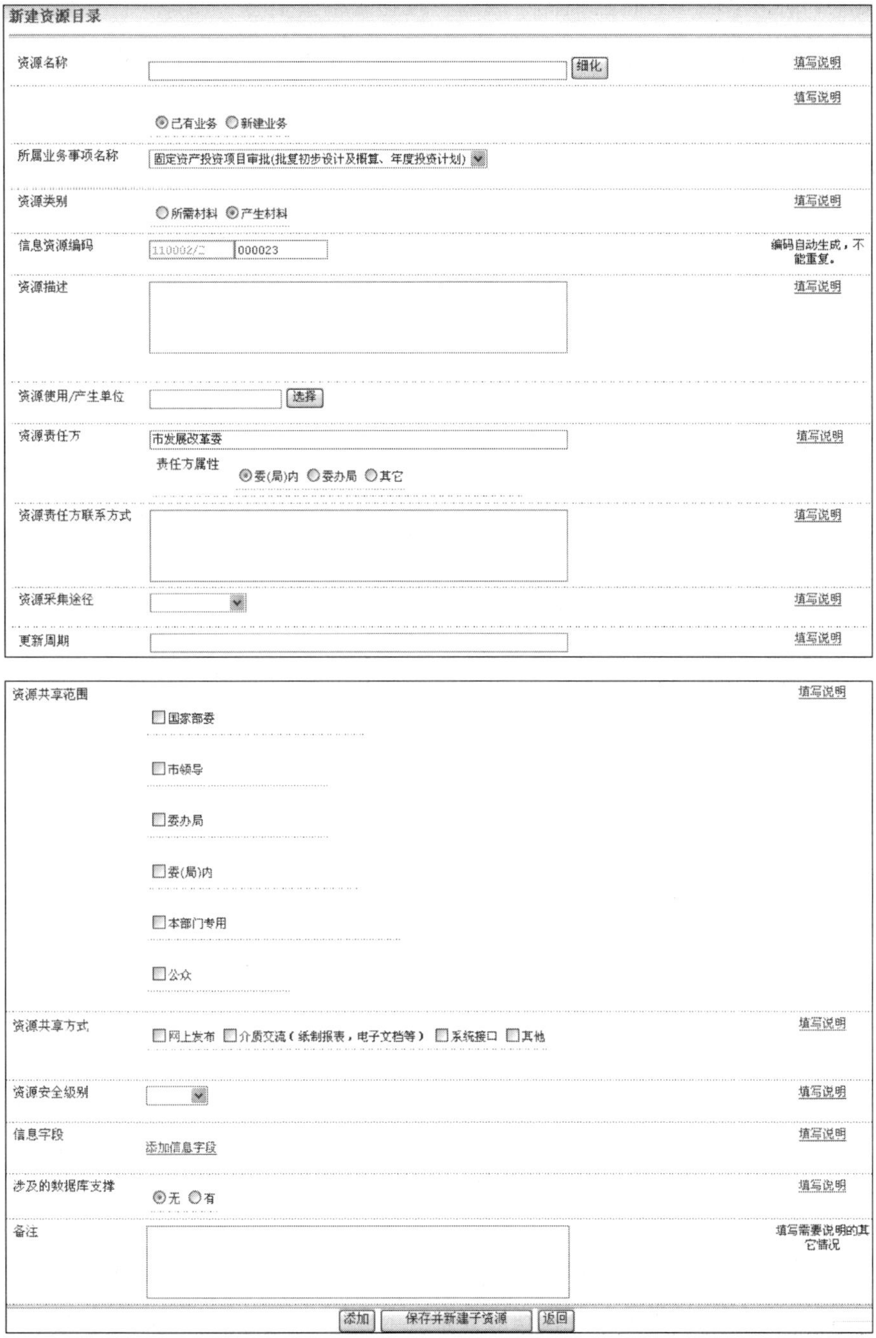

图 14.5　新建资源页面

根据部门内部梳理出的资源目录，进行信息字段的梳理。点击"目录信息维护"→

"信息字段维护",在左侧主题树中选择主题下的某部门,然后点击"新建信息字段"按钮,进入"新建信息字段"页面,如图14.6所示。如果在梳理资源时已填写了信息字段,则只需通过"信息字段"名称后面的"编辑"按钮来编辑信息字段即可。在信息字段梳理时尽可能录入该信息字段的提供单位和使用单位,为业务和资源整合提供参考依据。

图 14.6 新建信息字段页面

在进行主题版的业务和资源的梳理时,可以充分利用前期部门编目成果,使用工具提供的导入、导出功能把业务和资源梳理的成果导入到主题目录版中的指定主题下即可,如图14.7所示。导出的过程中可根据需求情况进行业务的筛选,筛选方式不限,如图14.8所示。在业务导出的同时业务相关的资源也同时一并导出。对导入后的业务和资源还可进行二次筛选的修改编辑。

第 14 章 主题应用版政务信息资源编目工具介绍

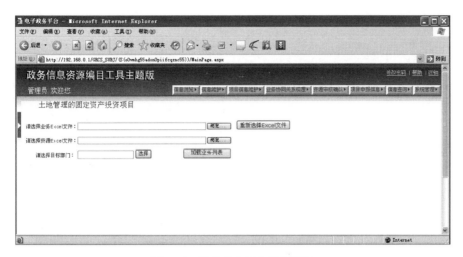

图 14.7 目录信息导入选择页面

图 14.8 目录信息导入后页面

14.2.4 建立主题下的项目信息

录入主题下的项目信息,该项目信息可以在提交整合结果后编制项目申报信息。新建项目基本信息页面如图 14.9 所示。

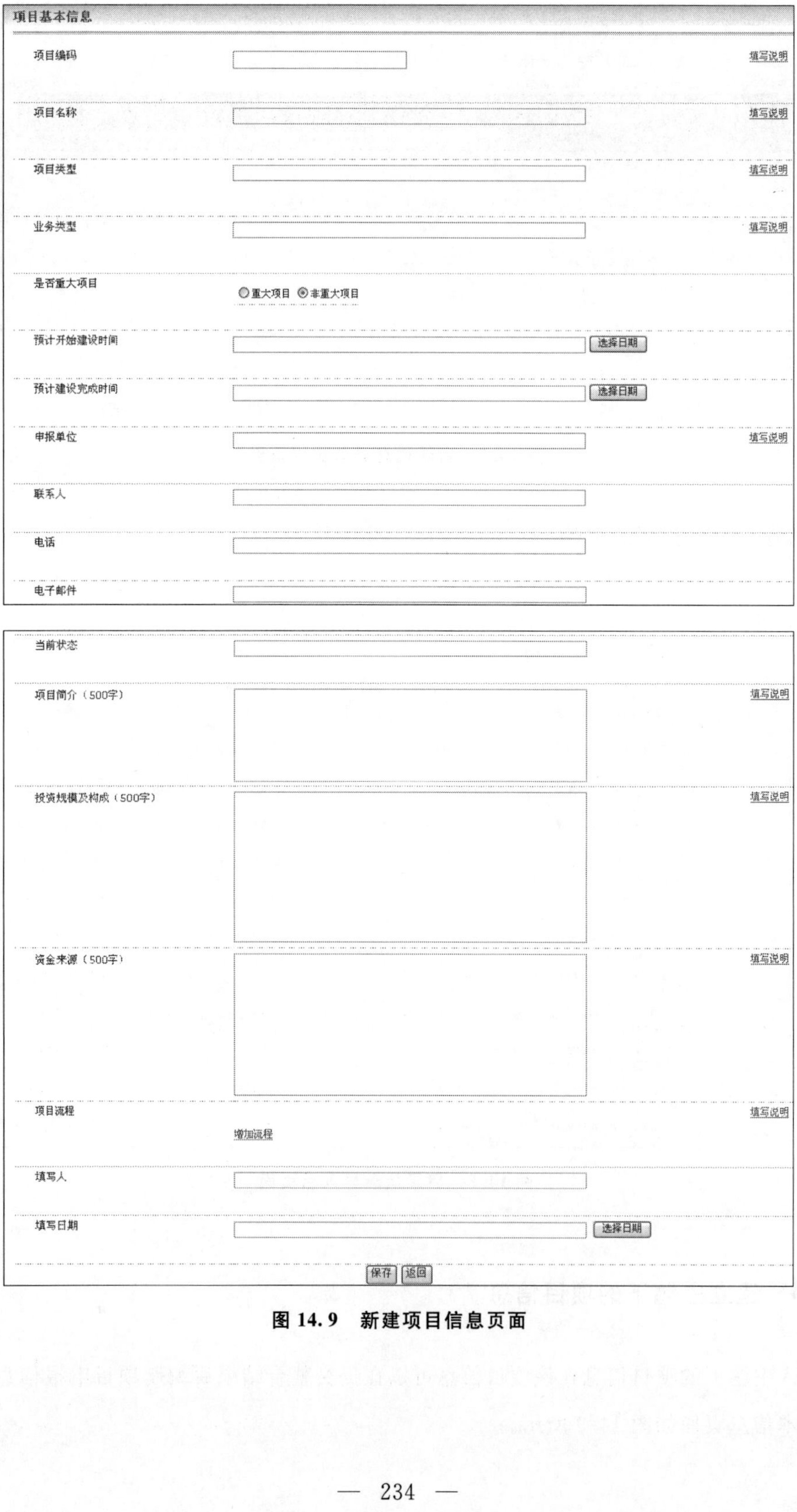

图 14.9　新建项目信息页面

14.2.5 跨部门协同业务的梳理

跨部门业务和资源的梳理是一个业务和资源的分析、整合过程，主要是确定业务和资源的接口信息，形成业务环节的流向和业务与资源的关系。主要核心内容是每个跨部门业务的前置单位和前置业务要梳理清楚；每个信息资源的提供单位和产生单位要梳理清楚。必要时由牵头单位召集相关单位人员讨论确定。前置业务单位和前置业务的设置如图 14.10 和 14.11 所示。

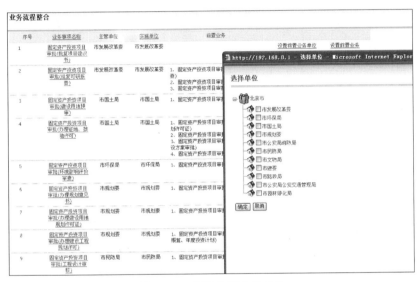

图 14.10 设置前置业务单位

图 14.11 设置前置业务

14.2.6 提交梳理结果

提交梳理结果编制资源审核确认信息和项目申报信息，如图 14.12 和 14.13 所示。

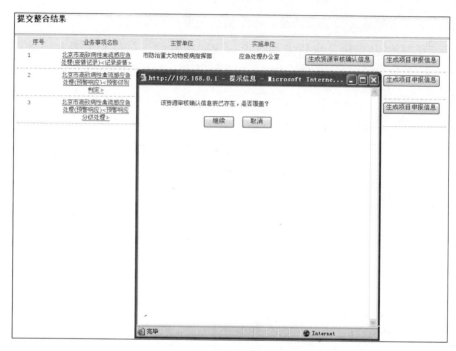

图 14.12　编制资源审核确认信息

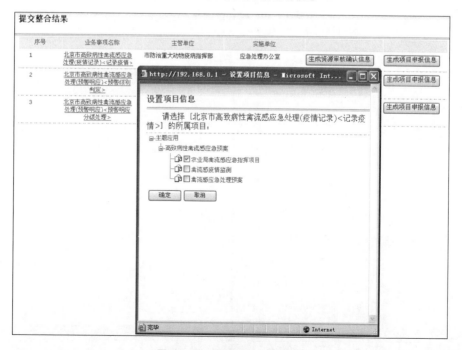

图 14.13　编制项目申报信息

14.2.7　资源审核确认

资源审核确认下可以修改信息资源总列表、可交换资源列表、采集资源列表和产生资源列表的产生单位和使用单位。

14.2.8　补充项目建设审批相关信息

通过项目申报信息菜单下的项目基本信息，项目业务信息，项目数据信息功能来完善。

14.3　与其他工具的接口

14.3.1　与部门目录版编目工具的接口

部门目录版编目工具中的业务和资源可以利用导出功能导出到 Excel 文件中，然后利用部门目录版的业务事项分类与主题目录版的主题的对应关系，将导出的业务和资源利用主题目录版编目与梳理工具的导入功能导入主题版编目与梳理工具中。

14.3.2　与市区两级级共享信息平台的接口

请参考第 13 章的 13.3.1 节。

14.3.3　与 Excel 的接口

请参考第 13 章的 13.2.3 节。

14.3.4　与 Word 的接口

请参考第 13 章的 13.2.4 节。

14.3.5　与其他工具的接口

请参考第 13 章的 13.2.5 节。

14.4　主题目录版编目工具产生的成果

1. 相关主题的部门业务列表

2. 相关主题的部门资源列表

3. 相关主题的部门内部业务流程图

4. 相关主题的所有业务列表

5. 相关主题的所有资源列表

6. 相关主题的跨部门业务流程图

7. 相关主题的跨部门业务流程（见图14.14）

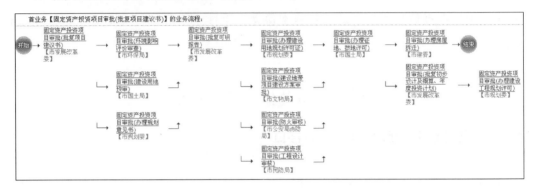

图 14.14　相关主题的跨部门业务流程

8. 相关主题下的可交换资源列表（见图14.15）

序号	资源名称	产生单位	使用单位
1	国有土地使用证	市国土局	市建委,市发展改革委
2	环境审查通知	市环保局	市发展改革委
3	建设方案审查通知	市文物局	市规划委,市发展改革委,市国土局
4	建设工程规划许可证	市规划委	市园林绿化局,市公安局公安交通管理局,市路政局,市民防局
5	建设项目用地预审意见	市国土局	市发展改革委
6	建设用地规划许可证	市规划委	市国土局
7	掘路许可证	市路政局	市建委
8	年度投资计划书	市发展改革委	市规划委
9	批复项目建议书	市发展改革委	市环保局,市国土局,市规划委
10	批复项目可研报告	市发展改革委	市规划委,市公安局消防局,市民防局,市文物局
11	设计审核批准通知单/易地建设证明	市民防局	市发展改革委,市国土局
12	消防审核通知	市公安局消防局	市发展改革委,市国土局
13	移植伐木许可证	市园林绿化局	市建委
14	意见规划书	市规划委	市发展改革委
15	占路许可证	市公安局公安交通管理局	市建委

图 14.15　相关主题下的可交换资源列表

9. 相关主题下的采集资源列表（见图 14.16）

序号	资源名称	产生单位	使用单位
1	拆迁结案文件	市建委	市建委
2	法定代表人身份证	市公安局	市国土局
3	工商营业执照	市工商局	市国土局
4	土地情况调查表	市民防局	市国土局
5	项目建议书	市发展改革委	市发展改革委
6	组织机构代码	市工商局	市国土局

图 14.16　相关主题下的采集资源列表

10. 相关主题下的产生资源列表（见图 14.17）

序号	资源名称	产生单位	使用单位
1	房屋拆迁证	市建委	
2	国有土地使用证	市国土局	市建委,市发展改革委
3	环境审查通知	市环保局	市发展改革委
4	建设方案审查通知	市文物局	市规划委,市发展改革委,市国土局
5	建设工程规划许可证	市规划委	市园林绿化局,市公安局公安交通管理局,市路政局,市民防局
6	建设项目用地预审意见	市国土局	市发展改革委
7	建设用地规划许可证	市规划委	市国土局
8	掘路许可证	市路政局	市建委
9	年度投资计划书	市发展改革委	市规划委
10	批复项目建议书	市发展改革委	市环保局,市国土局,市规划委
11	批复项目可研报告	市发展改革委	市规划委,市公安局消防局,市民防局,市文物局
12	设计审核批准通知单/易地建设证明	市民防局	市发展改革委,市国土局
13	消防审核通知	市公安局消防局	市发展改革委,市国土局
14	验收备案书	市建委	

图 14.17　相关主题下的产生资源列表

11. 相关主题所涉及的协同单位流程（见图 14.18）

图 14.18　相关主题所涉及的协同单位流程

12. 项目申报基本信息表（见图 14.19）

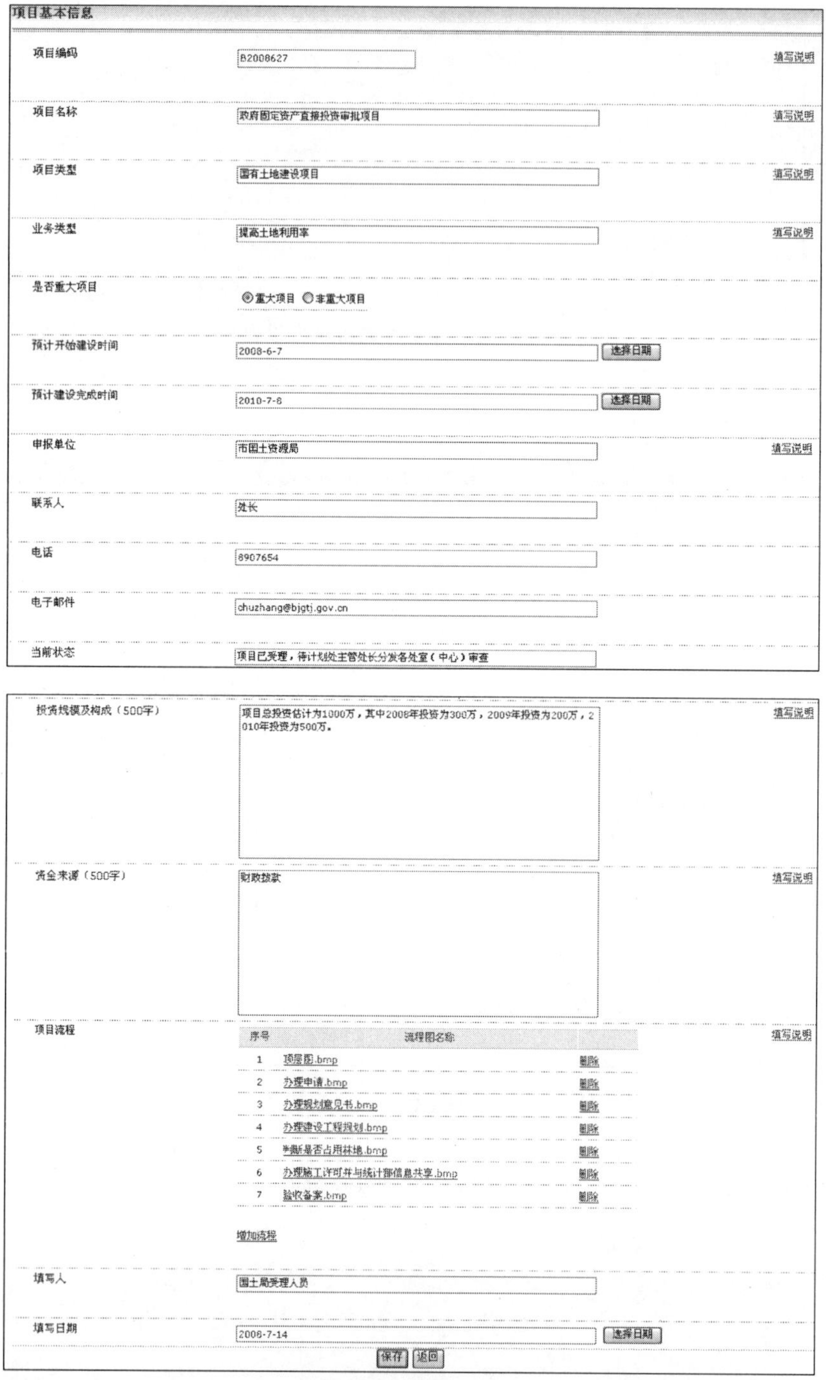
项目基本信息

项目编码 B2008627 填写说明

项目名称 政府固定资产直接投资审批项目 填写说明

项目类型 国有土地建设项目 填写说明

业务类型 提高土地利用率 填写说明

是否重大项目 ◉重大项目 ○非重大项目

预计开始建设时间 2008-6-7 选择日期

预计建设完成时间 2010-7-8 选择日期

申报单位 市国土资源局 填写说明

联系人 处长

电话 8907654

电子邮件 chuzhang@bjgtj.gov.cn

当前状态 项目已受理，待计划处主管处长分发各处室（中心）审查

投资规模及构成（500字） 项目总投资估计为1000万，其中2008年投资为300万，2009年投资为200万，2010年投资为500万。 填写说明

资金来源（500字） 财政拨款 填写说明

项目流程 填写说明

序号	流程图名称	
1	顶层图.bmp	删除
2	办理申请.bmp	删除
3	办理规划意见书.bmp	删除
4	办理建设工程规划.bmp	删除
5	判断是否占用林地.bmp	删除
6	办理施工许可并与统计部信息共享.bmp	删除
7	验收备案.bmp	删除

增加流程

填写人 国土局受理人员

填写日期 2008-7-14 选择日期

保存 返回

图 14.19　项目申报基本信息表

13. 项目申报业务信息表（见图 14.20）

图 14.20　项目申报业务信息表

14. 项目申报数据信息表（见图 14.21）

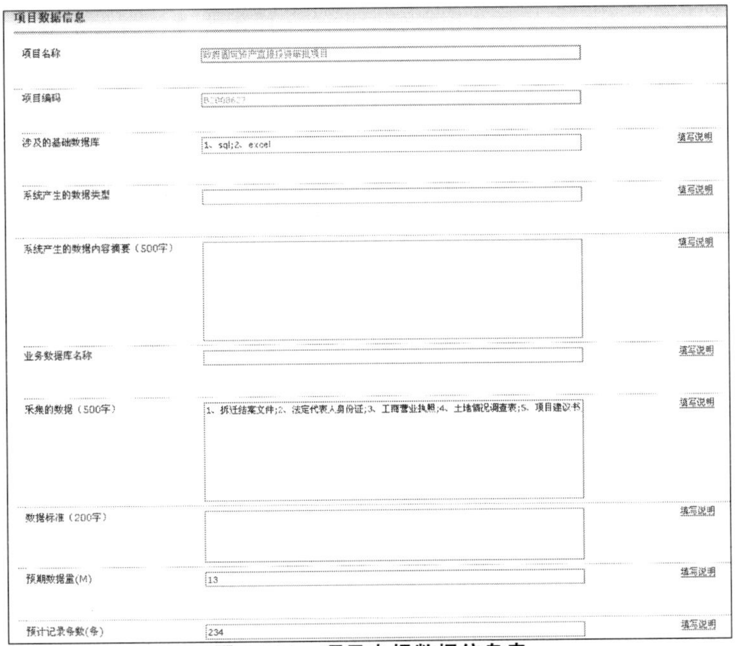

图 14.21　项目申报数据信息表

15. 相关主题下涉及部门的业务展示
16. 相关主题下所有业务的展示
17. 相关主题下所有信息字段的展示

第 15 章　区(县)政务信息资源目录编制及编目工具介绍

15.1　概　　述

区(县)政府的电子政务建设水平不同,但也不同程度地面临着政务信息资源底数不清、部分政务信息质量较差、政务信息共享困难、信息资源管理薄弱、信息资源和政务应用系统缺乏整合的问题,要解决这些电子政务建设中的问题,迫切需要从加强政务信息资源管理方面寻找出路。通过政务信息资源目录建设,可以比较完整地掌握区(县)政府业务和信息资源基本情况,为今后的政务信息资源共享和应用系统整合奠定基础。

区(县)政府作为市级政府的下一级政府机构,其政务信息资源梳理与编目工作与市级政府机构的政务信息资源梳理与编目工作方法基本是一致的,原则上可以仿照本书前面几个章节目录编制工作程序进行。由于区(县)政府自身的特点和应用需求的不同,区(县)在进行政务信息资源梳理与编目时,又有一些特殊的环节需要考虑。如区(县)委办局与市级信息资源目录内容的对接等。

本章将仅介绍区(县)政务信息资源目录工作与部门政务信息资源目录工作不同的部分,本章没有涉及的内容,请参考本书前面几个章节。

15.2　区(县)编目类型和特点

15.2.1　区(县)编目需求类型

需求是推动政务信息资源目录编制的第一要素。不同的区(县)根据其现状和建设重点,会提出不同的需求。总体来说,可以把需求分为两类,即资源管理需求和重点应用建设需求。

第 15 章 区(县)政务信息资源目录编制及编目工具介绍

资源管理需求是指，区(县)具有大量的信息资源，它们存在和分布于多行业、多部门、多地域，急需通过信息梳理编制工作，对信息资源进行采集、分类、加工处理和存储，实现信息资源的有序组织，规范化政府办公行为，有效快速地利用已有信息资源。

重点应用需求是指，各区(县)为了提高城市管理能力和公共服务水平，而确定的一些电子政务重点建设项目，如智能交通、综合执法、房屋土地、信访、城市环境、流动人口、社保等。

根据上述编目需求和区(县)政务信息化现状，可将在区(县)划分为资源管理型、重点应用型和混合型三种类型。

(1) 资源管理型（面向资源管理进行信息资源梳理和编目）。这一类型的区(县)常常是处于政务信息化建设的初级阶段，区(县)内各委办局都已经通过开展政务信息化建设，实现了办公自动化与政务信息上网，但信息化建设仍处在起步阶段，部分业务仍处在纸质办公阶段，或目前多个信息系统相对独立，无法实现整合系统的功能。并且区(县)内大多数部门或多或少存在着"办理事项数量不清，主职单位职责不清，业务办理流程不清，部门协同关系不清"等问题，无法为政府决策提供准确的支撑，对信息资源管理的需求较强烈。

通过政务信息资源目录编制，可以为区(县)明确各委办局信息资源的现状和特点，在此基础上制订合理的信息化发展规划，全面提升全区的政务管理水平。同时在对信息资源梳理的成果之上，将信息资源统一管理、发布、查询、定位服务并理清信息共享需求，结束资源管理相对不规范的局面。

(2) 重点应用型（面向重点应用进行信息资源梳理和编目）。这一类型的区(县)由于已经处于政务信息化建设的整合阶段，一些信息整理工作已经取得了一定的成果，如有些区(县)已经成功地开展过编目工作，或部分委办局已经进行了部门编目工作。但是区(县)根据自己的发展要求及规划方向，对某个重点应用建设有相对比较强烈的要求，此时信息资源梳理工作要结合重点应用建设重点有针对性地进行，旨在服务于区(县)重点应用建设。

通过政务信息资源目录编制，形成重点应用主题目录，可以帮助领导及决策者明确主题相关的业务和资源情况，理清主题建设思路，并且提供给重点应用建设人员目前主题应用的建设现状，给其后的重点应用建设提供必要的依据及保障。同时，重点应用主题共享信息资源目录作为重点应用主题目录梳理的另一个成果，在重点应用系统建设方案的编制阶段，可以有效利用，辅助确定系统需求、功能、建设目标、建设阶段和工程实施范围等。

(3) 混合型。这一类型的区(县)处于政务信息化建设的发展阶段,各级网络基础设施已建设完成,但条块化、无序建设比较严重,"信息孤岛"问题亟待解决。因此,需要通过信息资源梳理与目录编制,对信息资源进行管理。同时,这一类型的区(县)常常有某项或某几项主题工作是当前工作的重点,或是区(县)工作的弱点,需要通过信息资源梳理与目录编制来达到一定的效果,被列入区(县)的重点应用建设。

通过政务信息资源目录编制,一方面要以信息资源管理为目的,达到如下效果:一是要明确区(县)各委办局信息资源的现状和特点;二是明确哪些业务已有系统支撑,哪些数据已进库,为区(县)信息资源建设与系统整合奠定基础;三是明确区(县)信息共享需求推动政务工作的协同。另一方面以重点应用为目的,编目工作要全力配合重点业务应用系统建设,理清基础数据,明确数据来源,建立数据采集更新机制,切实为重点应用提供可靠的数据支撑。

资源管理型的区(县)政务信息资源目录编制工作可参考本书第7章,重点应用型和混合型的区(县)政务信息资源目录编制工作可参考本书第8章。在参考相应编目工作思路的基础上,区(县)应结合自身实际情况,灵活应用,确定符合各自特点的编目方案。

15.2.2 市区两级信息共享需求目录

区(县)政务信息资源梳理与目录编制过程中应注意以下两个问题:

(1) 区(县)政务信息资源梳理与目录编制过程中,要注意与上级的对接和一致;

(2) 区(县)政务信息资源梳理过程中,要考虑确定市区两级之间的跨部门、跨层级的共享需求。

区(县)除了要编制区(县)业务目录、信息资源目录和区(县)信息共享需求目录外,还要在区(县)信息资源共享需求目录基础上,提取市区两级信息共享需求目录。

在区(县)信息资源目录基础上提取市区两级信息共享需求目录,依据"可共享情况"指标项和"资源责任方属性"指标项,如果两项或其中一项填写为市级部门,则提取为共享资源目录中的内容。依据"资源提供方"指标项和"需求单位"指标项,如果两项或其中一项填写为市级部门,则提取为需求资源目录中的内容,最终结果需要由业务部门确认。这样即可形成市区两级信息共享需求目录。

15.3 区(县)版政务信息资源编目工具

在各区(县)进行目录的梳理与编制时,要充分考虑区(县)业务的特点和复杂性,区

(县)目录既有部门目录的特点又有跨部门协同的特点，可分别利用部门目录和主题目录编制的思路进行梳理与编目。有条件的地方应当使用政务信息资源编目工具区(县)版进行编目工作。

15.3.1 区（县）版政务信息资源编目工具简介

区(县)版政务信息资源编目工具是结合区(县)业务的特点开发的，它的开发思路是以部门目录版政务信息资源编目工具为基础，既有部门目录的功能又有主题应用的特点。区(县)版信息资源编目工具根据区(县)业务特点强化权限管理，各委办局之间数据不可见，区(县)各部门独立维护和审核数据；机构设置多层级，可以根据各区(县)需要机构设置到科队所。

区(县)版政务信息资源编目工具的主要功能模块有信息浏览、目录信息维护、目录审核、目录关联、信息查询、成果展示、资源管理、样例管理和系统管理。

信息浏览与目录信息维护的功能请参见第13.1节的介绍。

目录审核功能包含业务目录审核和资源目录审核。业务目录审核对提交审核的业务进行审核；资源目录审核对提交审核的资源进行审核。

信息查询功能包含业务查询、资源查询两个功能，具体请参见第13.1节的介绍。

成果展示功能包含部门业务展示、主题业务展示、系统设计参考和目录信息统计四个功能。部门业务展示和主题业务展示请参见第13.1节的介绍。系统设计参考将业务及其所属的资源和信息字段以特定格式导出到Word中。目录信息统计将各部门的业务和资源按状态进行统计。

资源管理功能包含资源采集责任方管理、可共享资源责任方目录、跨委办所需资源责任方管理、跨处室所需资源责任方目录、市级委办局共享资源目录、区级委办局共享资源目录、面向主题应用资源目录和委(局)内、直属单位资源目录八个功能。

样例管理功能请参见第13.1节的介绍。

系统管理功能请参见第13.1节的介绍。

15.3.2 工具的操作步骤

区(县)版政务信息资源编目工具的操作步骤与部门目录版政务信息资源编目工具的操作步骤基本相同。下面主要介绍区(县)目录版政务信息资源编目工具特有的操作步骤，其他操作请参考 13.2 节。

15.3.2.1 目录审核

业务目录审核是对区(县)下各委办局、部门梳理的业务进行审核。在"目录信息维护"→"业务目录"下选择待提交的业务,点击"提交审核"按钮后提示提交审核成功,如图15.1所示。在"目录审核"→"业务目录"审核的需要审核的业务列表下可以看到提交审核成功的业务。点击"业务明细"来浏览该业务的详细信息,如果该业务信息填写正确则选择该业务,点击"审核通过"则该业务审核通过,如图 15.2 所示;如果该业务信息填写不准确则点击"审核不通过",并在不通过原因中填写原因,则该业务审核不通过,如图15.3所示。审核不通过的业务在业务维护中修改后可以再次提交审核。如果审核后的业务在业务维护中修改了,则需要重新审核。

图 15.1 业务提交审核

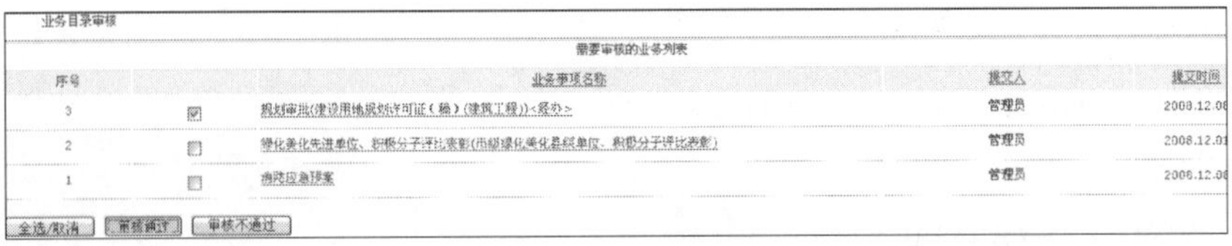

图 15.2 业务审核通过

第 15 章　区(县)政务信息资源目录编制及编目工具介绍

图 15.3　业务审核不通过

　　资源目录审核是对区(县)下各委办局、部门已梳理的业务的相关资源进行审核,只有资源对应的业务通过审核后,资源才可以提交审核。在"目录信息维护"→"资源目录"下选择待提交的资源,点击"提交审核"按钮后资源提交审核成功,如图 15.4 所示。在"目录审核"→"资源目录审核"的需要审核的资源列表下可以看到提交审核成功的资源。点击"资源明细"来浏览该资源的详细信息,如果该资源信息填写正确则选择该资源,点击"审核通过"则该资源审核通过,如图 15.5 所示;如果该资源信息填写不准确则点击"审核不通过",并在不通过原因中填写原因,则该资源审核不通过,如图 15.6 所示。审核不通过的资源在资源维护中修改后可以再次提交审核。如果审核后的资源在资源维护中修改了,则需要重新审核。

图 15.4　资源提交审核

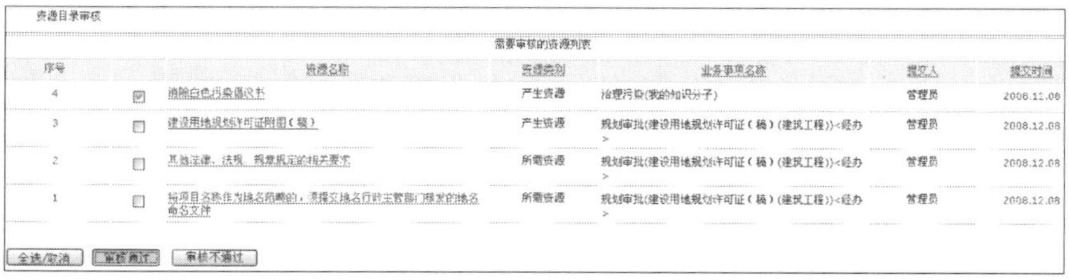

图 15.5　资源审核通过

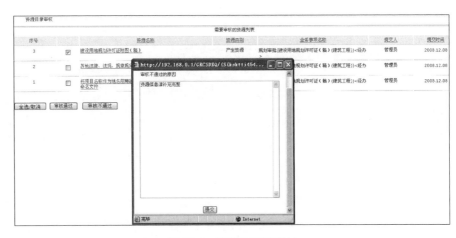

图 15.6　资源审核不通过

15.3.2.2　资源管理

资源管理对通过资源目录审核后的资源进行管理。点击“资源管理”→“资源采集责任方管理”，将资源按照责任方属性分为产生资源责任方管理、跨委办所需资源责任方管理和跨处室所需资源责任方管理。点击“刷新资源列表”按钮，则获得最新资源列表。某类责任方管理下含有分属于不同业务的同名资源，则可以编辑该资源的资源责任方和资源共享范围，否则资源不可编辑，如图 15.7 所示。

序号	资源名称	资源一级子项名称	资源二级子项名称	资源三级子项名称	资源责任方	资源共享范围	资源所属业务事项	
1	采集责任方				大兴区医院,消防局,红队,公安局	不能共享	1:总工会业务(1)	编辑
2	样例产生资源	资源一级子项名称	资源二级子项名称	修改资源目录		不能共享	1:测试样例业务(业务一级子项名称)<业务二级子项名称>[业务三级子项名称] 2:测试样例业务(业务一级子项名称)<业务二级子项名称>[业务三级子项名称]	编辑
3	北京市市政管理委员会不予许可决定书				一支队,商业大厦,农委	不能共享	1:环境卫生管理(渣土管理)<渣土消纳行政许可>	编辑
4	北京市市政管理委员会行政许可决定书、北京市渣土消纳许可证					不能共享	1:环境卫生管理(渣土管理)<渣土消纳行政许可> 2:环境卫生管理(渣土管理)<渣土消纳行政许可> 3:环境卫生管理(垃圾管理)<垃圾密闭化管理>	编辑
5	关于治理违规设置标语宣传品的函				市政管委市容科	不能共享	1:张挂张贴标语宣传品管理	编辑
6	区级光荣册				机关工委	不能共享	1:绿化美化先进单位、积极分子评比表彰(区级绿化美化县级单位、积极分子评比表彰)	编辑
7	违规设置照片				机关工委	不能共享	1:张挂张贴标语宣传品管理	编辑

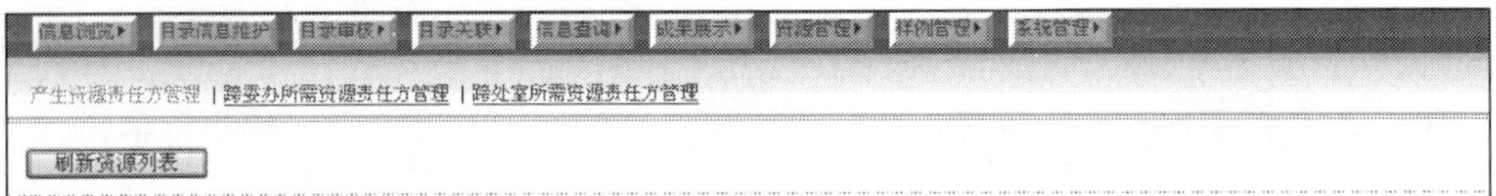

图 15.7　资源采集责任方管理

“资源管理”→“可共享资源责任方目录”下列出资源采集责任方管理下产生资源责

任方管理中的最新的资源列表，提供 Excel 导出功能，如图 15.8 所示。

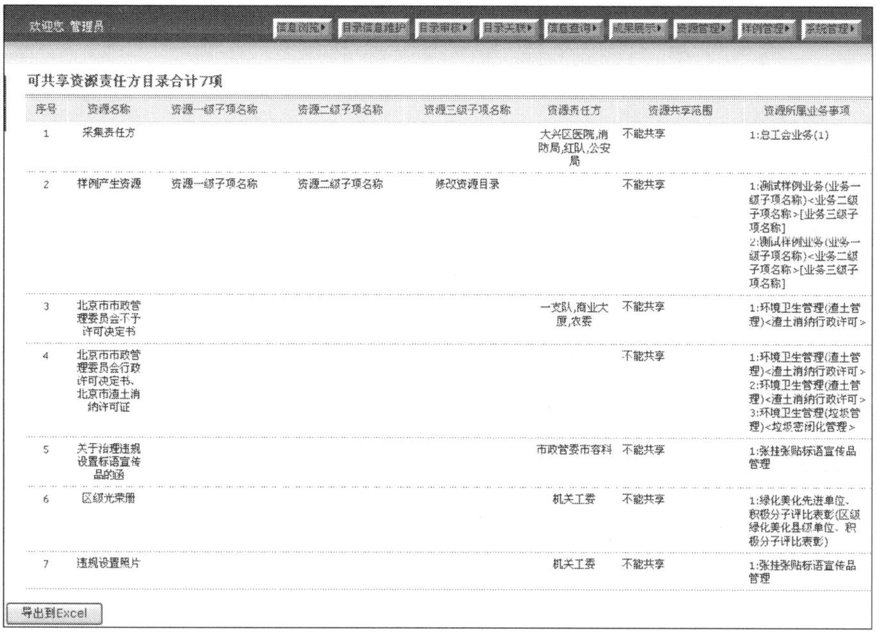

可共享资源责任方目录合计7项

序号	资源名称	资源一级子项名称	资源二级子项名称	资源三级子项名称	资源责任方	资源共享范围	资源所属业务事项
1	采集责任方				大兴区医院,消防局,红队,公安局	不能共享	1:总工会业务(1)
2	样例产生资源	资源一级子项名称	资源二级子项名称	修改资源目录		不能共享	1:测试样例业务(业务一级子项名称)<业务二级子项名称>[业务三级子项名称] 2:测试样例业务(业务一级子项名称)<业务二级子项名称>[业务三级子项名称]
3	北京市市政管理委员会不予许可决定书				一支队,商业大厦,农委	不能共享	1:环境卫生管理(渣土管理)<渣土消纳行政许可>
4	北京市市政管理委员会行政许可决定书、北京市渣土消纳许可证					不能共享	1:环境卫生管理(渣土管理)<渣土消纳行政许可> 2:环境卫生管理(渣土管理)<渣土消纳行政许可> 3:环境卫生管理(垃圾管理)<垃圾密闭化管理>
5	关于治理违规设置标语宣传品的函				市政管委市容科	不能共享	1:张挂张贴标语宣传品管理
6	区级光荣册				机关工委	不能共享	1:绿化美化先进单位、积极分子评比表彰(区级绿化美化县级单位、积极分子评比表彰)
7	违规设置照片				机关工委	不能共享	1:张挂张贴标语宣传品管理

图 15.8　可共享资源责任方目录

“资源管理”→“跨委办所需资源责任方目录”下列出资源采集责任方管理下跨委办所需资源责任方目录中的最新的资源列表，提供 Excel 导出功能，如图 15.9 所示。

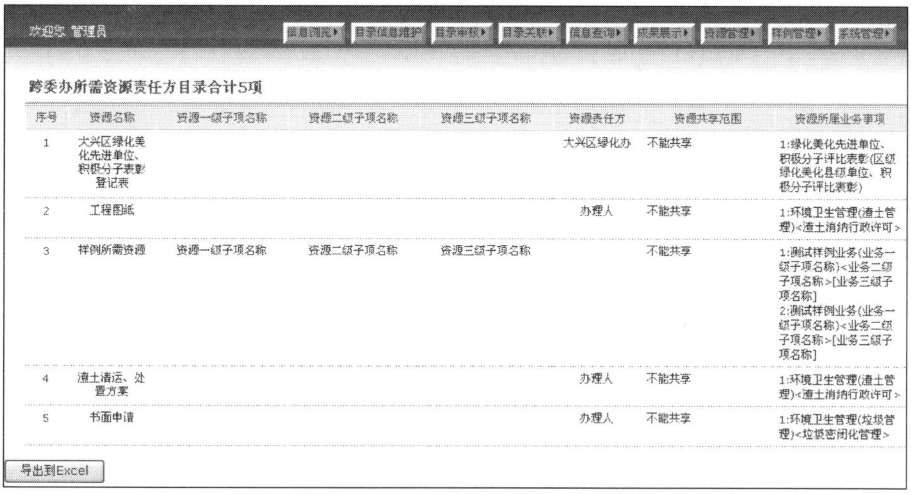

跨委办所需资源责任方目录合计5项

序号	资源名称	资源一级子项名称	资源二级子项名称	资源三级子项名称	资源责任方	资源共享范围	资源所属业务事项
1	大兴区绿化美化先进单位、积极分子表彰登记表				大兴区绿化办	不能共享	1:绿化美化先进单位、积极分子评比表彰(区级绿化美化县级单位、积极分子评比表彰)
2	工程图纸				办理人	不能共享	1:环境卫生管理(渣土管理)<渣土消纳行政许可>
3	样例所需资源	资源一级子项名称	资源二级子项名称	资源三级子项名称		不能共享	1:测试样例业务(业务一级子项名称)<业务二级子项名称>[业务三级子项名称] 2:测试样例业务(业务一级子项名称)<业务二级子项名称>[业务三级子项名称]
4	渣土清运、处置方案				办理人	不能共享	1:环境卫生管理(渣土管理)<渣土消纳行政许可>
5	书面申请				办理人	不能共享	1:环境卫生管理(垃圾管理)<垃圾密闭化管理>

图 15.9　跨委办所需资源责任方目录

“资源管理”→“跨处室所需资源责任方目录”下列出资源采集责任方管理下跨处室所需资源责任方目录中的最新的资源列表，提供 Excel 导出功能，如图 15.10 所示。

图 15.10　跨委办所需资源责任方目录

"资源管理"→"市级委办局共享资源目录"下列出资源责任方属性为市级委办局的资源列表，提供 Excel 导出功能，如图 15.11 所示。

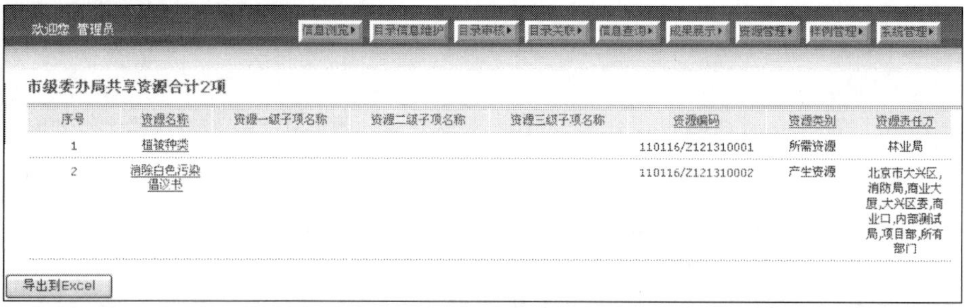

图 15.11　市级委办局共享资源目录

"资源管理"→"区级委办局共享资源目录"下列出资源责任方属性为区级委办局的资源列表，提供 Excel 导出功能，如图 15.12 所示。

图 15.12　区级委办局共享资源目录

"资源管理"→"委（局）内、直属单位共享资源目录"下列出资源责任方属性为委（局）内、直属单位的资源列表，提供 Excel 导出功能，如图 15.13 所示。

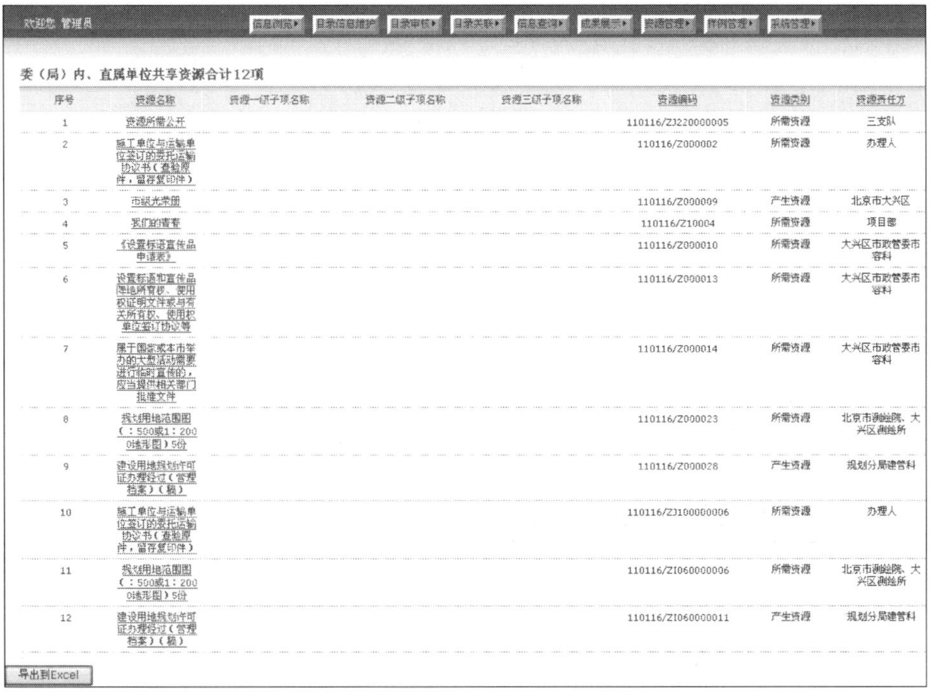

欢迎您 管理员　信息浏览　目录信息维护　目录审核　目录关联　信息查询　成果展示　资源管理　样例管理　系统管理

委（局）内、直属单位共享资源合计12项

序号	资源名称	资源一级子项名称	资源二级子项名称	资源三级子项名称	资源编码	资源类别	资源责任方
1	资源所需公开				110116/ZJ220000005	所需资源	三支队
2	施工单位与运输单位签订的委托运输协议书（查验原件，留存复印件）				110116/Z000002	所需资源	办理人
3	市级光荣册				110116/Z000009	产生资源	北京市大兴区
4	我们的青春				110116/Z10004	所需资源	项目部
5	《设置标语宣传品申请表》				110116/Z000010	所需资源	大兴区市政管委市容科
6	设置标语和宣传品场地所有权、使用权证明文件或与有关所有权、使用权单位签订协议等				110116/Z000013	所需资源	大兴区市政管委市容科
7	属于国家或本市举办的大型活动需要进行临时宣传的，应当提供相关部门批准文件				110116/Z000014	所需资源	大兴区市政管委市容科
8	规划用地范围图（：500或1：2000地形图）5份				110116/Z000023	所需资源	北京市测绘院、大兴区测绘所
9	建设用地规划许可证办理经过（管理档案）（稿）				110116/Z000028	产生资源	规划分局建管科
10	施工单位与运输单位签订的委托运输协议书（查验原件，留存复印件）				110116/ZJ100000006	所需资源	办理人
11	规划用地范围图（：500或1：2000地形图）5份				110116/ZI060000006	所需资源	北京市测绘院、大兴区测绘所
12	建设用地规划许可证办理经过（管理档案）（稿）				110116/ZI060000011	产生资源	规划分局建管科

导出到Excel

图 15.13　委（局）内、直属单位共享资源目录

“资源管理”→“面向主题应用资源目录”，点击“选择主题”链接，在主题选择对话框中选择主题（可以选择多个主题），资源列表将列出属于所选择主题的资源，提供 Excel 导出功能，如图 15.14 所示。

欢迎您 管理员　信息浏览　目录信息维护　目录审核　目录关联　信息查询　成果展示　资源管理　样例管理　系统管理

面向主题应用资源目录合计1项

主题应用： 视频图像 选择主题

序号	资源名称	资源一级子项名称	资源二级子项名称	资源三级子项名称	资源责任方	资源需求方	资源所属业务事项
1	消除白色污染倡议书				北京市大兴区,消防局,商业大厦,大兴区委,商业口,内部测试局,项目部,所有部门	环卫中心,环保局	治理污染(我的知识分子)

导出到Excel

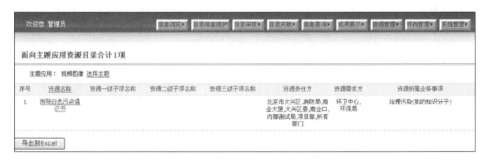

图 15.14　面向主题应用资源目录

第16章 政务业务建模系统

16.1 政务业务建模系统(GBMS)简介

16.1.1 政务业务建模系统的构成

政务业务建模系统的构成如图 16.1 所示。政务业务建模系统包含模型建造和模型模拟两个主要功能。多视图的模型主要包括组织模型、业务模型、资源模型、协同模型和信息模型。模型构造（也称过程建模）是指利用工具对业务过程进行描述、定义的建造过程。通过使用一套预定义的图符，任何政府部门或单位都可以用其快速地构造直观、清晰、表达全面的模型。模型模拟用于模拟业务过程的执行，可以辅助用户优化业务过程。

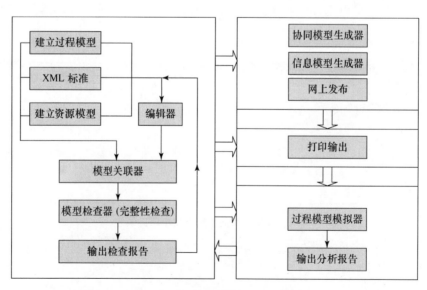

图 16.1 政务业务建模系统的构成

16.1.1.1 模型的建立

用户通过使用一套预定义的图符即可视化过程建模语言（VPML），可以快速地构造组织模型、业务模型、资源模型等。VPML 支持对业务过程模型中图符对象之间连接的自动语法检查。利用图形化界面来编辑业务过程图，利用对话框界面来编辑业务过程图中各对象的属性。GBMS 构造的模型是按层次结构组织的，主要涉及下列模型。

(1) 过程模型：描述组织中要进行的业务活动、实现这些活动所需的组织和资源、每个活动所要求的输入产品、它所产生的输出产品以及过程中用到的数据等。

(2) 组织模型：组织模型是指一个组织及其各下属单位和下属角色的总和，是一个组织及其各个不同层次的下属组织之间的关系图。

(3) 资源模型：资源模型是对组织所拥有资源类型及其相互关系的详细描述，包括抽象场所、抽象机器、抽象工具、场所、机器、工具等类型，对于每类资源，都通过其中的资源属性（如名称、描述、资源数量、单位花费、使用效率）及其相互联系进行定义。

(4) 协同模型：描述部门内部各要素之间、各部门之间、本部门与其他组织之间的协同关系。

(5) 信息模型：描述了业务流程中所需要和产生的产品信息及它们之间的相互关系，以及流程的模拟和运作中所需要管理和处理的数据，反映了业务流程中的数据组成及其进化过程。

模型建立完成之后，首先应该通过模型的完整性检查。也就是说，该模型的语法必须是完备的，语义必须是完整的。

16.1.1.2 模型的仿真模拟

在完成业务过程的构造并通过了模型的完整性检查之后，通过对业务模型设置参数，对模型进行仿真（模拟运行），检查在所创建的模型中，是否存在不可达路径，是否存在活锁（死循环）和死锁（竞争资源而不可得），并提供与业务过程执行有关的花费、周期、质量和资源利用等方面的度量数据和图表。

业务过程模拟是对业务过程模型进行分析、验证、改进和优化的实用方法。它可以帮助设计人员理解业务过程定义，以交互方式调试业务过程模型，并提出改进和优化方案。业务过程模型实例为基于 VPML 的业务过程模型的模拟执行提供了良好的支持，是辅助定性和定量相结合的决策的有效工具。

16.1.2 GBMS 的功能

GBMS 有以下功能：

(1) 使用一套预定义的图符，以可视化方式快速构造组织模型，过程模型和资源模型；

（2）支持利用对话框界面来编辑业务模型、组织模型和资源模型中各对象的属性；

（3）它支持对业务过程模型中图符对象连接的自动语法检查，业务模型通过完整性检查来检查模型的语法完备性和语义完整性；

（4）通过完整性检查的业务模型还可以通过业务模拟来检查业务模型中是否存在不可达路径、活锁和死锁，并提供与业务模型执行有关的花费、周期、质量和资源利用等方面的度量数据和图表；

（5）支持模型的可视化网上发布；

（6）输出业务需求定义文档和用户定制的模型信息；

（7）支持分布式环境的协同建模；

（8）为政务信息资源编目工具提供接口。

16.1.3 GBMS 的特点

GBMS 有以下特点：

（1）从过程模型、组织模型、资源模型、信息模型、协同模型五个视图展示业务模型；

（2）能够描述各级业务组织机构及其职责、目标，并与过程模型实现有机集成；

（3）能够刻画业务信息之间的关系和详细的业务数据，并实现信息与过程的有机集成；

（4）能够描述业务组织内部、外部之间的交互关系，并与资源模型、过程模型、信息模型实现有机集成；

（5）允许创建同一个业务模型的多个实例，从而模拟业务过程的多种情况，测试业务模型更改所产生的影响。

16.2 利用 GBMS 进行政务业务建模

对于政府相关部门或单位，承担的每一项业务事项、每一项服务任务，每一项管理任务都可看成是由一系列活动组成的工作过程，并可以用业务模型进行描述。

业务建模的建模过程就是要梳理清楚要完成某一项业务、子业务、具体的活动所应具备的各种要素。例如，业务名称、发生的地点、需要的时间、经费、参与的人员（角色）、完成内容、输入输出的信息（也被称为产品）、活动步骤、约束条件、法律依据、涉及的资源等。

在 GBMS 中，组成业务过程的基本元素有机构、活动、角色、产品、资源、元素间的联系等。

为了有助于业务领域专家直观地、清晰地、全面地利用 GBMS 对业务模型（过程模型）进行描述，需要业务领域专家了解以下内容，以便和业务分析人员、软件开发人员达成一致，高效地完成业务建模工作。

(1) 履行每一项任务要开展的每一个活动（业务环节）；

(2) 描述活动（业务环节）之间的联系及顺序；

(3) 参与每一项任务、完成每一项活动的职能部门、岗位名称、责任人、相对人以及所有相关人员（系统称为角色，角色可以是一个人或组成部门的一组人）；

(4) 履行每一项任务、开展每一个活动的所需材料：申请、报告、表单、文档（系统称为活动的输入产品）；

(5) 履行每一项任务、开展每一个活动的产生材料：文档、程序代码、文书、通知、文告、单据、证件、批准执照（系统称为活动的输出产品）；

(6) 履行每一项任务、开展每一个活动所需的机器、工具、场所（系统称为资源）。

在明确了上述问题之后，业务领域专家就可以和业务分析人员一起利用建模工具，建立相关业务的模型。该模型既可以用来作为内部工作标准流程和考核依据，也可以作为验收外部项目的验收标准。

16.2.1 业务模型的构成

用 GBMS 建立的业务模型是按层次结构组织的。业务模型顶层的图最简单也最抽象，以下各层是对顶层业务过程的分解和细化，对业务过程做更详细的描述。在 GBMS 中，业务过程图由活动、产品和资源元素组成，分别用不同的图符表示。活动有以下五种类型：

(1) 手工活动是最底层的活动，不能再进行分解，由一个或多个人员来完成；

(2) 自动活动是可以通过计算机设备或程序执行的工作，不需要人的支持；

(3) 手工批处理活动是一个可以同时处理多个输入产品的手工活动；

(4) 自动批处理活动是一个可以同时处理多个输入产品的自动活动；

（5）组合活动是高层次或中间层次的活动，可分解成更为详细的业务过程图，它可包含手工活动、自动活动、手工批处理活动、自动批处理活动。

产品作为活动的输入和输出，包括：

（1）消息。消息是一种特殊的产品，表示从一个活动到另一个活动传递的信息。

（2）文档。文档是可由计算机存取的不可再分的电子文档，如需求规格说明。

（3）制品。制品是可由计算机存取的不可再生的通用电子产品，如数据文件。

（4）其他产品。其他产品是指除了制品、文档、消息三种产品之外的其他产品。

（5）组合产品。组合产品表示产品的集合，它使用一个图符表示复杂的产品。

GBMS中的资源是完成业务过程图中所描述的活动的实体，包括：

（1）机器。机器表示所用设备的类型，如服务器、计算机、打印机和刷卡设备等。

（2）场所。场所表示活动的场所，如××办公室、XX施工现场等。

（3）工具。工具表示工具的类型，主要指业务过程中使用的软件工具。

另外，在业务过程图中还可以定义执行活动所需的时间、资源的费用以及执行分支的概率等。GBMS用VPML来保证业务过程图的正确性和完整性。

16.2.2 业务模型的模拟方法

在完成业务过程的建造之后，可使用GBMS的模拟管理功能模拟该业务过程，从而获得与业务过程执行有关的度量数据。业务过程模拟是对业务模型进行分析、验证、改进和优化的实用方法。它可以帮助业务过程设计人员理解业务过程定义，以交互的方式调试业务过程模型，并提出改进和优化的方案。

业务模型在进行模拟之前，首先应该通过完整性检查。也就是说，该模型的语法必须是完备的，语义必须是完全的。

业务模型通过了完整性检查之后，用户还必须为该模型创建一个过程实例才能对该模型进行模拟。过程实例是模拟管理中所创建的过程模型的一个"副本"。过程实例被创建之后，用户可以改变实例的参数，来观察业务过程模型在不同参数配置情况下的模拟运行情况。这些参数包括活动持续时间、活动持续时间的分布、分支概率、源产品间隔速率、批处理产品间隔速率、批处理活动间隔时间、时钟规格说明和可利用资源的数量等。

在模拟管理中用户对模拟实例的更改将不会被反映到实际的业务过程模型当中。这个特点允许用户创建同一模型的多个实例，模拟业务过程的多种情况，从而测试业务过程的更改所产生的影响。例如，增加或减少可利用资源的数量；在重做循环时改变分支概率来决定重做次数对系统所产生的影响；增加源产品的到达速率来测试高负荷的情况下系统的运行情况。

如果用户已经在模拟管理中为模型创建了一个或多个实例，然后在模拟设置中对该模型进行了改动，那么这些改动将不会对已经建立的实例产生任何影响。而改动之后所创建的实例将会反映出业务过程模型的这些变动。

模拟分析提供了关于业务过程费用、运行时间和空闲时间（人员等待工作的时间）的信息。

用户可使用以下所列的几种方式获取信息：

（1）查看业务过程的动态模拟，从而了解业务模型的工作流程，发现死锁和无效的业务过程。

（2）设置断点，单步执行，从而获取更详细的分析结果。

（3）分析模拟报告，包括总结、产品、活动、队列和资源五个报告。

16.3　利用 GBMS 进行业务和信息资源的梳理

16.3.1　操作步骤

第一步：建立组织模型。

第二步：建立资源模型。

第三步：建立过程模型。

第四步：过程模型关联组织和资源模型。

第五步：过程模型完整性检查。

第六步：过程模型模拟。

第七步：创建信息模型。

第八步：创建协同模型。

16.3.2　建立组织模型

组织模型是使用组织模型调色板提供的组织图符，根据 VPML 的语法规则，建立可视化业务或需求的组织模型。组织模型中的图符包括组织机构、角色、关联关系、隶属关系和兼职关系的连接线。关联关系用于表示组织机构之间和组织单元与角色之间由用户定义的关系；隶属关系用于表示组织机构之间的组成关系；兼职关系用于表示角色和组织机构之间的兼职关系。

点击系统的"文件菜单"→"组织模型"，如图 16.2 所示。弹出"新建组织模型"对话框，如图 16.3 所示。输入组织模型名称后点击"确定"按钮，组织模型新建完毕。在系统左侧的导航器中显示建立后的所有模型名称，打开"组织模型"文件夹，双击后缀为 .organization_diagram 的文件进入"组织模型"编辑视图，如图 16.4 所示。

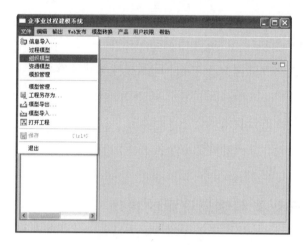

图 16.2　文件菜单页面

图 16.3　新建组织模型对话框

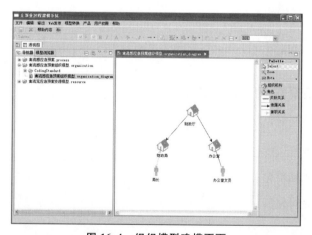

图 16.4　组织模型建模页面

在组织模型编辑视图的右侧调色板区域选择图符，然后在编辑视图区域点击鼠标，则图符被放置到编辑视图。右键点击图符,打开图符的规格说明,如图 16.5 和 16.6 所示。用户可以在规格说明中为图符输入名称和其他详细信息,详见规格说明书页面。在绘制组织模型时,先将需要的组织机构和角色放置到编辑视图,并通过拖动方式摆放好它们的位置,然后选择适当的连接线,将组织机构和(或)角色相连。

图 16.5 组织机构的规格说明

图 16.6 角色的规格说明

16.3.3 建立资源模型

资源模型是通过资源模型调色板提供的资源图符,根据 VPML 的语法规则,建立的可视化业务或需求的资源模型。资源模型图符包括抽象工具类型、抽象设备类型、抽象场所类型三种抽象资源类型,工具类型、设备类型和场所类型三种原子资源类型,分类关系连接线。

点击系统的"文件菜单"→"资源模型",弹出"新建资源模型"对话框。输入资源模型名称后点击确定,资源模型新建完毕。在系统左侧的导航器中显示建立后的所有模型名称,打开"资源模型"文件夹,双击后缀为.resource_diagram 的文件进入"资源模型"建模页面,如图 16.7 所示。

资源模型最终形成后应该是三棵树：工具类型分类树、设备类型分类树和场所类型分类树。在分类树中,树的根结点应该是抽象工具类型,中间的非叶子结点也应该是抽象工具类型。它们只充当工具类型分类器的作用,不能被过程模型视图引用。出现在分类树的叶子结点的是原子资源类型,可以被过程模型视图引用。

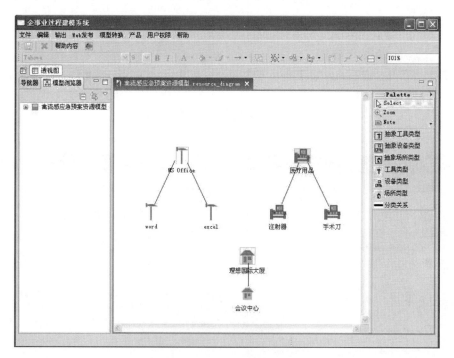

图 16.7　资源模型建模页面

16.3.4　建立过程模型

过程模型建模即通过使用过程模型调色板提供的活动、产品、资源、组织、时钟、参与者、关系和连接等图符,建立可视化业务或需求的过程模型。其中活动图符包括有手工活动、自动活动、手工批处理活动、自动批处理活动和组合活动等五种形式的活动；产品包括有文档、制品、消息、其他产品和组合产品等五种形式的产品；资源包括有工具、设备和场所等三种形式的资源；关系包括有输入与、输入或、输出与和输出或四种关系；连接包含有数据流连接、时间流连接、关联连接和引用连接和参与者连接五种。这些图符的连接关系遵循 VPML 的语法规则。

点击系统的"文件菜单"→"过程模型"，弹出"新建过程模型"对话框。输入过程模型名称后点击"确定"按钮，过程模型新建完毕。在系统左侧的导航器中显示建立后的所有模型名称，打开"过程模型"文件夹，双击后缀为 .process_diagram 的文件进入"过程模型"建模页面，如图 16.8 所示。

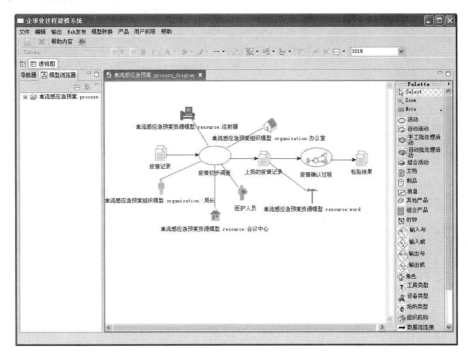

图 16.8　过程模型建模

根据过程模型需要在右侧的调色板中合理选择活动、产品、时钟、逻辑关系运算符、组织图符、资源的原子图符和参与者等图符，将它们放置到编辑视图中，然后选择各种连接线将它们互相连接。

16.3.5　模型的关联

右键点击"过程模型"的空白处，在弹出的快捷菜单中选择关联组织视图，如图 16.9 所示，则弹出组织模型选择对话框，选择一个组织模型，点击"确定"按钮。

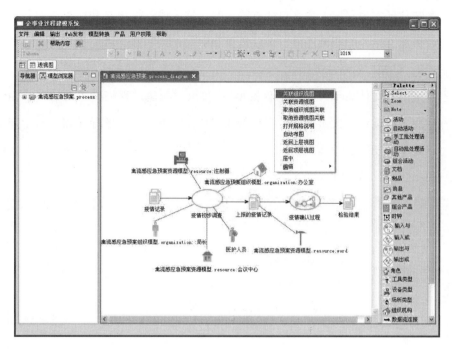

图 16.9 选择关联视图

过程模型与组织模型关联后,就可以在过程模型中,为组织模型图符选择命名关联过的组织模型中各图符的名称,如图 16.10 所示。

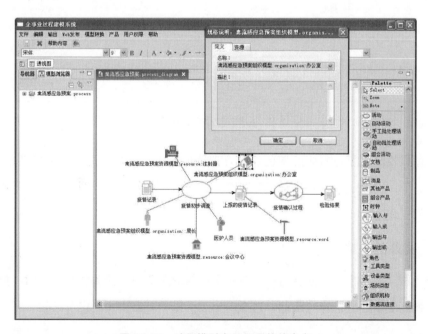

图 16.10 过程模型中组织图符的命名

过程模型与资源模型的关联操作与关联组织模型相同,在此不详细介绍。

过程模型也可以同关联的组织和资源模型取消关联。右键点击"过程模型"的空白处,在弹出的快捷菜单中选择"取消组织视图关联/取消资源视图关联"来断开业务与组织和资源的关联关系,可参见图 16.9 所示。

组织模型、资源模型和过程模型不但可以在本地创建,还可以进行远程协同建模,即允许多个人员在不同地点,对同一个模型的不同部分进行各种操作。协同建模过程中提供了对用户身份验证的支持和加锁解锁机制,可以避免不同的建模人员在不同场所协同建模过程中可能引起的冲突问题。

16.3.6 完整性检查

完成过程模型的编辑之后就可以进行完整性检查了。过程模型进行完整性检查后将检查的结果显示给用户,帮助用户发现过程模型中的问题,如图 16.11 所示。

系统通过视图的形式将完整性检查的结果显示给用户,检查结果按照"活动"、"产品"、"逻辑连接符"、"资源"和"其他"等 5 种类型进行分类,提供完整性问题的描述和路径等信息。当用户选中并双击一条完整性问题记录时,系统会打开该完整性问题所在的过程图,将出现问题的元素设置为选中状态并显示,帮助用户迅速快捷的发现问题所在的位置。

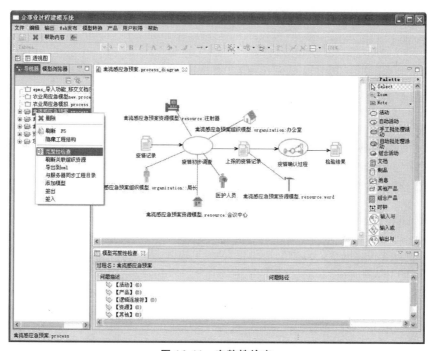

图 16.11 完整性检查

16.3.7 过程模型的模拟

过程模型通过完整性检查之后,用户还必须为该模型创建一个过程实例才能对该模型进行模拟。点击"文件"→"模拟管理"菜单,弹出"模拟管理"对话框。在对话框左侧的过程模型列表中选中一个过程模型,点击右侧的"创建模拟实例"按钮,则在模拟实例列表中产生一个模拟实例,如图 16.12 所示。用户可以重复点击"创建模拟实例"按钮来产生多个实例。

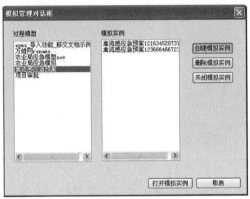

图 16.12　模拟管理

在模拟实例列表中选中一个实例,点击打开"模拟实例"按钮进入模拟页面。进入模拟页面后在系统菜单栏中增加了一个模拟菜单,如图 16.13 所示。

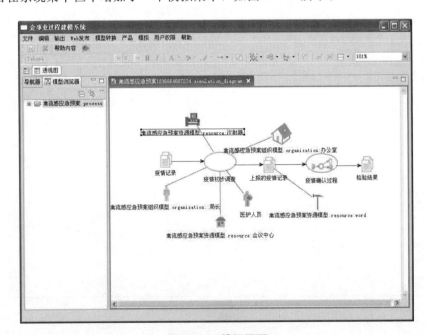

图 16.13　模拟页面

运行过程模拟器的基本步骤，如图 16.14 所示。首先，在"模拟"菜单中，选择"初始化"菜单，然后选择菜单中"动画"菜单，此项为可选。如果选择动画则执行模拟时，被执行到的活动将以红色标记。

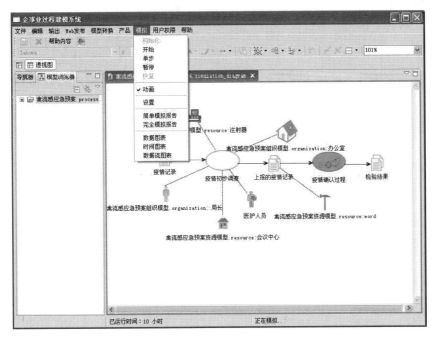

图 16.14　过程实例的模拟设置

点击"设置"菜单，设置参数，如图 16.15 所示。点击"开始"，进行模拟。模拟执行完成或者到达最大模拟限制时间则提示模拟结束。模拟结束之后可以查看简单模拟报告、完全模拟报告、数据图表、时间图表和数据流图表，如图 16.16 所示。

图 16.15　模拟的设置菜单

图 16.16　简单模拟报告

16.3.8 创建信息模型

信息资源的梳理通过过程模型中的产品的规格说明书来完成。过程模型中的产品就是信息资源。右键点击"产品",打开"规格说明"。产品的规格说明中有定义、参数和其他三个选项卡,如图16.17所示。

定义选项卡中包含名称和描述两项;参数选项卡中包含路径和输入/输出模式两项;其他选项卡中包含信息资源编码、资源责任方、资源责任方联系方式、数据库支撑和备注。

定义

参数

其他

图 16.17 产品的规格说明

右键点击左侧导航器的"过程模型"的.process_diagram文件,选择创建信息模型菜单来建立信息模型。信息模型是从过程模型图抽取出的信息流,信息模型只保留产品信息及连接关系,如图16.18所示。

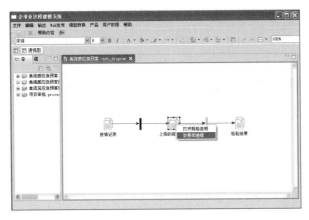

图 16.18 信息模型

对信息模型中的产品元素还可以进行数据库建模。在信息模型中,右键点击一个产品,选择数据库建模菜单,进入数据库配置页面,如图16.19所示。数据库配置完成后,就可以在数据库中对产品进行数据库建模了。

图 16.19 数据库配置

16.3.9 创建协同模型

右键点击左侧导航器的"过程模型"的.process_diagram文件,选择创建协同模型菜单来建立协同模型。协同模型是从过程模型图抽取出的业务流,协同模型只保留产品活动及组织、角色和资源的关系,如图16.20所示。

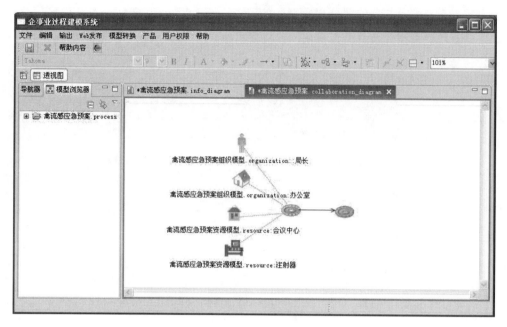

图 16.20 协同模型

16.4 GBMS 与编目工具的结合使用

系统中文件菜单下的信息导入功能为 GIRCS 的业务与资源信息以 Excel 形式导入 GBMS 中提供了接口，如图 16.21 所示。导入 GBMS 中的业务和资源编制一个过程模型，其中的业务对应过程模型中的活动，资源对应过程模型中的产品。用户可以对信息导入形成的过程模型进行各种操作。

图 16.21 信息导入

通过信息导入形成的过程模型,活动和它的产品有数据连接线。各个活动之间的连接关系应根据业务流程来手动添加,如图 16.22 所示。

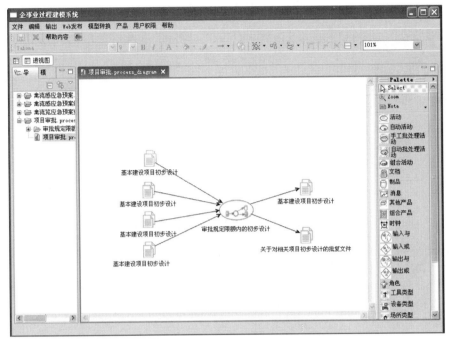

图 16.22　信息导入后的过程模型

16.5　利用 GBMS 建立并仿真的过程模型案例

16.5.1　土地管理的固定资产投资项目

16.5.1.1　过程模型顶层图(如图 16.23 所示)

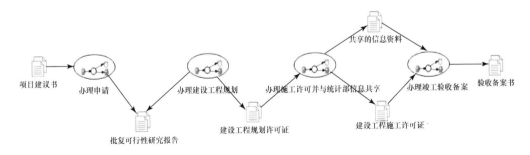

图 16.23　土地管理的固定资产投资项目的过程模型

16.5.1.2 子过程图展示（如图 16.24 所示）

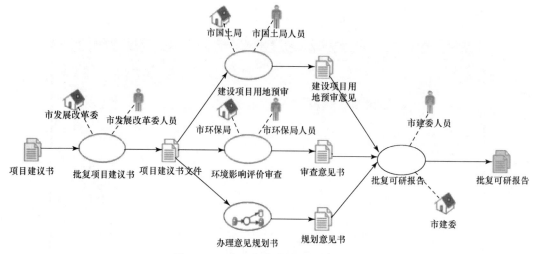

图 16.24　办理申请活动的子过程模型

16.5.2　高致病性禽流感应急预案项目

16.5.2.1　过程模型顶层图（如图 16.25 所示）

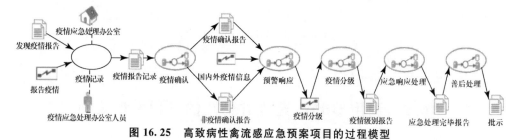

图 16.25　高致病性禽流感应急预案项目的过程模型

16.5.2.2　子过程图展示（如图 16.26 所示）

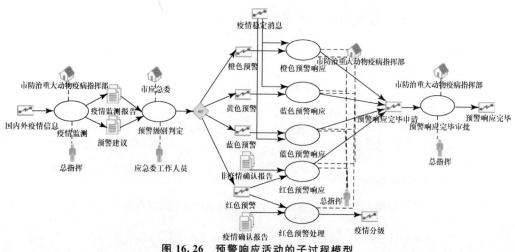

图 16.26　预警响应活动的子过程模型

16.5.3 国有土地违法处罚业务（如图 16.27 所示）

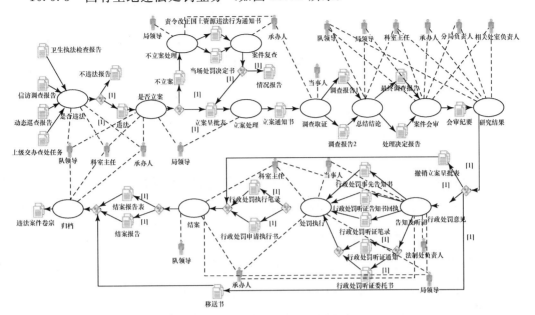

图 16.27 国有土地违法处罚业务

结　　语

经过理论研究和实践探索，北京市在政务信息资源目录体系建设实施过程中，建立多层次的实施团队，强调领导挂帅、业务人员为主、明确职责与分工；编制实施标准和指南，提供配套工具，加强培训；试点先行、滚动发展、不断完善，初步形成了一套比较完整的理论体系和方法，在推动电子政务深化应用、信息共享、业务协同、系统整合以及资源管理等方面取得了一定突破，并在以下四个方面实现了创新：

一是基于目录的政务信息资源管理创新。以资源目录为工具进行政务信息资源全生命周期管理，强化政务信息资源的采集、公开、共享等各个环节的规范化管理，提出了"政务信息资源管理体系框架"，出台了《北京市信息化促进条例》、《关于加强政务信息资源共享工作的若干意见》、《关于加强政务信息资源管理的若干意见》等法规和政府文件，就政务信息资源管理体制提出了改进建议并已初见成效。

二是政务信息资源目录体系的架构设计和关键技术的创新。提出了目录体系的概念模型、管理架构和技术架构，在政务信息资源核心元数据、分类体系和标识符编码方面制定了相应的标准规范。先后出台了北京市地方标准《政务信息资源目录体系》（DB11/T 337-2006）、《面向公共服务的政务信息分类规范》（DB11/Z 359-2006）、《北京市政务信息资源标识符赋码方案》，参与制定了国家标准《政务信息资源目录体系》（GB/T 21063-2007），为目录体系建设的标准化工作作出了积极的贡献。

三是政务信息资源梳理与编目的思路、方法和工具的创新。提出了以应用为导向、业务为主线、信息资源为核心的一整套业务和资源梳理与目录编制的理论、方法和工具，指导北京市各委办局进行了信息资源的梳理和编目，制定了部门政务信息资源目录编制指南、区（县）政务信息资源目录编目指南、政务主题信息资源共享目录编制指南，开发了政务信息资源梳理与编目工具部门目录版、政务信息资源梳理与编目工具主题应用版、政务信息资源梳理与编目工具区（县）目录版和政务业务建模系统，形成了一批内容翔实的政务信息资源目录成果。

结　语

四是政务信息资源目录管理与应用的创新。北京市各部门在实施政务信息资源目录体系建设过程中，建立了基于目录体系的政务信息资源管理绩效评估和信息化项目审查规范，编制了政务基础信息资源共享目录、部门政务信息资源目录，结合重点应用需求，编制了政务主题信息资源共享目录，促进了信息资源的共享，支撑了智能交通、地下管线、城市环境保护、综合执法等重点应用系统的建设，形成了一些值得借鉴的典型经验。

为了更好地推进政务信息资源目录体系建设和政务信息资源管理，我们建议：

1. 继续深入进行政务信息资源目录体系理论与技术的研究。广泛研究国际上先进的信息资源管理科学思想，研究发达国家在信息资源管理方面的实践案例，研究进行政务信息资源目录体系建设的技术与工具，不断完善政务信息资源目录体系的理论、方法和工具。

2. 在电子政务建设过程中，关注电子政务的发展趋势，按照信息化社会的发展要求，加强政务信息资源目录体系基础设施建设，将编目成果运用到应用系统项目建设的全过程中。

3. 在政务信息资源管理和开发利用过程中，加强政务信息资源目录体系的建设和应用，将信息技术与政务信息资源管理理论相结合，以指导电子政务工作迈上新台阶。

附 录

附录1 本书涉及的政府文件

1. 关于加强信息资源开发利用工作的若干意见

中共中央办公厅　国务院办公厅
关于加强信息资源开发利用工作的若干意见

中办发〔2004〕34号

为贯彻党的十六大和十六届三中、四中全会精神，树立和落实科学发展观，坚持走新型工业化道路，以信息化带动工业化、以工业化促进信息化，充分发挥信息资源开发利用在信息化建设中的重要作用，推进经济结构调整和经济增长方式转变，实现经济社会全面协调可持续发展，经党中央、国务院同意，现就加强信息资源开发利用工作提出如下意见。

一、充分认识信息资源开发利用工作的重要性和紧迫性

（一）高度重视信息资源开发利用对促进经济社会发展的重要作用。信息资源作为生产要素、无形资产和社会财富，与能源、材料资源同等重要，在经济社会资源结构中具有不可替代的地位，已成为经济全球化背景下国际竞争的一个重点。加强信息资源开发利用、提高开发利用水平，是落实科学发展观、推动经济社会全面发展的重要途径，是增强我国综合国力和国际竞争力的必然选择。加强信息资源开发利用，有利于促进经济增长方式根本转变，建设资源节约型社会；有利于推动政府转变职能，更好地履行经济调节、市场监管、社会管理和公共服务职责；有利于体现以人为本，满足人民群众日益增长的物质文化需求；有利于发展信息资源产业，推动传统产业改造，优化经济结构。

（二）进一步增强推进信息资源开发利用工作的紧迫感。近年来，我国信息化建设取得了重要进展，信息资源总量不断增加，质量逐步提高，在现代化建设中日益发挥重要作

用。但必须看到，当前信息资源开发利用工作仍存在诸多问题，主要是：信息资源开发不足、利用不够、效益不高，相对滞后于信息基础设施建设；政府信息公开制度尚不完善，政务信息资源共享困难、采集重复；公益性信息服务机制尚未理顺；信息资源开发利用市场化、产业化程度低，产业规模较小，缺乏国际竞争力；信息安全保障体系不够健全，对不良信息的综合治理亟待加强；相关法律法规及标准化体系需要完善。各级党委和政府必须担负起加强信息资源开发利用工作的重要责任，采取有效措施，抓紧解决工作中存在的问题，不断提高信息资源开发利用水平。

二、加强信息资源开发利用工作的指导思想、主要原则和总体任务

（三）加强信息资源开发利用工作的指导思想是：坚持以邓小平理论和"三个代表"重要思想为指导，牢固树立和落实科学发展观，以体制创新和机制创新为动力，以政务信息资源开发利用为先导，充分发挥公益性信息服务的作用，提高信息资源产业的社会效益和经济效益，完善信息资源开发利用的保障环境，推动信息资源的优化配置，促进社会主义物质文明、政治文明和精神文明协调发展。

（四）加强信息资源开发利用工作的主要原则是：(1)统筹协调。正确处理加快发展与保障安全、公开信息与保守秘密、开发利用与规范管理、重点突破与全面推进的关系，综合运用不同机制和措施，因地制宜，分类指导，分步推进，促进不同领域、不同区域的信息资源开发利用工作协调发展。(2)需求导向。紧密结合国民经济和社会发展需求，结合人民群众日益增长的物质文化需求，重视解决实际问题，以利用促开发，实现社会效益和经济效益的统一。(3)创新开放。坚持观念创新、制度创新、管理创新和技术创新，充分利用国际国内两个市场、两种资源，鼓励竞争，扩大交流与合作。(4)确保安全。增强全民信息安全意识，建立健全信息安全保障体系，加强领导，落实责任，综合运用法律、行政、经济和技术手段，强化信息安全管理，依法打击违法犯罪活动，维护国家安全和社会稳定。

（五）加强信息资源开发利用工作的总体任务是：强化全社会的信息意识，培育市场，扩大需求，发展壮大信息资源产业；着力开发和有效利用生产、经营活动中的信息资源，推进政府信息公开和政务信息共享，增强公益性信息服务能力，拓宽服务范围；完善法律法规和标准化体系，推动我国信息资源总量增加、质量提高、结构优化，提升全社会信息资源开发利用水平，提高信息化建设的综合效益。

三、加强政务信息资源的开发利用

（六）建立健全政府信息公开制度。加快推进政府信息公开，制定政府信息公开条例，编制政府信息公开目录。充分利用政府门户网站、重点新闻网站、报刊、广播、电视等媒体以及档案馆、图书馆、文化馆等场所，为公众获取政府信息提供便利。

（七）加强政务信息共享。根据法律规定和履行职责的需要，明确相关部门和地区信息共享的内容、方式和责任，制定标准规范，完善信息共享制度。当前，要结合重点政务工作，推动需求迫切、效益明显的跨部门、跨地区信息共享。继续开展人口、企业、地理空间等基础信息共享试点工作，探索有效机制，总结经验，逐步推广。依托统一的电子政务网络平台和信息安全基础设施，建设政务信息资源目录体系和交换体系，支持信息共享和业务协同。规划和实施电子政务项目，必须考虑信息资源的共享与整合，避免重复建设。

（八）规范政务信息资源社会化增值开发利用工作。对具有经济和社会价值、允许加工利用的政务信息资源，应鼓励社会力量进行增值开发利用。有关部门要按照公平、公正、公开的原则，制定政策措施和管理办法，授权申请者使用相关政务信息资源，规范政务信息资源使用行为和社会化增值开发利用工作。

（九）提高宏观调控和市场监管能力。加强对经济信息的采集、整合、分析，为完善宏观调控提供信息支持。深化金融、海关、税务、工商行政管理等部门的信息资源开发利用工作，提高监管能力和服务水平。推动信用信息资源建设，健全社会信用体系。重视基础信息资源建设，强化对土地、矿产等自然资源的管理。

（十）合理规划政务信息的采集工作。明确信息采集工作的分工，加强协作，避免重复，降低成本，减轻社会负担。各地区各部门要严格履行信息采集职责，遵循标准和流程要求，确保所采集信息的真实、准确、完整和及时。要统筹协调基础信息数据库的信息采集分工、持续更新和共享服务工作，增强地理空间等基础信息资源的自主保障能力。加快以传统载体保存的公文、档案、资料等信息资源的数字化进程。

（十一）加强政务信息资源管理。制定政务信息资源分级分类管理办法，建立健全采集、登记、备案、保管、共享、发布、安全、保密等方面的规章制度，推进政务信息资源的资产管理工作。

四、加强信息资源的公益性开发利用和服务

（十二）支持和鼓励信息资源的公益性开发利用。政务部门要结合工作特点和社会需求，主动为企业和公众提供公益性信息服务，积极向公益性机构提供必要的信息资源。建立投入保障机制，支持重点领域信息资源的公益性开发利用项目。制定政策，引导和鼓励企业、公众和其他组织开发信息资源，开展公益性信息服务，或按有关规定投资设立公益性信息服务机构。重视发挥中介机构的作用，支持著作权拥有人许可公益性信息机构利用其相关信息资源开展公益性服务。

（十三）增强信息资源的公益性服务能力。加强农业、科技、教育、文化、卫生、社会保障和宣传等领域的信息资源开发利用。加大向农村、欠发达地区和社会困难群体提供公益性信息服务的力度。推广人民群众需要的公益性信息服务典型经验。

（十四）促进信息资源公益性开发利用的有序发展。明晰公益性与商业性信息服务界限，确定公益性信息机构认定标准并规范其服务行为，形成合理的定价机制。妥善处理发展公益性信息服务和保护知识产权的关系。

五、促进信息资源市场繁荣和产业发展

（十五）加快信息资源开发利用市场化进程。积极发展信息资源市场，发挥市场对信息资源配置的基础性作用。打破行业垄断、行政壁垒和地方保护，营造公平的市场竞争环境，促进信息商品流通，鼓励信息消费，扩大有效需求。政务部门要积极采用外包、政府采购等方式从市场获取高质量、低成本的信息商品和服务。

（十六）促进信息资源产业健康快速发展。研究制定促进信息资源产业发展的政策和规划。鼓励文化、出版、广播影视等行业发展数字化产品，提供网络化服务。促进信息咨询、市场调查等行业发展，繁荣和规范互联网信息服务业。开展信息资源产业统计分析工作，完善信息资产评估制度。鼓励信息资源企业参与国际竞争。

（十七）加强企业和行业的信息资源开发利用工作。推进企业信息化，发展电子商务，鼓励企业建立并逐步完善信息系统，在生产、经营、管理等环节深度开发并充分利用信息资源，提高竞争能力和经济效益。建立行业和大型企业数据库，健全行业信息发布制度，引导企业提高管理和决策水平。注重推动高物耗、高能耗和高污染产业的改造，着力提高电力、交通、水利等重要基础设施的使用效能。

（十八）依法保护信息资源产品的知识产权。加大保护知识产权执法力度，严厉打击盗版侵权等违法行为。健全著作权管理制度，建立著作权集体管理组织。完善网络环境下著作权保护和数据库保护等方面的法律法规。

（十九）建立和完善信息资源市场监管体系。适应数字化和网络化发展形势，建立健全协调一致、职责明确、运转有效的监管体制，完善法律法规和技术手段，强化信息资源市场监管工作。加强市场准入管理，提高信息资源产品审批效率，完善登记备案和事后监督制度。保护信息资源生产者、经营者和消费者的合法权益。

六、完善信息资源开发利用工作的保障环境

（二十）加强组织协调和统筹规划。各级党委和政府要加强领导，理顺信息资源管理体制，强化对信息资源开发利用工作的组织协调、统筹规划和监督管理。要制定信息资源开发利用专项规划，并纳入国民经济和社会发展规划。

（二十一）增加资金投入并提高其使用效益。保障政务信息资源的建设管理、采集更新、运行维护、长期保存和有效利用，相应经费要纳入预算管理。鼓励企业和公众投资信息资源开发利用领域。多渠道筹集资金，支持政策研究、标准制定、科技研发、试点示范以及重点信息资源开发。加强资金使用管理，提高效益，降低风险。

（二十二）加快相关法律法规体系建设。积极开展调查研究，确定立法重点，制订相应的立法计划，加快立法进程，及时颁布需求迫切的法律法规，为信息资源开发利用工作提供有力的法律保障。

（二十三）加强标准化工作。建立信息资源开发利用标准化工作的统一协调机制，制定信息资源标准、信息服务标准和相关技术标准。突出重点，抓紧制定信息资源分类和基础编码等急需的国家标准，并强化对国家标准的宣传贯彻。推进公民身份号码和组织机构代码的广泛应用。

（二十四）推进关键技术研发和成果转化。支持有广泛需求、可拥有自主知识产权的技术研发，促进信息资源开发利用技术成果的商品化、产业化和推广应用。国家重点支持核心技术攻关，力求在关键领域取得突破。

（二十五）营造公众利用信息资源的良好环境。采取有效措施，逐步形成以多种渠道、多种方式和多种终端方便公众获取信息资源的环境。鼓励、扶持在街道社区和乡镇建设适用的信息服务设施。提高互联网普及率，丰富网上中文信息资源，加强公众使用互联网的技能培训，支持上网营业场所向连锁经营方向发展。发挥广播电视普及、便捷的优势，推动广播电视数字化进程和产业发展。充分利用电信网、广电网、互联网开发利用信息资源。

（二十六）加强信息安全保障工作。贯彻落实国家关于加强信息安全保障工作的方针政策，提高信息安全保障能力。健全信息安全监管机制，倡导网络道德规范，创建文明健康的信息和网络环境。遏止影响国家安全和社会稳定的各种违法、有害信息的制作和传播，依法打击窃取、盗用、破坏、篡改信息等行为。实行信息安全等级保护制度。加强信息安全技术开发应用，重视引进信息技术及产品的安全管理。建立和完善信息公开审查制度，增强对涉密系统的检查测评能力。加快修订《中华人民共和国保守国家秘密法》，推进信息安全、个人信息保护、未成年人在线行为保护等法律问题的研究工作。

（二十七）加大宣传教育和人才培养力度。加强宣传教育工作，提高全民信息意识。重视业务能力培养和信息安全、法律法规教育。加强高等院校信息资源开发利用相关学科和专业建设，将信息资源管理等课程纳入教学计划。发挥各类教育培训体系作用，积极开展信息资源开发利用相关人员的知识与技能培训。

军队信息资源开发利用工作，由解放军信息化领导小组作出规定。

2. 国家电子政务总体框架

国家电子政务总体框架
国信〔2006〕2号

推行电子政务是国家信息化工作的重点，是深化行政管理体制改革的重要措施，是支持各级党委、人大、政府、政协、法院、检察院履行职能的有效手段。《中共中央办公厅国务院办公厅关于转发〈国家信息化领导小组关于我国电子政务建设指导意见〉的通知》（中办发〔2002〕17号）印发以来，经过各地区、各部门共同努力，重点业务系统的应用进展顺利，统一电子政务网络不断推进，基础信息库和标准化体系建设开始起步，信息安全保障能力不断增强。但从总体上看，我国电子政务仍处于初步发展阶段，还存在一些亟待解决的问题，主要是：信息资源共享机制尚未建立；建设和应用发展不平衡，应用系统的潜能没有得到充分发挥，公共服务效率低；法律法规和标准化工作滞后，安全保障能力有待进一步提高；电子政务建设、管理、运行体制不完善，创新能力不强。要采取切实有效措施，认真解决这些问题。"十一五"是承前启后的重要时期。我国电子政务建设将进入以深化应用为显著特征的新的发展阶段。为指导"十一五"期间各地区、各部门更好地推行电子政务，促进全国电子政务健康发展，特制定《国家电子政务总体框架》。

一、总体要求与目标

构建国家电子政务总体框架的要求是：以邓小平理论和"三个代表"重要思想为指导，全面贯彻落实科学发展观，进一步发挥电子政务对加强经济调节、市场监管的作用，更加注重对改善社会管理、公共服务的作用，坚持政府主导与社会参与相结合，坚持深化应用与提高产业技术水平相结合，坚持促进发展与保障信息安全相结合，保持政策的连续性与稳定性，统筹兼顾中央与地方需求，以提高应用水平为重点，以政务信息资源开发利用为主线，建立信息共享和业务协同机制，更好地促进行政管理体制改革，带动信息化发展，走中国特色的电子政务发展道路。

构建国家电子政务总体框架的目标是：到 2010 年，覆盖全国的统一的电子政务网络基本建成，目录体系与交换体系、信息安全基础设施初步建立，重点应用系统实现互联互通，政务信息资源公开和共享机制初步建立，法律法规体系初步形成，标准化体系基本满足业务发展需求，管理体制进一步完善，政府门户网站成为政府信息公开的重要渠道，50％以上的行政许可项目能够实现在线处理，电子政务公众认知度和公众满意度进一步提高，有效降低行政成本，提高监管能力和公共服务水平。

二、总体框架的构成

国家电子政务总体框架的构成包括：服务与应用系统、信息资源、基础设施、法律法规与标准化体系、管理体制。推进国家电子政务建设，服务是宗旨，应用是关键，信息资源开发利用是主线，基础设施是支撑，法律法规、标准化体系、管理体制是保障。框架是一个统一的整体，在一定时期内相对稳定，具体内涵将随着经济社会发展而动态变化。各地区、各部门按照中央和地方事权划分，在国家电子政务总体框架指导下，结合实际，突出重点，分工协作，共同推进电子政务建设。

三、服务与应用系统

服务是电子政务建设的出发点和落脚点。要紧紧围绕服务对象的需求，选择优先支持的政府业务，统筹规划应用系统建设，提高各级政府的综合服务能力。

（一）服务体系

电子政务服务主要包括面向公众、企事业单位和政府的各种服务。服务的实现程度、服务效率、服务质量是电子政务建设成败的关键。要以服务对象为中心，以网络为载体，逐步建立电子政务服务体系。通过计算机、电视、电话等多种手段，把服务延伸到街道社区和村镇，惠及全民。

面向城乡公众生活、学习、工作的多样化需求，在婚姻登记、计划生育、户籍管理、教育、文化、卫生保健、公用事业、住房、出入境、兵役、民主参与、就业、社会保障、交通、纳税等方面提供电子政务服务，为城乡困难群众提供更加便利的服务。按照建设社会主义新农村的要求，重视为农民提供涉农政策、科技知识、气象、农产品和农资市场信息、劳动力转移、教育、合作医疗、农用地规划、乡村建设、灾害防治等服务。按照提高对外开放水平的要求，为外籍人员提供出入境、商务活动、旅游观光、文化教育、在华就业等服务。

面向企事业单位开展经济社会活动的需求，在企事业单位设立、纳税、年检年审、质量检查、安全防护、商务活动、对外交流、劳动保障、人力资源、资质认证、建设管理、破产登记等方面提供电子政务服务。

政府通过整合和共享信息资源，满足经济社会发展的需要。为满足政府服务公众和企事业单位的需求，在人口登记和管理、法人登记和管理、产品登记和管理、市场准入和从业资格许可、特许经营和社会活动许可、企事业单位和公民社会义务管理、企事业单位和公民权益管理、社会应急事务管理等方面实现信息共享。为满足政府经济管理和社会管理的需要，提供市场与经济运行、农业与农村、资源与环境、行政与司法、公共安全与国家利益等方面的信息监测与分析服务。为满足各级领导科学决策的需要，提供信息汇总、信息分析等服务。为满足政府提高管理效能的需要，提供人力资源管理、财政事务管理、物资管理等信息服务。

（二）优先支持的业务

"十一五"期间，主要围绕公众、企事业单位和政府的需要，选择社会公众关注度高、经济社会效益明显、业务流程相对稳定、信息密集、实时性强的政府业务，作为电子政务优先支持的业务。从提高工作效率、监管能力和公共服务水平，降低行政成本出发，应优先支持办公、财政管理、税收管理、金融监管、进出口管理、涉农管理与服务、食品药品安全监管、信用监管、资源管理、环境保护、公共安全管理、社会保障、司法保障等业务。这些业务是支持政府提供多样化服务的重要基础，也是规划应用系统建设的重要依据。各地区要结合实际，确定本地区电子政务需要优先支持的业务。

（三）应用系统

应用系统是电子政务建设的主要内容。到目前为止，国家已建、在建和拟建的电子政务应用系统包括办公、宏观经济、财政、税务、金融、海关、公共安全、社会保障、农业、质量监督、检验检疫、防汛指挥、国土资源、人事人才、新闻出版、环境保护、城市管理、国有资产监管、企业信用监管、药品监管等，为党委、人大、政府、政协、法院、检察院提供了电子政务技术支持。"十一五"期间，要围绕优先支持的业务，以政务信息资源开发利用为主线，以政务信息资源目录体系与交换体系为支撑，兼顾中央和地方的信息需求，统筹规划应用系统建设。重点是完善已建应用系统，强化已建系统的应用，推动互联互通和信息共享，支持部门间业务协同。对新建的应用系统，要根据业务发展需要，统筹规划建设。各地区、各部门要做好需要优先支持业务的流程梳理，搞好部门应用系统和地方综合应用系统的衔接。应用系统建设要有利于深化政府机构改革和优化组织结构，避免简单地在原有体制和业务流程基础上建设应用系统。

四、信息资源

政务信息资源是政府在履行职能过程中产生或使用的信息,为政务公开、业务协同、辅助决策、公共服务等提供信息支持。政务信息资源开发利用是推进电子政务建设的主线,是深化电子政务应用取得实效的关键。

(一)信息采集和更新

各级政府要根据依法行政的要求,明确界定各部门的信息采集和更新权责,保证信息的准确性和时效性。对于相关部门共同需要、面向社会采集的信息,要理顺和规范信息采集流程,明确信息采集工作的分工,形成有序采集的机制,减轻社会公众和企业的负担。结合业务活动的开展,建立信息更新机制,保证信息资源的准确、完整和及时更新。

(二)信息公开和共享

各级政府要围绕社会公众和企事业单位最关心、最直接、最现实的利益问题,以公开为原则,以不公开为例外,编制政府信息公开目录,及时、准确地向社会公开行政决策的程序和结果,提高政府的透明度和办事效率,拓宽群众参政议政的渠道,保证人民群众依法行使选举权、知情权、参与权、监督权。

要统筹兼顾中央和地方需求,依托政务信息资源目录体系与交换体系,实现跨地区、跨部门信息资源共享。围绕部门间业务协同的需要,以依法履行职能为前提,根据应用主题明确信息共享的内容、方式和责任,编制政府信息共享目录,逐步实现政府信息按需共享,支持面向社会和政府的服务。中央各部门的应用系统要为地方政府和部门开展社会管理和公共服务提供信息支持。围绕优先支持的业务,加强已建应用系统间的信息资源共享。新建应用系统要把实现信息共享作为重要条件。

(三)基础信息资源

基础信息资源来源于相关部门的业务信息,具有基础性、基准性、标识性、稳定性等特征。人口、法人单位、自然资源和地理空间等基础信息的采集部门要按照"一数一源"的原则,避免重复采集,结合业务活动的开展,保证基础信息的准确、完整、及时更新和共享。基础信息库分级建设、运行、管理,边建设边发挥作用。国家基础信息库实行分别建设、统一管理、共享共用。各地要探索符合实际的基础信息库建设、管理和应用模式。

五、基础设施

基础设施包括国家电子政务网络、政务信息资源目录体系与交换体系、信息安全基础设施。基础设施建设要统筹规划，避免重复投资和盲目建设，提高整体使用效益。

（一）国家电子政务网络

国家电子政务网络由基于国家电子政务传输网的政务内网和政务外网组成。政务内网由党委、人大、政府、政协、法院、检察院的业务网络互联互通形成，主要满足各级政务部门内部办公、管理、协调、监督以及决策需要，同时满足副省级以上政务部门特殊办公需要。政务外网主要满足各级政务部门进行社会管理、公共服务等面向社会服务的需要。充分利用国家公共通信资源，形成连接中央和地方的统一的国家电子政务传输骨干网。中央和各级地方按照统一标准规范、统一地址和域名，分级规划，分别实施，分级管理，推进电子政务网络建设，逐级实现互联互通。积极推进基于互联网的电子政务建设。各地区、各部门开展电子政务建设，原则上必须依托国家电子政务网络进行。

（二）政务信息资源目录体系与交换体系

按照统一的标准和规范，逐步建立政务信息资源目录体系，为各级政府提供信息查询和共享服务；逐步建立跨部门的政务信息资源交换体系，围绕部门内信息的纵向汇聚和传递、部门间在线实时信息的横向交换等需求，为各级政府的社会管理、公共服务和辅助决策等提供信息交换和共享服务。依托统一的国家电子政务网络，以优先支持的业务为切入点，统筹规划、分级建设覆盖全国的政务信息资源目录体系与交换体系，支持信息的交换与共享。

（三）信息安全基础设施

围绕深化应用的需要，加强和规范电子政务网络信任体系建设，建立有效的身份认证、授权管理和责任认定机制。建立健全信息安全监测系统，提高对网络攻击、病毒入侵的防范能力和网络失泄密的检查发现能力。统筹规划电子政务应急响应与灾难备份建设。完善密钥管理基础设施，充分利用密码、访问控制等技术保护电子政务安全，促进应用系统的互联互通和信息共享。

要把信息安全基础设施建设与完善信息安全保障体系结合起来，按照"谁主管谁负责，谁运行谁负责"的要求，明确信息安全责任。根据网络的重要性和应用系统的涉密程度、安全风险等因素，划分安全域，确定安全保护等级，搞好风险评估，推动不同信息安全域的安全互联。

六、法律法规与标准化体系

围绕规范信息资源开发利用和基础设施、应用系统、信息安全等建设与管理的需要，开展电子政务法研究，推动政府信息公开、政府信息共享、政府网站管理、政务网络管理、电子政务项目管理等方面法规建设,推动开展修订相关法律法规的研究。

电子政务标准化体系以国家标准为主体,充分发挥行业标准在应用系统建设中的作用,由总体标准、应用标准、应用支撑标准、信息安全标准、网络基础设施标准、管理标准等组成,是电子政务建设和发展的基础,是确保系统互联互通互操作的技术支撑,是电子政务工程项目规划设计、建设管理、运行维护、绩效评估的管理规范。要重点制定电子公文交换、电子政务主题词表、业务流程设计、信息化工程监理、电子政务网络、目录体系与交换体系、电子政务数据元等标准,逐步建立标准符合性测试环境。加强标准宣贯和培训,强化标准在电子政务建设各个环节中的应用,规范各地区、各部门电子政务建设。

七、管理体制

各地区、各部门要按照国家信息化领导小组的部署,相互配合,相互支持,共同促进我国电子政务协调健康发展。要加快推进各方面改革,使关系电子政务发展全局的重大体制改革取得突破性进展,建立健全与社会主义市场经济体制相适应的电子政务管理体制。各相关部门要进一步加强和改进管理,促进电子政务充满活力、富有效率、健康发展。把电子政务建设和转变政府职能与创新政府管理紧密结合起来,形成电子政务发展与深化行政管理体制改革相互促进、共同发展的机制;创新电子政务建设模式,逐步形成以政府为主、社会参与的多元化投资机制,提高电子政务建设和运行维护的专业化、社会化服务水平;围绕电子政务的建设和应用,加强技术研发,提高产业素质,严格执行《政府采购法》和《招标投标法》,形成有利于信息技术创新和信息产业发展的机制。国信办要认真组织落实国家信息化领导小组关于电子政务工作的各项决议,协调解决相关问题。

3. 北京市信息化促进条例

北京市信息化促进条例
目　　录

第一章　总则

第二章　信息化工程建设

第三章　信息资源开发利用

第四章　信息技术推广应用

第五章　信息安全保障

第六章　监督管理

第七章　法律责任

第八章　附则

第一章　总　　则

第一条　为了规范信息化管理，加快信息化建设，促进经济发展和社会进步，根据有关法律和行政法规，结合本市实际情况，制定本条例。

第二条　本市信息化工程建设、信息资源开发利用、信息技术推广应用、信息安全保障以及相关管理活动，适用本条例。

第三条　本市信息化发展遵循统筹规划、资源共享、务求实效、保障安全的原则。

第四条　市和区、县人民政府应当将信息化发展工作纳入国民经济和社会发展规划，健全信息化工作领导协调机制，统筹协调解决本行政区域内信息化发展工作中的重要问题，加大信息化发展的经费投入。

乡镇人民政府和街道办事处应当推进本辖区内的信息化发展工作。

第五条　市和区、县信息化主管部门负责本行政区域内信息化发展的统一规划、组织协调和监督管理工作。

发展改革、财政、科技、通信管理、质量技术监督、工商、公安、保密等行政管理部门按照职责分工负责信息化发展的相关工作。

第六条　市信息化主管部门会同有关部门依照国家信息化发展规划和本市国民经济和社会发展规划，组织编制本市信息化发展规划，报市人民政府批准后公布实施。

区、县信息化主管部门会同有关部门依据本市信息化发展规划，结合本区、县实际情况组织编制本行政区域的信息化发展规划，经市信息化主管部门审核后，报同级人民政府批准后公布实施。

本市国家机关编制的本部门和本行业、本系统的信息化发展规划，应当符合本市信息化发展规划。

第七条　市质量技术监督行政主管部门应当会同信息化主管部门及其他有关部门，根据信息化发展趋势和要求以及职责权限，制定并及时完善有关信息化标准。

单位和个人从事信息化工程建设、信息资源开发利用、信息技术推广应用、信息安全保障等活动应当执行国家和本市有关信息化标准。

市和区、县质量技术监督、信息化及其他有关部门对有关信息化标准的执行情况进行监督。

第八条　市和区、县人民政府应当制定优惠政策和措施推动现代信息技术创新，并通过政府采购、宣传教育、培训考核等活动促进具有自主知识产权的信息技术应用。

市和区、县人民政府应当对在信息化工作中作出突出贡献的单位和个人给予表彰。

第九条　本市鼓励信息化人才的培养和引进，加强市民的信息化知识和技能普及，提高信息技术应用能力。

本市建立并完善基础课程体系，在中小学校普及信息技术教育。

广播、电视、报刊、网站等应当开展信息化宣传、教育和科普活动。

第二章　信息化工程建设

第十条　信息化工程建设需要进行招标投标的，应当依法进行，并按照国家和本市有关规定实施监理；政府投资的信息化工程建设，应当符合政府采购等有关法律、法规的规定。

第十一条　从事信息化工程建设的单位依照国家有关规定需要经过资质认证的，应当依法取得资质认证。未经资质认证的单位，不得承揽或者以其他单位名义承揽相应领域内的信息化工程；已经资质认证的单位，不得超越本单位资质等级承揽信息化工程。

第十二条　本市政府投资建设的信息化工程年度计划，由市和区、县信息化主管部门会同同级发展改革、财政等相关部门制定并监督落实。

第十三条　使用政府投资新建信息化工程的，建设单位在报发展改革部门或者其他有关部门立项审批前，应当通过同级信息化主管部门的审查；使用政府投资对信息化工程进行改建、扩建、运行维护的，建设单位在报财政部门审批经费前，应当通过同级信息化主管部门的审查。

信息化主管部门对报审的信息化工程的需求效益、规划布局、技术标准、网络与信息安全、信息资源共享以及其他相关内容组织审查并出具审查意见。

信息化主管部门、发展改革部门、财政部门及其他有关部门对于不符合信息化发展规划和本条所规定审查要求的信息化工程，不予审查和审批通过。

信息化主管部门应当会同有关部门采取措施，积极推进已建信息化工程的整合工作。

第十四条　建设单位应当组织进行信息化工程竣工验收。未经验收或者验收不合格的信息化工程，不得投入使用。

建设单位对使用政府投资的信息化工程进行竣工验收时，应当邀请信息化及其他有关主管部门参加。

第十五条　本市实行信息化工程质量保修制度。承揽信息化工程的单位应当对信息化工程承担保修责任。

使用政府投资的信息化工程的保修期，自工程竣工验收合格之日起不得少于两年。

第十六条 信息化工程建设和运行维护过程中，建设单位应当建立规范的管理制度，做好信息内容更新，加强信息资源管理、知识产权保护和信息安全保障工作。

本市信息化工程建设中应当使用合法授权的软件，鼓励使用国产信息技术和产品。

第三章 信息资源开发利用

第十七条 本市加强对政务信息资源采集工作的管理。

本市国家机关应当依法采集政务信息，加强对政务信息的管理，定期进行信息更新，保证政务信息的真实准确，并采取安全措施防止政务信息丢失、泄露或者被滥用。

市信息化主管部门组织建立政务信息资源目录，规范市和区、县两级行政机关采集政务信息的活动，避免重复采集政务信息资源目录内的信息。

第十八条 本市统一建设人口、法人、自然资源和地理空间、宏观经济等基础数据库。基础数据库的建设和使用按照国家和本市有关规定执行。

本市各级国家机关应当充分利用基础数据库建设本行业、本部门的业务数据库；除涉及国家秘密或者法律、法规另有规定外，基础数据库的建设单位应当为本市国家机关提供信息共享服务。

第十九条 本市各级国家机关和法律、法规授权的具有管理公共事务职能的组织应当建立健全政务信息公开工作制度，依法编制并公布本单位的政务信息公开指南和政务信息公开目录，按照国家和本市的规定通过公报、网站、新闻发布会以及报刊、广播、电视等便于公众知晓的方式公开政务信息。

本市各级国家机关和法律、法规授权的具有管理公共事务职能的组织应当依法建立政务信息公开的申请受理和处理机制，为市民提供信息公开服务。

第二十条 本市教育、医疗卫生、供水、供气、供热、公共交通、环保等公共企事业单位，应当将服务承诺、收费标准、办事过程等信息通过网站及其他方式及时向社会公开，并逐步采用信息化手段开展业务办理工作。

市有关行业主管部门应当对公共企事业单位的信息公开和服务情况进行指导和监督。

第二十一条 市和区、县人民政府统一建设政务信息共享交换平台，为各国家机关共享交换政务信息提供服务。

国家机关可以使用政务信息资源目录中的其他国家机关的政务信息。政务信息需求单位应当就需要共享的信息内容、范围、用途和方式与提供单位主动协商。协商未达成一致的，政务信息需求单位应当将有关情况报请同级信息化主管部门协调解决。

第二十二条 市和区、县人民政府应当引导和规范对政务信息资源的增值开发利用，鼓励单位和个人进行信息资源公益性开发利用。

第二十三条 信用服务中介机构开展征信活动时，应当遵循独立、客观、公正的原则，保守商业秘密，尊重个人隐私，维护被征信企业及个人的合法权益和社会公共利益。

信用服务中介机构对采集的信息应当在信息提供者许可的范围内使用。

鼓励在政府采购、市场监管、信贷、商务等活动中使用信用服务中介机构提供的信用产品。

第四章 信息技术推广应用

第二十四条 市和区、县人民政府应当采取措施推动企业和个人利用信息网络从事商务活动，引导社会逐步建立、完善信用体系和网上支付、物流配送系统，鼓励电子商务服务提供商的发展。

市人民政府有关部门应当制定以中小企业为主的企业信息化发展指南，建设面向中小企业的公共信息服务平台。

第二十五条 本市统筹城乡信息化发展，加大公共财政投入，支持农村信息基础设施和农村综合信息平台建设和运行维护，推进农村现代远程教育；鼓励通过信息化手段为农民提供生产、生活实用信息服务，开发、利用涉农信息资源，开展面向农民的信息化知识和技能培训。

电信、广播、电视等公共服务单位应当采取措施加强农村信息网络服务。

第二十六条 在本市从事互联网信息服务活动的，应当按照国家规定办理相应许可或者履行备案手续。

利用互联网从事经营活动的单位和个人应当依法取得营业执照，并在网站主页面上公开经营主体信息、已取得相应许可或者备案的证明、服务规则和服务流程等相应信息。

第二十七条 电子商务服务提供商应当对利用其网站从事经营活动的经营主体的身份信息、合法经营凭证和反映交易信用状况的材料进行核查，并对相关信息做好数据备份，便于当事人和有关部门查询、核对。

电子商务服务提供商应当建立投诉受理机制，对利用其网站从事的经营活动进行监督，配合政府有关部门的管理活动，但不得妨碍相关经营主体开展正常交易活动。

第二十八条 本市各级国家机关应当定期组织本单位工作人员学习电子政务相关知识，开展电子政务技能培训。

第二十九条 本市建设统一的电子政务网络，促进相关业务应用系统的互联互通。

本市各级国家机关的业务应用系统，凡不宜通过互联网实现的，必须依托全市统一的电子政务网络；需要接入全市统一的电子政务网络的，应当符合有关规范，并经市或者区、县信息化主管部门审查同意。

各级国家机关不得新建专用网络，已经建成的专用网络应当按照规划和标准逐步调整，接入电子政务网络。

第三十条 本市国家机关的网站应当按照规定与本市政务门户网站建立链接，统一网站风格、标识和建设运行维护技术标准。

本市国家机关在互联网上注册域名的，应当遵守国家和本市的相关规定，并经过市信息化主管部门的审核。

第三十一条 市和区、县信息化主管部门组织开展信息化成果展示和交流，对先进的信息技术、产品进行示范推广。

第五章 信息安全保障

第三十二条 本市对网络与信息系统按照国家和本市有关规定实行安全等级保护制度。

网络与信息系统的建设单位和运行维护单位应当按照国家信息安全等级保护管理规范和技术标准确定本单位网络与信息系统的安全保护等级，并按照国家和本市有关规定进行备案、审批。

第三十三条 网络与信息系统的建设单位和运行维护单位应当根据确定的安全保护等级，按照国家信息安全等级保护管理规范和技术标准，保证相应投入，同步开展网络与信息系统安全建设或者改建工作；建设完成后，建设单位和运行单位应当按照国家有关规定开展安全等级技术测评工作，并根据结果采取措施保障网络与信息系统的安全。

第三十四条 本市网络与信息系统的建设单位和运行维护单位应当加强安全管理，并制定网络与信息系统安全事件应急预案，定期进行演练。

发生网络与信息系统安全事件后，相关单位应当迅速采取措施降低损害程度，防止事件扩大，保存相关记录，并按照规定及时向同级信息化主管部门报告。

市和区、县人民政府有关部门应当组织制定相关行业的网络与信息系统安全事件应急预案，组织、协调有关单位做好应急预案的落实工作。

第三十五条 本市组建公共服务网络与信息系统信息安全应急救援服务体系，建立信息安全情况通报和协调机制，为发生公共服务信息安全事件的单位提供救援服务，为全市应急指挥体系提供网络与信息系统安全保障。

第三十六条 任何单位和个人不得利用网络与信息系统从事危害国家安全，扰乱公共秩序，损害公民、法人和其他组织的合法权益，危害网络和信息系统安全以及散布、传播违法信息等活动。

第三十七条　涉及国家秘密的信息化工程的管理，按照国家保密的有关规定执行。

第六章　监督管理

第三十八条　市和区、县信息化主管部门对信息化发展规划和政府投资建设信息化工程年度计划的落实情况进行监督检查，并组织开展对国家机关的电子政务绩效考核工作。

第三十九条　市和区、县发展改革、财政、审计、信息化等部门对使用政府投资的信息化工程的资金使用情况和工程运行维护情况进行监督检查；统计、监察、信息化及政府信息公开主管部门对有关国家机关政务信息采集、公开、共享和信息服务工作进行监督检查。

第四十条　本市各级国家机关应当加强对本单位政务信息采集、管理、公开、共享等工作的内部管理，并明确主管负责人和内部机构，负责本单位电子政务的规划、协调和管理工作，建立对本单位工作人员信息化知识、技能的定期考核制度。

第四十一条　市和区、县人民政府的相关行业主管部门应当组织对本行业公共企事业单位的信息化服务水平进行检查和评估，并将有关情况向社会公布。

第四十二条　市和区、县人民政府有关部门根据职责分工，做好信息化相关领域的监督检查工作，并将相关信息向同级信息化主管部门通报。

企事业单位和个人的违法行为可以依法纳入相关信用信息系统。

第七章　法律责任

第四十三条　违反本条例第十一条规定，未经资质认证的单位承揽、以其他单位名义承揽相应领域的信息化工程，或者已经资质认证的单位超越本单位资质等级承揽信息化工程的；由市或者区、县信息化主管部门给予警告，责令限期改正；情节严重的，处1万元以上10万元以下罚款。

第四十四条　违反本条例第三十四条规定，未按要求制定网络与信息系统安全事件应急预案，或者对网络与信息系统安全事件情况隐瞒不报、谎报或者拖延不报的，由市或者区、县信息化主管部门责令限期改正，并可处3万元以下罚款。

第四十五条　违反本条例规定，有下列行为之一的，由有关部门依照《中华人民共和国政府信息公开条例》、《中华人民共和国计算机信息系统安全保护条例》等有关规定责令改正，给予警告或者责令停机整顿，并对直接负责的主管人员和其他直接责任人员依法处理：

（一）违反第十九条规定，未按照国家和本市的规定公开政务信息的；

（二）违反第三十二条规定，网络与信息系统的建设单位和运行维护单位未依法进行安全保护等级备案、审批的；

（三）违反第三十三条规定，未进行网络与信息系统安全建设或者改建工作，或者未进行网络与信息系统安全等级技术测评的。

第四十六条 违反本条例规定，有下列行为之一的，市或者区、县信息化主管部门可以对责任单位给予通报批评；造成重大损失的，依照有关法律、法规予以处理：

（一）违反第十七条规定，没有正当理由，重复采集政务信息资源目录内信息的；

（二）违反第二十九条第二款规定，未经审查同意擅自接入电子政务网络的。

第四十七条 对于信息化发展过程中有危害国家安全，扰乱公共秩序，损害公民、法人和其他组织的合法权益，危害网络与信息系统安全以及散布、传播违法信息等活动的，由国家安全、公安、保密、工商以及其他部门依法处理；构成犯罪的，依法追究刑事责任。

第四十八条 市和区、县信息化主管部门以及其他有关部门的工作人员在信息化工作中徇私舞弊、滥用职权、玩忽职守的，由有关部门依法给予行政处分；构成犯罪的，依法追究刑事责任。

第八章 附 则

第四十九条 本条例自 2007 年 12 月 1 日起施行。

4. 关于加强政务信息资源管理的若干意见

关于加强政务信息资源管理的若干意见

京信发〔2009〕2号

当前，我市电子政务进入了以业务协同和信息资源共享为核心的发展阶段，加强政务信息资源管理，对于当前合理配置社会资源，提高政府行政效能，促进首都经济社会和谐稳定发展，具有十分紧迫的现实意义。为更好地落实科学发展观、建设"人文北京、科技北京、绿色北京"，依据《北京市信息化促进条例》和国家相关文件，现提出如下意见。

一、工作目标

到 2012 年，基本构建起本市各级国家机关的政务信息资源管理体系和工作机制，建立政务信息资源资产化管理制度，建成并完善基础数据库和相关基础设施，基本实现重点领域政务信息资源共享和业务协同，促进政府组织结构、运行机制、行政流程的调整和再造,提高行政效能,为建设服务型政府、带动信息服务业发展提供有效支撑。

二、主要政策

(一) 实行政务信息资源登记管理

政务信息资源是政务部门在履行职能过程中采集、产生和使用的信息,是重要的国家资产。各部门要按照"职责清、数字准"的要求,梳理本部门的政务信息资源,按照本市政务信息资源目录建设管理的规定编制政务信息资源目录,并进行统一登记、动态维护和管理,逐步实现政务信息资源的资产化管理。

(二) 实行政务信息资源有序采集

本市统一建立政务信息资源采集核准和协调监督工作机制,合理规划和明确政务信息资源采集的责任、分工、程序和标准,有序开展采集工作。

各部门在开展业务活动采集信息时,要依法、依职能,按照政务信息资源目录确定的采集责任进行采集,保障采集信息的质量,及时更新本部门的政务信息资源及政务信息资源目录,在基层单位部署采集信息的应用系统时,须征求同级信息化主管部门和相关部门的意见,逐步实现采集设备、系统的共用,避免重复建设。

各部门在进行统计信息采集时,应严格按照统计法规和统计制度的要求及标准进行。

(三) 实行政务信息资源适度集中建设

基础数据库建设相关部门要按照共建共用原则和主题应用带动基础库建设的模式,积极推动本市人口、法人、自然资源和空间地理、宏观经济等基础数据库的建设与应用,通过市政务信息资源共享交换平台为本市各部门统一提供基础数据的共享交换服务。

各部门应统一规划本部门、本系统的业务基础数据库建设,业务基础数据库和应用系统要相对独立。垂直管理部门原则上由市级部门统一建设行业基础数据库,同时要充分考虑区(县)相关部门的使用需求。

积极推动业务数据相关部门共同建设可提供多个部门共享的业务基础数据库。

加快研究政务信息资源集约化管理有关问题,统筹建设与完善政务信息资源共享交换平台、容灾备份中心和信息安全等基础设施,统筹规划、建设和完善政府数据中心。

(四) 加快推进政务信息系统整合

各部门要按照集约、统筹、共享、协同的原则,创新工作机制,优化业务流程,以应用需求为切入点,积极探索适合本部门实际情况的整合模式,加快推动部门内部和跨部门应用系统的整合。信息化主管部门要做好指导和协调工作。

（五）深化与完善政务信息资源共享交换管理

政务信息需求部门依法、依职能向信息提供部门提出申请，双方协商确定共享交换的内容、用途、使用范围、方式、途径、安全保障、信息共享服务承诺等关键要素以及共享交换工作中的职责分工和计划进度，办理政务信息资源共享交换相关手续，并报同级信息化主管部门和有关部门备案。若双方协商不成，由同级信息化主管部门协调，协商仍未达成一致意见的，由信息化工作领导小组审议。

推动应急指挥、城市运行监测、环境保护、智能交通、地下管线综合管理、土地管理、房屋管理、流动人口管理与服务、食品药品监督管理、社会保障管理与服务、公共卫生、社会信用、执法等重点应用领域的信息共享，电子政务重大应用相关部门应在信息化主管部门协调下，研究信息共享交换的需求、条件和机制，组织编制政务主题信息资源共享目录，制定相关共享交换管理制度和实施方案并组织落实。

加强各级政务部门间的政务信息资源共享交换，上级政务部门要满足下级相关政务部门依法依职能开展工作所需的信息需求，并按适当的方式及时、准确地提供信息。

共享交换信息使用部门应在与信息提供部门商议的范围内，使用和保存共享交换信息，保障共享交换信息的安全。共享交换信息使用部门应将共享交换情况和使用效果定期反馈给信息提供部门，并报同级信息化主管部门备案。各级信息化主管部门对政务信息资源共享交换协商、实施和应用效果及监督检查情况进行综合评估和通报。

健全政务信息资源共享交换的工作机制，完善工作规范。信息化主管部门要组织做好供需各方信息资源共享交换工作，做好本级政务信息资源共享交换平台的建设、完善和运维工作，会同相关部门做好共享交换数据的转换和加工工作，提高共享交换信息的质量和使用效益。各部门原则上通过政务信息资源共享交换平台开展跨部门、跨层级的政务信息资源共享工作。

（六）确保政务信息资源的安全

各部门应严格遵守国家和本市关于国家秘密、个人隐私和商业秘密信息保护的法律、法规和其他有关规定，不断完善相关制度，切实做好本部门的信息保护工作；对本部门政务信息资源进行保密审查，实行分级管理；重要的数据库系统要纳入信息系统安全等级保护的范畴。

各部门采集涉及个人隐私、商业秘密的信息要与履行职责相关，不能超范围使用，同时要采取必要的技术手段，做好保存和销毁工作，防止相关信息泄露、丢失、毁损或其他安全事故。

各部门应制定政务信息资源保存与备份方案,确保政务信息资源不泄漏、不丢失。重要的政务信息资源要统一在市电子政务异地容灾备份中心保存备份。

(七)推进政务信息资源的公益性和社会性增值开发利用

加快研究和制定政务信息资源公益性和社会性增值开发利用的相关政策和管理办法。加快推进就业、文化、教育、社会保障、医疗卫生、交通、住房等领域政务信息资源公益性开发利用。研究探索政务信息资源社会化增值开发的途径,促进信息服务业发展。

(八)规范政务信息资源的归档管理

各部门要依据国家和本市相关文件要求和标准,做好政务信息资源的归档工作,特别应加强电子政务环境下政务信息资源的实时归档管理。

各部门电子文件的归档要按照《电子文件归档与管理规范》(GB/T18894—2002)国家标准和相关文件的要求执行。档案部门会同信息化部门共同制定办公系统和业务系统电子文件归档管理的技术标准,研发相应的支撑软件,逐步实现各部门办公系统和业务系统具备符合档案管理要求的功能。

各部门应通过公务电子邮箱收、发公务电子邮件,对于具有长期保存价值的公务电子邮件的归档与管理,要严格按照《公务电子邮件归档与管理规则》(DA/T32—2005)国家档案行业标准执行;对于具有一定保存价值的公务电子邮件要由部门统一管理和存储,至少保存两年;对于其他公务电子邮件应定期进行清理。

三、保障措施

(九)加强领导,明确职责与分工

市信息化工作领导小组负责领导全市政务信息资源开发利用工作,负责统筹、推进、指导、协调和监督本市政务信息资源管理工作。市信息办、市统计局和市档案局负责组织编制各类政务信息资源目录,负责具体指导各部门政务信息资源登记、采集、共享、保存、归档管理和相关信息系统建设等方面的工作。市保密局负责制定政务信息资源管理的安全保密制度和措施,协调处理有关安全保密事项。市政府办公厅、市法制办、市信息办负责研究制定政务信息资源管理工作相关制度。市质量技术监督局、市信息办会同相关部门负责组织制定本市政务信息资源内容标准和系统建设技术标准。市信息办、市发展改革委负责组织编制政务信息资源开发利用专项规划。市编办负责研究将政务信息资源管理纳入各部门的职责。

各部门要充分认识政务信息资源管理的重要性,要明确政务信息资源管理的主管领导、工作机构及其职责分工,将政务信息资源管理纳入日常工作。

（十）建立与完善政务信息资源管理制度和标准

依据职能和任务分工，相关部门加快研究制定需求迫切、条件成熟的全市政务信息资源管理政策法规和技术标准，各部门要紧密结合本部门的业务实际，制定相应的政务信息资源管理工作制度和实施方案，逐步建立与完善全市政务信息资源管理制度和标准体系。

（十一）加强政务信息资源统筹规划，保障投入

加强政务信息资源统筹，保障人员和资金投入，将政务信息资源采集、目录编制、登记、公开、共享、加工、保存、更新等经费纳入各级各类相关部门的部门预算中统筹安排。

（十二）加强监督与考核

市和区（县）监察、财政、发展改革、信息化等部门根据各自的职责对各部门政务信息资源管理进行监督检查，对于违反规定的，将依据《北京市信息化促进条例》给予相应的处罚。

市和区（县）信息化项目审核和主管部门在电子政务项目立项审查过程中应加大信息资源管理审查力度，并对信息资源共享交换提出明确要求。

市和区（县）信息化主管部门应将各部门政务信息资源管理实施情况纳入电子政务绩效评估工作中，对于表现突出的部门，要予以奖励表彰。

二〇〇九年二月二十四日

5. 关于加强部门电子政务基础工作的通知

关于加强部门电子政务基础工作的通知

京信息办函〔2006〕161号

市委、市政府各部委办局，各有关单位：

根据《关于加快奥运会前电子政务重点任务的通知》（京办字〔2006〕2号）文件要求和第123次市长办公会精神，落实"职责清、情况明、数字准"，必须切实加强各部门电子政务基础工作，基于各部门电子政务水平的提高实现全市电子政务水平的提高。为进一步提高各部门内部信息化程度、夯实全市信息资源共享的基础，请各部门按照"四清两统一"（业务流程和协同工作清、网上服务清、信息资源清、实现路径清，统一平台、统一网络）的要求，切实加强电子政务基础工作。现将要点通知如下。

一、做好部门业务、服务和信息资源梳理工作

（一）梳理业务和流程，做到"业务流程和协同工作清"。

1. 梳理确定业务事项名称。市信息办根据已有成果、从实现信息化角度组织编制了《市级政府部门业务事项名称表（讨论稿）》（附件），请各部门在此基础上进行修改、调整，确定本部门业务事项名称表。业务事项名称将随"职责清"工作深化，做相应调整。

2. 梳理确定业务流程。对确定的每一个业务事项，梳理业务流程，清晰主要工作环节、工作结果和业务外部协同关系等。

3. 编制业务目录。整理经过梳理的业务事项和业务流程，形成部门业务目录。

（二）梳理对外、对内服务事项，做到"网上服务清"。

1. 梳理确定服务事项。按照对象为主线、针对实际问题、满足服务需求的原则，结合部门职责和相关业务事项，梳理确定本部门对外面向公众和对内面向政府部门的服务事项。

2. 梳理确定服务流程。按照规范管理、简化流程、增强效果的原则，规范网上服务流程，细化和量化服务标准。

3. 编制部门网上服务目录。按面向公众服务基于首都之窗的"一口受理"、面向政府内部的基于公务员门户网站的"一站服务"的要求，整理经过梳理的服务事项和服务流程，形成部门网上公共服务目录。

（三）梳理部门信息资源，做到"信息资源清"。

1. 梳理信息资源。在已整理的数据和业务数据库等成果基础上，按照采集产生、流程产生、综合统计产生数据三类，全面梳理部门信息资源，明确责任。

2. 内部信息资源整合归类。按照信息资源从大类到小项、从业务数据库到数据项，分层级、从粗到细整合归类信息资源。

3. 外部信息资源需求梳理。依据业务协同和公共服务信息共享需求，细化需要共享的外部信息资源，编制信息资源需求目录。

4. 编制部门信息资源目录。采取自上而下、由粗到细、由浅入深、由单个目录到系统性目录滚动发展的方式，编制部门信息资源目录，建立内部管理责任制度。

5. 与市级信息资源目录系统实现对接。落实信息资源目录注册、更新、注销等制度。

二、做好电子政务工作计划

制订部门电子政务计划，确定各项工作目标、进度、保障措施等，统一平台、统一网络，做到"实现路径清"。

（一）人员培训工作计划。提高公务人员电子政务认识、电子政务应用技能、用信息

化辅助决策水平,使公务人员胜任 2008 年奥运会前政府管理和服务的岗位需要。

(二)编制目录工作计划。按照业务、服务、资源目录编制要点和相关标准,编制目录并与市级信息资源目录系统对接。

(三)推进统一平台建设与资源共享工作计划。按照《市共享交换体系规划》,建设部门统一应用共享平台(或交换前置机等),整合内部信息资源和应用系统,统一出口,与市共享交换平台实现对接,部门应用系统通过市共享交换平台可调用。

(四)实施核心业务信息化工作计划。2008 年奥运会前,按照集约化原则,充分利用现有应用系统,加强整合和新增功能,使部门核心业务全部实现信息化支撑。

(五)实施网上公共服务工作计划。以公众需求为主线,按照首都之窗的"一口受理"的规划,逐步将各项服务事项整合到首都之窗,完善内部业务信息化支撑。面向政府内部服务,统一整合到公务员门户网站,实现单点登录、统一认证,一站服务。

(六)完善网络与信息安全工作计划。除特殊情况,业务应用系统统一到电子政务外网,市、区部门间业务协同,已有的行业专网逐步与电子政务外网整合,保证业务系统互联互通和 2008 年前我市建成全市统一的电子政务网络。结合应用,完善信息安全等级保护,完善信息安全制度。

(七)填报部门电子政务基础情况工作计划。整理本部门电子政务情况,在市电子政务管理服务系统动态更新维护,为领导掌握各地区、各部门电子政务情况服务,支撑电子政务绩效考核。

三、有关要求

(一)请各部门抓紧研究积极推进落实各项基础工作,做好参加 8 月下旬电子政务总体框架培训和信息化水平考核工作部署会议准备。各部门电子政务基础工作的落实情况列入本年度督查考核工作内容,市政府部门外其他市级国家机关和区、县参照执行。

(二)请各部门于 8 月 18 日前将人员培训工作计划、业务事项名称修改调整结果、推进统一平台建设与资源共享工作计划、填报部门电子政务基础情况工作计划报市信息办。并在 8 月下旬工作会上检查。

(三)请各部门于 9 月 15 日前将编制目录工作计划、实施核心业务信息化工作计划、实施网上公共服务工作计划、完善网络与信息安全工作计划报市信息办。

(四)请各部门按照市长办公会要求,主要领导亲自负责,高度重视,及时部署、及时决策。年底完成如下目标:

1.编制完成部门业务目录,并通过市编办牵头组织的验收。

2. 编制完成部门网上服务目录，并在"首都之窗"和部门网站上集中发布。

3. 编制部门信息资源目录，提出具体的对其他部门信息资源的需求目录，实现与市级交换共享平台目录对接，通过市级平台可看、可调用。

4. 各部门按照市信息资源共享交换体系规划要求的四种模式建立部门应用共享平台，内部资源整合取得阶段成果。

5. 部门基于政务外网的应用系统全部实现在公务员门户展示，全部能通过市级交换共享平台调用，原先申报的领导决策信息全部实现接入市领导桌面。

（五）我办做好各项服务。

1. 提供各类目录模板、编制指南，选择推荐合适的业务梳理和目录编制等相关软件工具，8月份组织技术培训。

2. 提出各部门应用共享平台技术规范、共享交换接口等标准规范。

3. 根据各部门提出的信息资源需求目录和全市重大应用工程共享需求，组织提供各方共享需求。

4. 根据各部门和区（县）之间业务需要，协调市、区纵向应用的网络连接。

5. 为各部门通过政务外网上的市电子政务管理服务系统上报信息、获取相关模板和参考信息提供服务。

特此通知。

附件：市级政府部门业务事项名称表（讨论稿）

二〇〇六年七月二十六日

附件：

市级政府部门业务事项名称表（讨论稿）

（可通过电子政务管理服务系统全文下载电子版）

一、编制依据

依据了部门三定规定和市政府及机构编制部门发文调整的职责以及推行行政执法责任制工作中梳理确认成果（行政许可、行政确认、行政给付、行政征收、行政裁决等），参考了各部门在政务公开、"职责清"、网上审批等工作中梳理确认的业务事项成果。

二、实例：北京市发展和改革委员会

序号	主要职能	业务事项名称（42）	行政许可（18）	修改、调整意见
一、对内职能				
1	政府投资项目审批	政府投资项目项目建议书审批（权限内）		
2		政府投资项目可行性研究报告审批（权限内）		
3		上报国家发改委审批的政府投资项目审核		
4	决策支撑	经济和社会发展战略、中长期规划和年度计划		
5		国民经济运行监测、预测，提出应急预案		
6		天然气日购入量、电煤库存、成品油库存、电煤装车列数实时预警状态和预警数据		
7		经济发展综合数据分析		
8	驻京机构登记	外地政府驻京办事机构设立及登记事项变更		
9	综合事务	部门内部人事、财务、资产管理、内部综合事务等		
二、对外职能				
10	社会投融资项目审核及服务	以招标方式确定政府投（融）资项目的项目法人	是	
11		不使用政府投资的农林水利类投资项目核准（权限内）	是	
12		不使用政府投资的能源类投资项目核准（权限内）	是	
13		不使用政府投资的交通运输类投资项目核准（权限内）	是	
14		不使用政府投资的原材料类投资项目核准（权限内）	是	
15		不使用政府投资的轻工烟草类投资项目核准（权限内）	是	
16		不使用政府投资的城建类投资项目核准（权限内）	是	
17		不使用政府投资的社会事业类投资项目核准（权限内）	是	
18		外商投资项目核准（权限内）	是	
19		企业境外投资项目核准（权限内）	是	
20		《政府核准的投资项目目录》以外的企业投资项目备案	是	
21		依法必须招标项目的招标范围和招标方式等有关招标内容核准（权限内）	是	
22		股份有限公司（有限责任公司变更股份有限公司）设立、合并及分立审批	是	
23		股份有限公司发行境内上市外资股审核	是	
24		地方企业发行企业债券审批	是	
25		股份有限公司发行新股审批	是	
26		外国贷款项目初审		
27		中央投资项目招标代理机构资格认定初审		
28		上报国家发改委许可的企业投资项目初审		
29		跨省区或规模较大的中小企业信用担保机构设立与变更初审		
30		资源综合利用企业、项目的认定		
31		高新技术重点项目及成果产业化项目认定		
32		投资项目进口设备免税（《国家鼓励发展的内外资项目免税确认书》）办理		
33		投资项目进口设备免税（《外商投资企业进口更新设备、技术及配备件证明》）办理		
34		代办农产品（粮、棉）关税配额		
35		工程咨询单位资格认定初审		

续表

序号	主要职能	业务事项名称（42）	行政许可（18）	修改、调整意见
36	物价监管及行政收费	价格评估人员执业资格认定	是	
37		价格评估机构资质认定	是	
38		政府定价目录范围内商品或服务价格制定		
39		行政事业性收费项目收费标准审批		
40		防洪工程建设维护管理费		
41		超限额用能加价收费		
42		城市基础设施建设费		

6. 北京市政务信息资源目录建设管理办法（试行）

北京市政务信息资源目录建设管理办法（试行）

京信息办发〔2008〕12号

第一章 总 则

第一条 为加强本市政务信息资源管理，促进政府信息公开和政务信息共享，根据《北京市信息化促进条例》，制定本办法。

第二条 政务信息资源目录是以数据电文或纸质文档为载体，按照一定格式和标准，对国家机关在履行职责过程中制作或者能够获取的政务信息资源的基本情况进行描述的目录。

第三条 本办法适用于本市各级国家机关进行政务信息资源目录建设、使用以及相关管理活动。

第四条 市和区、县信息化主管部门负责指导、组织、协调、监督同级国家机关政务信息资源目录建设工作。

各国家机关应当加强政务信息资源目录建设工作，并明确政务信息资源目录建设的单位主管领导和具体实施部门。

第五条 根据政务信息资源的应用属性，政务信息资源目录以政务基础信息资源共享目录、部门政务信息资源目录、政务主题信息资源共享目录和政府信息公开目录的形式组织编制和展示。

第二章 目录建设责任

第六条 政务基础信息资源共享目录是涉及人口基础信息、法人基础信息、地理空间基础信息和宏观经济基础信息的目录。

市政务基础信息资源共享目录的建设工作由市信息化主管部门和基础数据库建设项目

主责单位共同承担。

区、县政务基础信息资源共享目录的建设工作由区、县信息化主管部门和相关单位共同承担。

第七条 部门政务信息资源目录是各级国家机关的政务信息资源目录，部门政务信息资源目录由各级国家机关负责组织建设。

第八条 政务主题信息资源共享目录是与电子政务重点应用项目相关的共享信息资源的目录。政务主题信息资源共享目录的建设工作由电子政务重点应用项目的建设单位和相关部门共同承担。

第九条 政府信息公开目录是包括政府公开信息的索引、名称、内容概述、编制日期等内容的目录。政府信息公开目录的责任单位和建设要求按照国家和本市有关法规、文件的要求执行。

第三章 目录管理要求

第十条 各级国家机关应当对政务信息资源目录的应用、目录覆盖范围、目录内容构成和目录系统建设等内容进行统筹规划。

第十一条 各级国家机关在进行政务信息资源目录管理系统的建设、使用和维护中，应遵循《政务信息资源目录体系》（GB/T21063—2007）、《政务信息资源目录体系》（DB11/T 337—2006）和政务信息资源共享交换平台技术规范的要求。

第十二条 各级国家机关应当按照《政务信息资源标识符编码方案》的要求，对本单位政务信息资源进行编码。

各级国家机关参照市信息化主管部门组织编制的有关政务信息资源目录的编目指南进行政务信息资源目录内容的编制。

第十三条 各级国家机关按照《中华人民共和国保守国家秘密法》和本市有关规定，对政务信息资源目录的发布进行保密审查。

第十四条 市级国家机关应将本单位所负责编制的政务信息资源目录及时在市政务信息资源共享交换平台登记，不宜登记的政务信息资源目录须向同级信息化主管部门予以说明。

区、县国家机关应将本单位所负责编制的政务信息资源目录及时在区、县政务信息资源共享交换平台或以其他形式登记，不宜登记的政务信息资源目录须向同级信息化主管部门予以说明。

各级国家机关应当在目录登记之前，将已有的各种形式的目录整合到部门政务信息资源目录中。

各级信息化主管部门指定本级政务信息资源目录登记受理单位进行技术标准和格式的检查，并将检查结果反馈给信息资源目录申请登记部门。

第十五条 各级国家机关应当通过同级政务信息资源共享交换平台或其他规定的形式发布政务信息资源目录。各级国家机关负责确定本单位政务信息资源目录的使用范围和使用者，并对使用者授权，使用者应当在授权范围内使用。

第十六条 各级国家机关负责对本单位发布的政务信息资源目录每半年进行一次目录内容更新、维护和整合，根据市信息化主管部门的要求调整目录的细化程度，对重要政务信息资源目录内容要做到及时更新。

第十七条 政务信息资源目录的归档参照档案部门的归档要求执行，其中电子文档依据《北京市国家机关电子文件归档工作规定（试行）》的要求执行。

第十八条 各级国家机关应当建立本单位政务信息资源目录管理制度。

第四章 附 则

第十九条 市和区、县信息化主管部门会同相关部门依据《北京市信息化促进条例》的相关规定，对同级国家机关政务信息资源目录的建设与使用进行监督检查。

第二十条 各区、县信息化主管部门可以结合本区、县实际，参照本办法制定本区、县政务信息资源目录管理办法。

第二十一条 承担行政管理职能的事业单位和法律、法规授权的具有管理公共事务职能的组织的政务信息资源目录建设活动，参照本办法执行。

第二十二条 本办法自 2008 年 8 月 1 日起施行。

附件：

北京市政务信息资源标识符编码方案

一、依据

北京市地方标准《政务信息资源目录体系》（DB11/T 337—2006）；

二、标识符编码组成

标识符编码包括业务标识符编码、信息资源标识符编码和其他类编码。

标识符编码分为前段码和后段码，前段码为机构编码，后段码为业务类编码、信息资源类编码或其他编码。

（一）标识符的表示形式

标识符的表示形式如图所示。

附　录

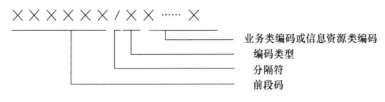

标识符的表示形式

（二）前段码

前段码是唯一标识符中的字符"/"之前的部分，表示产生或提供信息资源的机构编码，该机构可以是拥有并提供政务信息资源或承担某项业务的政务部门。

前段码共6位，由10个阿拉伯数字（0—9）和24个大写英文字符（除I和O之外的其他A—Z的字符）组成。

北京市国家机关统一使用11XXXX，其中前两位"11"代表北京；第三位"0"代表市级，字母代表区（县）级；后三位代表政务机构或乡镇、街道。例如：110001为北京市人民政府办公厅，11A001可代表东城区政府办公室。

（三）后段码

后段码是唯一标识符中的字符"/"之后的部分，分为业务类编码、信息资源类编码和其他编码。

后段码的第1位表示编码类型，其中业务类编码用Y表示，信息资源类编码用Z表示，其他的编码类型根据需要扩展。

1. 业务标识符编码后段码

除第1位为Y外，各国家机关可采用已有的业务编码方案，如《网上审批业务编码规则》；也可制订部门的业务编码方案；在缺省情况下，可采用6位无意义顺序码。

2. 信息资源标识符编码后段码

除第1位为Z外，各国家机关可采用已有的信息资源编码方案；也可制订部门的资源编码方案；在缺省情况下，可采用6位无意义顺序码。

在编制政府信息公开目录时，后段码第1位表示编码类型，第2位用"K"表示公开，从第3位开始依据《北京市政府信息公开目录编制规范》进行编码，即后段码为ZKXX…XXX，横线部分的编码依据《北京市政府信息公开目录编制规范》。

三、标识符编码的赋码与管理建议

（一）前段码的赋码与管理

北京市国家机关唯一标识符前段码统一使用11XXXX。

市信息化主管部门负责区（县）信息化主管部门前段码的分配和市级国家机关政务信息资源前段码的分配管理工作。

区（县）信息化主管部门负责同级及下一级国家机关前段码的分配，并把前段码分配方案以电子文件的形式向市信息化主管部门备案。

各级前段码的管理机构代码详见附录 A。

市级国家机关前段码详见附录 B，附录 B 中未包含的市级国家机关可按赋码管理规则向市信息化主管部门申请前段码。

（二）后段码的赋码与管理

各国家机关根据部门实际需要选择或制订后段码的编码方案，并将编码方案以电子文件的形式向同级信息化主管部门备案。

示例如下：

（一）采用已有编码规则的标识符编码

示例 1：市发展改革委"煤炭经营企业设立许可"

110002/Y0001C014

注："/"前为前段码，在附录 B 中查找；后段码划横线部分依据北京市地方标准《网上审批业务编码规则》。

示例 2：市科委公开目录中"主要职责"

1110004/ZK-2003-000010

注："/"前为前段码，在附录 B 中查找；后段码中"Z"表示为信息资源编码，"K"表示公开，划横线部分依据《北京市政府公开信息目录编制规范》。

（二）缺省状态下的标识符编码

若后段码为缺省情况，可采用 6 位无意义顺序码。

示例 1：市发展改革委的煤炭经营企业设立许可业务可定义为

110002/Y000014

注："/"前为前段码，在附录 B 中查找；"Y"表示业务编码；横线部分为 6 位无意义顺序码。

示例 2：市农业局的农业"十一五"发展规划信息可定义为

110032/Z000001

注："/"前为前段码，在附录 B 中查找；"Z"表示为信息资源编码，横线部分为资源

顺序码。

附录 2 政务信息资源共享协议及共享承诺书范本

政务信息资源共享协议

（当两个单位之间存在信息共享需求时使用）

政务信息资源提供部门：××××

政务信息资源使用部门：××××

第一条 依据使用部门申请，供需双方根据职责，经充分协商，制定本共享协议。

本协议共享政务信息资源为：

××××××（更新周期：每日、每周、每月、每年）。

（请共享双方协商后确认以上信息的更新周期）

第二条 本协议共享政务信息资源用途和使用范围为使用单位的×××××的相关业务人员

第三条 本协议共享政务信息资源共享方式：

××××××通过（市共享交换平台、系统接口、邮件、拷盘、其他）方式共享。

（请共享双方协商后确认以上信息的具体共享方式）

第四条 为保证本协议共享政务信息资源的安全，使用方应承担下列义务：

1. 使用部门要严格管理和使用本协议共享政务信息资源，并根据"谁使用谁负责，谁共享谁负责"的原则，承担相应的责任。

2. 使用部门必须在第二条规定的使用范围内使用本协议共享政务信息资源，未经许可，使用部门不得以任何形式给其他人员和第三方使用。

3. 使用部门定期（每月、季度、半年、年度）（请共享双方协商后确认）向提供部门以及市信息化主管部门报告共享政务信息资源的使用情况。

第五条 由于使用方工作人员未按本协议规定使用共享政务信息资源，给提供部门造成损失的，要追究相关人员责任，并按有关规定进行处理。

第六条 其他

1. 本协议自双方领导签字和盖章之日起生效，本协议有效期一年，协议到期后供需双方可以提出重新签订，如不提出重新签订，本协议自动生效，有效期一年。

2. 本协议一式三份（涉密协议四份），双方各执一份，报备一份（涉密协议两份）具有同等效力。

    3. 本协议未尽事宜，双方另行协商。

政务信息资源提供部门：　　　　　　　　　　政务信息资源使用部门：

××××（盖章）　　　　　　　　　　　　　××××（盖章）

领导签字：　　　　　　　　　　　　　　　　领导签字：

   年　　月　　日　　　　　　　　　　　　年　　月　　日

北京市政务信息资源共享协议　附件：

信息资源 提供方	信息资源名称	核心数据项	共享交换 开始时间	信息资源 使用方	使用详细 用途

信息资源提供方（盖章）　　　　　　　　　　信息资源使用方（盖章）

备注：

    1. 本表主要用于明确政务信息共享协议中，共享信息资源的详细情况以及使用的具体详细用途。

    2. 本表经信息资源共享的具体业务部门确定后，由双方盖章后生效，并随政务信息资源共享协议一同报市信息化主管部门备案。

政务信息资源共享承诺书

（当两个以上单位存在信息共享需求时使用）

    依据单位的工作职责，经与信息资源共享的对方充分协商，承诺对所提供以及需求的信息做到以下几点：

    第一条：本承诺书中信息资源描述包括：（用文字说明提供的信息资源名称、更新频率、提供方式；需求的信息资源名称、应用业务。）

    第二条：严格管理和使用本承诺书中需求的信息资源，并根据"谁使用谁负责，谁共享谁负责"的原则，承担相应的责任。按照法律及政策的规定，在确定的业务范围内使用该信息资源，未经资源提供方许可，不得以任何形式给其他人员和第三方使用该信息资源，并定期向资源提供方报告资源的使用情况。由于我方工作人员未按规定使用信息资源，给提供方造成损失的，将追究相关人员责任，并按有关规定进行处理。

第三条：按照承诺中确定的共享内容、方式以及更新频率提供信息，发生变更时，与资源需求方协商确定。

第四条：本承诺书自签字之日起生效，本着自愿的原则，与对方补签共享协议。

第五条：本承诺书中未尽事宜，按照相关规定，积极配合对方协商解决。

第六条：本承诺书的复印件享有同等效力。

×××单位承诺：

（一）共享以下信息

以××××方式共享×××××资源给×××单位，此资源的更新频率为××××

以××××方式共享×××××资源给×××单位，此资源的更新频率为××××

（二）需求以下信息

需要×××单位提供的××××××资源，运用到×××××业务中

需要×××单位提供的××××××资源，运用到×××××业务中

领导签字：＿＿＿＿＿＿

日　　期：＿＿＿＿＿＿

附录3　信息资源目录编制实施参考方案

按照市委、市政府《关于加强政务信息资源共享工作的若干意见》和《关于加快推进奥运会前我市电子政务重点工作的意见》文件的精神，我市已启动全市信息资源目录建设工作，目录建设涉及全单位的业务职责，内容既重要又复杂，全单位系统应本着科学严谨的态度积极参与，认真落实本工作方案。

一、目录编制的意义

信息资源目录建设是实现信息共享，全面推进信息化的基础性工作，是全面贯彻落实市委、市政府"实施以增强自主创新能力为核心的首都创新战略，并在国内率先建成创新型城市的意见"的重要举措。

目录编制的过程是全单位梳理业务，整理和挖掘数据资源的过程。目录建设对于转变政府职能，实施八大主题计划，充分发挥首都创新优势，实现新北京、新奥运的目标有着

十分重要的意义。

二、工作目标

（一）按照市政府"三定方案"，结合本单位职责，进一步梳理部门业务，明晰各单位的具体业务事项，切实加强本机关基础工作。

（二）对部门业务情况和政务信息资源进行全面、深入摸底调查，理清本部业务数量、业务流程及政务信息资源总量、分布与共享状况，形成覆盖全部门工作的业务信息目录和资源信息目录。

（三）贯彻市委、市政府《关于加强政务信息资源共享工作的若干意见》，确定责任机制、协调机制；梳理流程，确定共享需求；进一步分解资源共享任务，组织制定信息资源共享建设方案。为实现奥运前科技信息资源共享打下基础，全面推进部门信息化进程，支撑全市科技工作。

（四）通过政务信息资源目录建设试点，不断进行研究、分析、讨论和总结，为全市目录编制总结经验，争取成为全市工作的示范典型。

三、组织保障

（一）机构设置

1. 成立由部门一把手牵头的信息资源目录建设工作领导小组

总工办：负责审定各业务事项；办公室：负责牵头组织协调；人事教育处：负责审定各单位业务事项范围界定；政策法规处：负责审定业务管理相关依据；软件中心：负责具体工作支撑。

领导小组主要负责：（1）全面组织本部门的目录编制工作，监管和督促工作整体实施情况，研究与协调工作中出现的问题，及时做出妥善处理；（2）切实加强管理，建立工作责任制，做到指挥畅通，责任落实，扎实抓好项目各阶段工作；（3）不断总结工作经验，提高工作水平。

2. 领导组下设工作组（5人）

主要负责：（1）根据领导小组及工作方案要求，负责目录编制工作的具体实施；（2）按规定时间完成工作方案各阶段任务；（3）及时上报工作中出现的问题，加强沟通，保证工作质量。

3. 设立专家组

专家组主要负责：指导协助工作组成员完成各项任务，提供咨询服务，包括：（1）编写总体方案，参与前期调研安排，以及培训教材的编制与培训计划实施；（2）对各部门编制的目录原始信息进行审核评议,提出修改意见,汇总形成目录体系;(3)对目录编制的完整性、科学性提供可行建议和技术支撑。

各小组要明确各自的责任与分工,严格按照工作方案制订的工作计划进度开展相关工作,各司其职,各负其责。专家组要依据国家和地方标准制定本部门目录编制工作各阶段的标准规范,各部门要严格按照标准规范进行目录的编制,保证工作质量。

(二)工作机制

工作组负责项目的具体实施工作,定期召开工作会议,与专家组共同研讨目录编制中的各种问题,对目录编制过程中的会议进行记录形成会议纪要,并及时汇总目录编制工作进展情况,形成阶段工作汇报,及时向领导小组汇报目录编制工作进展情况。参与目录编制工作各部门业务人员应积极参与,并配合工作组成员开展目录的编制工作,各部门领导负责内部组织与协调。

四、工作任务

(一)编制完成本部门业务目录。通过梳理业务,明确职能,对部门业务进行全面梳理,摸清业务情况,细化"三定方案",明确各部门的职责范围、业务属性和任务事项,以及业务信息的现状和特点,促进各职能部门工作的规范化和标准化。

(二)编制完成本部门资源目录。明确各类信息的第一数据源和相关信息的采集、维护、更新等责任单位,从部门核心业务的需要出发,梳理加强业务工作所需的信息资源,形成反映加强业务工作思路的资源目录,为提高科技信息资源的开发利用打下基础。

五、调查对象及范围

(一)调查对象:第一阶段调查针对部门机关处室,以及部门核心业务延伸部分涉及的机构和有政府职能的事业单位;第二阶段调查针对部门直属事业单位。

(二)调查范围:(1)"三定方案";(2)行政审批、行政许可事项;(3)领导交办事项;(4)可共享的信息资源(指结合当前重点工作,可对政府及其他机构、公众提供的科技资源信息,本项仅指已有系统支撑的重点应用)。

六、工作要求

(一)请各处室领导高度重视目录编制工作,要加强组织领导,各处室处长作为本单位目录编制工作的第一责任人,要明确专人、积极配合,做好培训、研讨、填报、修改工作,审核本单位填报内容,确保所提供的信息全面、准确。

(二)要认真开展调查研究工作,目录编制的工作人员要熟悉本部门业务,严格按照目录编制工作规程按时、保质完成本部门的信息资源目录编制、调查研究工作,按要求认真参加培训,不得缺席。对于培训及编制中存在的问题及时上报,加强沟通。各部门不得轻易更换目录编制人员,以保证该项工作的连续性。

(三)工作组要严格按照本方案相关规定,确保本项工作的顺利推进。

七、工作进度

本项工作分三阶段进行,具体进度如下。

第一阶段为部门政务信息资源目录编制。具体工作细分如下:

1. 前期调研。学习相关重要文件和领导讲话,学习信息资源目录编制相关培训教材,安排到已开展目录编制工作的单位进行调研,了解工作推进思路,交流学习目录编制工作组织实施经验、工作方法。

2. 编制目录建设工作方案。编写市部门信息资源目录建设工作实施方案,安排试点机构完成调查填报。

3. 启动并安排培训(3天)。启动全部门目录编制工作,下发目录建设工作实施方案,安排培训。

4. 各单位填报调查表(10天)。各部门进行业务梳理,填写业务信息目录、资源信息目录调查表。

5. 汇总并形成第一版目录(12天)。专家组对上报目录信息进行汇总、审核,形成第一版目录,并提出进一步修改意见。

6. 各单位修改(10天)。各单位根据专家组对第一版目录的修改意见,对本单位目录进行修改。

7. 汇总修改信息并形成第二版目录(5天)。专家组对上报的修改后的目录信息进行汇总、审核,形成第二版目录。

8. 征求意见(2天)。工作组向领导小组及专家组汇报阶段工作情况,并将专家组形成的第二版目录提交领导小组及各单位负责人征求意见。

9. 目录定稿(3天)。工作组与专家组就征求意见情况,对目录进行修改、定稿,并将定稿目录在部门内发布,第一阶段工作到此结束。

第二阶段为直属单位信息资源目录编制。时间预计2个月。

第三阶段为部门信息资源目录系统开发。时间预计1个月。

参 考 文 献

[1] 信息资源开发利用研究软课题. 信息资源开发利用基本理论研究报告[R]. 北京：国务院信息化工作办公室，2004.

[2] 中共中央办公厅 国务院办公厅文件. 关于加强信息资源开发利用工作的若干意见，中办发[2004]34号. 北京，2004.

[3] 信息资源开发利用研究软课题. 政府信息资源开发利用政策研究[R]. 北京：国务院信息化工作办公室，2003.

[4] 高波，吴慰慈. 从文献资源建设到信息资源建设[J]. 中国图书馆学报. 2000(5)：24—27.

[5] 中国信息学会. 政府信息资源的管理与立法研究[R]. 北京：中国信息学会，2003.

[6] 冯慧玲. 政府信息资源管理[M]. 北京：中国人民大学出版社，2007.

[7] 李广乾译. 英国政府电子政务互操作框架（e-GIF）[EB/OL]. [2007-10-16]. http://www.echinagov.com/echinagov/yanjiu/2007-10-16/14811.shtml.

[8] 霍国庆. 国内信息资源管理理论评述[J]. 情报理论与实践，1997(2)：120—123.

[9] 邱均平，苏金燕. 国内信息资源管理研究综述[J]. 图书馆论坛，2007(6)：158—163.

[10] 孟广均. 信息资源管理导论(第三版)[M]. 北京：科学出版社，2008.

[11] 胡昌平. 信息资源管理原理[M]. 武汉：武汉大学出版社，2008.

[12] 赖茂生. 信息资源管理教程[M]. 北京：清华大学出版社，2006.

[13] 北京市信息化办公室. 政务信息资源开发利用评估指标体系研究报告[R]. 北京：北京市信息化工作办公室，2008.

[14] 吴晓敏. 政府信息资源目录体系与交换体系建设再探[J]. 信息化建设，2005(1)：40—42.

[15] 刘惠敏，陈树年. 论政务信息资源目录体系[J]. 图书馆理论与实践，2007(5)：73—75.

[16] 徐枫，宦茂盛. 政务信息资源目录体系技术概述[J]. 信息技术与标准化，2005(11)：23—27.

[17] 吴晓敏，刘晓白. 基于目录体系的政务信息资源整合[N]. 中国计算机报，2006-10-30.

[18] 张晓林. 元数据研究与应用[M]. 北京：北京图书馆出版社，2002.

[19] The European Commission. DVDV Overview[EB/OL]，[2007-09-18]. http://www.epractice.eu/cases/dvdv.

[20] 邓洁霖．政务信息资源目录体系的总体架构[EB/OL]．[2008-09-18]．中国电子政务资讯网，http：//xxh.manaren.com/ssfa/200809/813_1.html．

[21] 穆勇，王薇．基于信息资源目录的政务信息资源管理实践[J]．信息化建设，2007(11)：31—33．

[22] 国家信息化领导小组文件．国家电子政务总体框架，国信发[2006]2号．北京，2006．

[23] 北京市标准化指导性技术文件．政务信息资源目录体系(DB11/T 337-2006)[S]．北京：北京市质量技术监督局，2006．

[24] 王欣．美国政府信息指引服务及其对我国的启示[J]．情报杂志，2002(3)：90—92．

[25] 曹树金，司徒俊峰，马利霞．论政府信息资源的元数据标准[J]．情报学报，2004(12)：715—722

[26] 国家标准化管理委员会．政务信息资源目录体系 第3部分：核心元数据(GB/T 21063.3-2007)[S]．北京：中国标准出版社，2007．

[27] 国家标准化管理委员会．政务信息资源目录体系 第4部分：政务信息资源分类(GB/T 21063.4-2007)[S]．北京：中国标准出版社，2007．

[28] 北京市标准化指导性技术文件，面向公共服务的政务信息分类规范(DB11/Z 359-2006)[S]．北京：北京市质量技术监督局，2006．

[29] 穆勇，刘守华，吴晓敏，王薇．面向公共服务的政务信息资源分类体系简析[J]．中国信息界，2006(2)：16—17．

[30] 北京市信息化工作办公室文件．北京市政务信息资源目录建设管理办法(试行)，京信息办发[2008]12号，北京，2008．

[31] 北京市标准化指导性技术文件．法人基础信息数据元目录规范(DB11/T 448-2007)[S]．北京：北京市质量技术监督局，2007．

[32] 北京市标准化指导性技术文件．市民基础信息数据元素目录规范(DB11/T 240-2004)[S]．北京：北京市质量技术监督局，2004．

[33] 中华人民共和国交通运输部．交通信息基础数据元管理系统[EB/OL]．[2007-01-14]．http：//jtsjy.moc.gov.cn：88．

[34] FEA Consolidated Reference Model Document(Version 2.3)[EB/OL]．[2007-12-14]．http：//www.whitehouse.gov/omb/egov/a-2-EAModelsNEW2.html

[35] Carbinet Office．E-Government Interoperability Framework (Version 6.1)[EB/CD]．ISBN 0711504687，2005．

[36] Federal Ministry of the Interior．Standards and Architectures for e-Government Applications(Version 2.0)[EB/CD]．ISSN 0179-7263，2003．

[37] The Dublin Core Metadata Initiative．DCMI Metadata Terms[EB/OL]．[2008-01-14]．http：//dublincore.org/usage/documents/overview/

[38] Terry Ballard．OCLC's CORC in the Library - Cooperative Online Resource Catalog[EB/OL]．

[2001-03-01]. http://findarticles.com/p/articles/mi_m3336/is_3_18/ai_71017848

[39] The U. S. Government Printing Office. Government Information Locator Service (GILS)[EB/OL]. [2007-11-10]. http://www.gpoaccess.gov/gils/index.html

[40] American National Standards Institute (ANSI). Standards and Conformity Assessment Bodies of the United States. [EB/OL]. [2009-3-26]. http://publicaa.ansi.org/sites/apdl/Documents/Forms/AllItems.aspx

[41] Mary F. Donaldson, Michael B. Moore. Tenth Annual Report on Federal Agency Use of Voluntary Consensus Standards and Conformity Assessment. [EB/OL]. [2009-3-22]. https://standards.gov/NTTAA/resources/nttaa_ar_2006.pdf

[42] Archives New Zealand. Digital Continuity Strategy Consultation Draft. [EB/OL]. [2009-1-14]. http://continuum.archives.govt.nz/digital-continuity-strategy.html

[43] European Commission-Directorate-General for the Information Society. Commercial Exploitation of Europe's Public Sector Information. [EB/OL]. [2000-9-20]. http://ec.europa.eu/information_society/policy/psi/docs/pdfs/pira_study/2000_1558_en.pdf

[44] 王雷. 过程工程理论和集成化过程工程环境的研究与实现[D]. 北京:北京航空航天大学研究生院,1998.

[45] 周伯生,张社英. 可视化建模语言[J]. 软件学报,1997,8(增刊):535—545.

[46] 高复先. 信息资源规划—信息化建设基础工程[M]. 北京:清华大学出版社,2002.

[47] 北京市信息化工作办公室、北京市质量技术监督局. 信息化标准化工作指南[M]. 北京:北京邮电大学出版社,2006.

[48] 中国标准化研究院. 国家标准体系建设研究[M]. 北京:中国标准出版社,2007.

[49] 中国标准化研究院. 国内外标准化现状及发展趋势研究[M]. 北京:中国标准出版社,2007.

后　　记

　　政务信息资源管理和政务信息资源目录体系建设是一个全新的领域，我们目前仅仅是进行了初步探索和实践，还需要在理论上进一步深入研究，实践上继续积极探索。

　　在本书的编写过程中，得到了许多领导、专家、同事的指导和帮助。

　　国家工业和信息化部杨学山副部长十分重视政务信息资源管理工作，多次听取北京市的汇报并给出详细的指示，给予我们莫大的鼓舞和支持。北京大学的赖茂生教授、武汉大学的刘家真教授、中国人民大学赵国俊教授、安小米教授、国家信息中心的陈玉龙研究员等专家给出了真诚的意见和建议，使本书的理论水平得到了升华。

　　北京市目录建设各试点单位结合自身的业务需求，做了大量细致的工作，积极探索，取得了丰硕的实践成果，总结出许多非常有特色高水平的宝贵经验，为本书的编写积累了坚实的实践基础，特别是市科学技术委员会、市公安局、市财政局、市国土资源局、市住房与城乡建设委员会、市市政市容管理委员会、市交通委员会、市水务局、市文化局、市环境保护局、市园林绿化局、市农业局、北京市房山区政府等单位向本书提供了极富价值的典型案例。

　　我们长期合作的伙伴单位长天科技集团有限公司、北京三略管理科学研究院、北京赛柏科技有限责任公司、中国数字图书馆有限责任公司等，长期以来协助我们开展政务信息资源管理方面理论研究和实践探索，在工作中给予我们极大支持与帮助，为北京市信息资源管理工作作出了贡献。各单位的相关专家积极参与本书的编写，付出了无数的辛劳与努力。

　　在此对所有参与本书策划、编写、修改的领导、专家和合作伙伴们表示衷心的感谢！